高校思想政治教育与中国传统文化融合创新

李鹏鸽 ◎ 著

线装书局

图书在版编目（CIP）数据

高校思想政治教育与中国传统文化融合创新 / 李鹏鸽著. -- 北京：线装书局，2024.5
ISBN 978-7-5120-6093-7

Ⅰ．①高… Ⅱ．①李… Ⅲ．①中华文化－关系－高等学校－思想政治教育－研究－中国 Ⅳ．①K203②G641

中国国家版本馆CIP数据核字(2024)第084437号

高校思想政治教育与中国传统文化融合创新
GAOXIAO SIXIANG ZHENGZHI JIAOYU YU ZHONGGUO CHUANTONG WENHUA RONGHE CHUANGXIN

作　　者：	李鹏鸽
责任编辑：	曹胜利
出版发行：	线装书局
地　　址：	北京市丰台区方庄日月天地大厦B座17层（100078）
电　　话：	010-58077126（发行部）010-58076938（总编室）
网　　址：	www.zgxzsj.com
经　　销：	新华书店
印　　制：	廊坊市广阳区九洲印刷厂
开　　本：	710mm×1000mm　1/16
印　　张：	14
字　　数：	220千字
版　　次：	2024年5月第1版第1次印刷
定　　价：	78.00元

线装书局官方微信

前　言

中国优秀传统文化崇尚和谐，蕴含着天人合一的宇宙观、协和万邦的国际观、和而不同的社会观、人心和善的道德观。这些文化思想都成为大学生思想政治教育的重要资源，对推进大学生思想政治工作，增强思想政治教育的实效性具有重要的借鉴意义。中国传统文化与马克思主义、社会主义及现代大学教育相契合，它们之间所存在的共性、普遍性，使大学生思想政治教育与传统文化的融合不仅是必要的，而且是可能的，具有很大的现实性和可行性。

随着社会不断的发展，高校思想政治教育面临重大考验。高校思想政治教育的文化融合有着极大的重要性，文化融合能够让高校的思想政治教育进一步发展。高校文化建设的理论支撑靠的就是思想政治教育的不断更新，文化融入高校的思想政治教育中，能够极大地提高高校的文化建设水平，也是高校文化建设中的重要方面。文化的融合为高校的建设提供了很好的理论依据。在高校中，所有的工作都不可能离开思想政治教育，所以，学校应该将文化合理地融入思想政治教育中，使高校建设水平得以提高和发展，实现高校思想政治教育的教学目标。

本书主要研究高校思想政治教育与中国传统文化融合创新方面的问题，涉及丰富的思想政治教育知识。主要内容包括高校思想政治教育基础知识、思政教育中教师与学生角色研究、思政教育方法、思政教育中文化融入的客观基础、中国优秀传统文化和高校思想政治教育融合的可行性、中国优秀传统文化和大学生思想政治教育的质量提升、中国优秀传统文化融入高校思想政治教育的途径等。本书涉及面广，实用性强，使读者能理论结合实践，获得知识的同时掌握技能，理论与实践并重，并强调理论与实践相结合。本书兼具理论与实际应用价值，可供相关教育工作者参考和借鉴。

由于笔者水平有限，本书难免存在不妥甚至谬误之处，敬请广大学界同人与读者朋友批评指正。

李鹏鸽

2024 年 1 月

目 录

第一章　高校思想政治教育概述 ……………………………01

　　第一节　高校思想政治教育的概念 ……………………………02

　　第二节　高校思想政治教育的特征 ……………………………15

　　第三节　开展高校思想政治教育的意义 ………………………26

第二章　高校思想政治教育中教师与学生角色研究 …………32

　　第一节　高校思想政治教育教师队伍建设意义 ………………32

　　第二节　新时代下高校思想政治教师队伍建设强化 …………37

　　第三节　高校思想政治教育中大学生的角色特点 ……………44

　　第四节　高校思想政治教育在大学生就业指导中的作用 ……49

第三章　高校网络思想政治教育方法的发展状况 ……………65

　　第一节　高校网络思想政治教育的发展历程 …………………65

　　第二节　新媒体时代网络对于思想政治教育工作产生的影响 ……70

　　第三节　网络思想政治教育工作的发展现状和面临的挑战 ……76

第四章　高校思想政治教育中文化融入的客观基础 …………83

　　第一节　高校思想政治教育与文化的关系 ……………………83

　　第二节　多元文化对高校思想政治教育的影响 ………………89

第三节　高校思想政治教育的文化底蕴…………………………94

第四节　高校思想政治教育中文化融入的依据…………………105

第五节　高校思想政治教育中文化融入的重要意义……………127

第五章　中国优秀传统文化和高校思想政治教育融合的可行性……129

第一节　中国优秀传统文化和高校思想政治教育融合的可能性…………129

第二节　中国优秀传统文化和高校思想政治教育融合的必然性…………135

第三节　中国优秀传统文化和高校思想政治教育融合的社会发展需要…139

第六章　中国优秀传统文化和大学生思想政治教育的质量提升……144

第一节　中国优秀传统文化融入人文关怀和心理疏导…………144

第二节　中国优秀传统文化融入文化型思想政治教育…………151

第三节　中国优秀传统文化融入开放式的思想政治教育………157

第四节　中国优秀传统文化融入和谐性思想政治教育…………163

第七章　中国优秀传统文化融入高校思想政治教育的途径…………170

第一节　树立全员育人的意识……………………………………170

第二节　注重优秀传统文化的现代价值转换……………………179

第三节　加强对大学生学习优秀传统文化的正确引导…………183

第四节　加强科研与教师队伍建设………………………………191

第五节　构建高校优秀传统文化教育的保障制度………………197

第六节　实现与思想政治理论课教学体系的有效对接…………207

参考文献……………………………………………………………………212

第一章　高校思想政治教育概述

思想政治教育是社会或社会群体用一定的思想观念、政治观点、道德规范，对其成员施加有目的、有计划、有组织的影响，使他们形成符合一定社会要求的思想品德的社会实践活动。

思想政治教育是中国精神文明建设的首要内容，也是解决社会矛盾和问题的主要途径之一。思想政治教育既十分重要，又相当难做，尤其是在市场经济的条件下，中国的思想政治工作存在着相对疲软的状况，很不适应现代社会发展要求。造成思想政治工作不力的原因很多，但其中重要的一个原因是长期以来我们忽略了人格教育及培养。人格教育是思想政治教育的基础，没有这个基础，思想政治教育就犹如无根的浮萍，总是漂浮在人的思想表面而不能深入下去。

原因在于：第一，人格是人生价值观念形成的稳定的心理基础。人的价值观念必须统一和稳定，而这就需要一个人的心理过程及其人格形态是统一而稳定的。否则，分裂的人格只能产生分裂的观念。第二，人格是形成特定世界观和人生观的内在心理依据。世界观是对于世界的认识，正确的世界观虽然来自正确的理论指导和学习，但如果没有良性的人格形态作为内在心理依据，外在的观念灌输就很难起作用。第三，人格是形成特定道德素质的主要动力。人格具有品质化的特性，因此，人格一旦形成，人就具有了相应的内在质地，不同的质地会适应不同的道德倾向，良性的人格自然易于建立良性的道德素质。当然，人格的这些基础作用并不是绝对的，而往往是相对的，同时它还与人的价值观、世界观、人生观和道德意识发生相互的影响和转化作用。因而，人格既有统一性和稳定性，也有分化性和可变性，这些特性也决定了良性人格的不易养成。总之，人格状态可以说就是细微的、隐性的和原始的思想道德状态，而思想道德则往往是发展了的、成型的、成熟的、显性的人格表现。

第一节　高校思想政治教育的概念

思想政治教育学是一门指导人们形成正确思想行为的科学，它以人的思想行为形成变化的规律，以及实施思想政治教育的规律作为自己的研究对象。其中人的思想，观点和立场的转变以及人生观、世界观的形成规律是研究的重点。

一、高校思想政治教育的实施者和接受者

高校作为思想文化建设和人才培养的重要场所，在国家经济社会发展全局中居于重要地位，高校思想政治教育工作更是高校建设的生命线。一直以来，理论界对于高校思想政治教育的理论体系存在诸多观点。当前，高校所处的内外环境复杂多变，界定高校思想政治教育的实施者和接受者，概括其利益和意识，进而把握实现其主义和主题的方式，成为高校思想政治工作的基础内容之一。

（一）高校思想政治教育的实施者

从事思想政治教育的教师和人员是高校思想政治教育的实施者，其职责和作用是从事思想政治教育，承担两个文明建设的基础和保证作用，并起到塑造人格和培养受教育者科学思维的作用。在思想政治教育过程中，教育者处于矛盾的主要方面、占主导地位、发挥主导作用。教育者必须根据社会所要求的思想体系、政治观念和社会道德规范对受教育者进行思想政治教育。而思想教育能否顺利进行并达到预期的目的，很大程度上在于受教育者积极性、主动性的发挥，而这个积极性和主动性的发挥又取决于主体——教育者的积极引导和努力激发以及科学地调动。所以，主体积极教育的过程就是教师积极引导和努力激发、科学调动大学生在教育过程中的主动性、积极性，

并由此达到教育的目的。

思想政治教育主体的教师要达到教育的目的和结果,就必须通过努力学习,不断提高自身的政治素质和思想素质,积极参与科研活动,不断提高科学理论水平;转换脑筋、更新观念,树立市场观念、竞争观念、效益观念、开拓创新观念。同时,主体还应该掌握和确定客体的一些主要特征,即教师应该把掌握大学生的思想特征作为思想政治教育的切入口,帮助大学生逐渐掌握自我评价的标准,形成积极、主动的自我教育能力,使其主动性、积极性得到充分发挥,并将正确的信念和正确的行为动机付诸实践,思想政治教育才真正达到目的。

(二)高校思想政治教育中的接受者

思想政治教育的接受者就是指接受思想政治教育的对象或人,指的是高等院校全体受教育的大学生。大学生能动受教育的过程,是在一定的引导下的自我教育过程,这一过程在某种意义上是受教育者自身的思想矛盾运动的过程。高等院校的大学生所接受的教育和影响,既具有教育者所施加的正面的、积极的影响,又会受到社会上消极的、负面的影响,所以,对于受教育的大学生来说思想政治教育是一个充满积极与消极、干扰与抗干扰的复杂的、矛盾的过程,这就制约着大学生在选择上的取舍。

当代大学生作为思想政治教育的接受者一般具有以下特征。

1. 思想具有社会性

大学生思想状态源于社会,社会上的一切重大情况、现象及其对青年的影响都会在大学生身上表现出来。

2. 认知具有能动性

大学生是最富有主观能动性和积极创造性活力的群体,他们对思想政治教育具有主动的选择意向,这正好体现了他们的独具个性的自我认知状态。

3. 身心的可变性

大学生是一群从生理到心理正在趋向成熟的群体,特别在心理上、思想上可塑性更大。

(三)高校思想政治教育中实施者和接受者的关系

大学生在接受思想政治教育时往往从自己的主观出发,这种主观是充满矛盾的，导致大学生在选择舍取上的矛盾和摇摆，所以，要使得思想政治教育具有针对性和实效性，教育者必须了解和掌握大学生的思想特征以及社会思潮在大学生身上的反映。

在现实中和理论上，教育者的主体地位和主导作用是肯定的，受教育者的客体地位和服从的角色也是不可置疑的。但是，如果把这一点绝对化，把主体和客体绝对对立起来，这在思想政治教育中其后果是不堪设想的。如果过分强调实施者的权威性，虽然能够确立较完整的和较系统的思想政治教育内容，而主体被当作是整个教育的绝对中心，而大学生则是处于绝对的服从或被动的地位，这就必然导致大学生感到自己的主动性和积极性被忽视或否定，进而使得大学生对思想政治教育的认识以及对思想政治课的内容仅仅停留在表面的认识和服从阶段，阻碍大学生对思想政治教育由认同到内化的过渡，无法达到真正意义上的思想政治教育的效果。相反，如果过分强调大学生是思想政治教育的绝对核心，这样虽然能够发挥大学生的主观能动性，能够充分发挥大学生的自我意识、自我评价、自我分析以及自我选择的能力，但教育者就只能听凭学生的自主选择，很被动地跟在学生后面，这必然导致大学生的自我意识的膨胀，这种膨胀起来的自我意识在不正确的外因影响下必然忽视甚至否定思想政治教育及其导向作用，并由此引发对整个教育方向的否定。任何教育活动都不是教师的单独活动，也不会只起教师的单向作用，在教育过程中除了有教师的能动因素外，还必须有学生的能动因素的介入。

思想教育和其他教育一样，是一个师生交流的过程，或者说是一个主体和客体之间双向的、互动的过程。肯定教育者在教育过程中的主导地位，绝不能否定学生的主观能动性，事实上，受教育者的主动性、积极性、创造性正是构成了教育者主导地位的一个侧面。因为，教师的主导地位必须建立在学生主观能动性充分发挥的基础之上；同时，教师主导作用的实现必然带来学生主观能动性的充分发挥。主体主导作用的目的在于学生的学习是有效的学习，这就必须以调动和发挥学生的主动性、积极性、创造性为前提，要实现这一目标，目前最有效的方法之一就是进行教师和学生角色互换，把教师的积极教育过程与学生的能动受教育过程融合为一体，使之成为一个统一的过程。

实施者与接受者的角色转换，具体来说就是：在一定条件下，当涉及某些社会敏感问题和热点问题时，大学生的角色可以转换为教师角色，在课堂上由大学生主讲，以青年学生独特的自我感受和理解对这些问题进行分析和说明，或者创设有冲突、有矛盾的"情感场合"，引导大学生自觉地进行是非选择。与此同时，教师的角色则转换为学生角色，并以学生的身份了解、接受或学习他们对社会问题的分析和讲解。

在教学实践中，这一方法非常有效：它既消除了师生的心理距离，增加了大学生的对课程和教师的信任，又避免"一边倒"和"满堂灌"造成的学生反感、教师被动的状态，并提升了学生参与的积极性，从而激发了学生的学习主动性；对于教师来说，最大的收益就是在第一时间、最直接地获取了大量的反馈信息，这样教师可以及时掌握大学生思想动态和认识问题、分析问题的原则，以利于调整教学内容，另外，鼓励大学生提高自己的认知能力和充分正确地发挥主观能动性，肯定大学生的正确选择，引导大学生摆脱思想的偏差、走出认识的误区，培养大学生切合实际的理性思考问题的习惯，排除大学生自己社会责任意识中存在的主观性和情绪色彩。思想政治教育是为经济建设服务的、为社会发展服务的。新形势下的思想政治教育应当围绕培养大学生的素质开展，应当准确把握大学生的思想特点，舍弃简单、空洞的教条，变单一的灌输式的教为双向互动式的交流，增强高等院校思想政治教育的针对性和实效性。

二、高校思想政治教育的主要内容和任务

（一）高校思想政治教育的主要内容

根据我国教育法规定，国家在受教育者中进行爱国主义、集体主义、社会主义的教育，进行理想、道德、纪律、法制、国防和民族团结的教育。教育应当继承和弘扬中国民族优秀的历史文化传统，吸收人类文明发展的一切优秀成果。这些都是思想政治教育的主要内容，也就是我国各高校思想政治教育的基本内容。其中每一项内容又可具体分为许多方面。

爱国主义教育主要包括中国民族悠久历史教育和优秀传统文化教育，党的基本路线和社会主义现代化建设成就教育，中国国情教育，社会主义民主和法制教育，和平统一、一国两制的方针教育。

集体主义教育包括尊重、关心、理解他人，集体成员之间团结协作的教育；为集体服务，维护集体荣誉的教育；关心社会，为家乡、社会的公益事业贡献力量的教育；正确处理个人与集体、国家利益关系的教育；以集体主义为导向的人生价值观的教育。

社会主义教育包括社会发展规律的教育；社会主义现代化建设经济常识教育。通过教育使大学生正确理解党的基本路线，拥护党的领导，坚持走有新时代中国特色的社会主义道路。

理想教育包括人生理想教育、道德理想教育、职业理想教育和社会理想教育。理想教育的核心就是培养学生树立献身社会主义现代化建设事业和坚定信念。理想教育应当和世界观、人生观教育结合起来，和科学信仰教育结合起来，使大学生在社会、人生、事业等方面树立正确的理想与奋斗目标。

道德教育包括中国民族优良传统道德教育；社会公德教育和道德评判能力的培养；社会主义道德教育；职业道德和环境道德教育。

纪律与法制教育包括宪法及有关法律常识和法规的教育；知法守法，维护社会稳定，运用法律武器自我保护和抵制违法乱纪行为的教育。要让大学生树立起社会主义民主法制观念，教育学生自觉遵纪守法、勇于同违法现象作斗争，服从国家和集体的统一意志并具有高度的组织性和纪律性。

国防教育包括国防意识和国家安全意识的教育；捍卫祖国独立、维护国家主权和领土完整的教育；军民团结教育和对普通高等学校在校生进行基本军事训练。增强大学生的国防意识和国家安全意识，使他们初步具备基本的军事素质和技能，自觉地捍卫祖国的尊严、独立和统一。

民族团结教育包括树立马克思主义的民族观、宗教观的教育；党的民族政策和宗教政策的教育；民族团结历史的教育。要让大学生了解我国的民族团结政策和宗教政策，树立各民族一律平等的思想，自觉维护民族团结和祖国统一。

中国民族具有五千年悠久的历史和灿烂的文化，因此，在高校思想政治教育活动中要始终坚持把那些世代相传、长期积淀下来的优秀历史文化传统继承、弘扬下去。同时，要努力吸收人类文明发展的一切成果，凡是对我国经济和社会发展有积极作用的外来文化，特别是先进的科学技术，具有普遍适用性的经济管理和其他管理经验，先进的教育思想和教育方法，优秀的文学艺术、文化思想以及文明健康的生活方式与生活习惯等等，都应该积极地予以吸收。

（二）高校思想政治教育的主要任务

在社会主义现代化建设的新时期，我国高校思想政治教育工作面临的重要任务是要全面贯彻党的教育方针，以实现培养德智体美劳全面发展的社会主义建设者和接班人为目标，培养和造就"四有"新人。因此，高校思想政治教育工作必须以坚持正确的舆论导向，用科学的理论武装人，用高尚的情操鼓舞人，唱响社会主义、爱国主义和集体主义的主旋律为主要内容，大力加强师生员工的理想信念、道德观念和世界观、人生观、价值观教育，加强行为规范的养成教育。

1.加强理想信念教育

理想信念教育是思想政治教育工作的核心内容，因此，加强理想信念教育是保证社会主义现代化建设顺利进行的必然要求。在新形势下，加强理想信念教育首先就是要切实抓好科学理论武装工作。马列主义、毛泽东思想、邓小平理论、"三个代表"重要思想、科学发展观和习近平新时代中国特色社会主义思想是指导中国人民顺利进行社会主义现代化建设的科学理论，是实现中国民族伟大复兴的强大思想武器和坚强精神支柱，是统一全党、全国人民意志的坚实思想基础。只有用马列主义、毛泽东思想、邓小平理论、"三个代表"重要思想、科学发展观和习近平新时代中国特色社会主义思想武装师生员工，才能引导他们不断地解放思想、实事求是、与时俱进，正确认识共产党执政规律、社会主义建设规律和人类社会发展规律，正确认识国家的前途和命运，澄清在社会主义问题上的错误观点和模糊认识，从而坚定建设有中国特色社会主义的理想信念。

要对师生员工进行正确的世界观、人生观、价值观教育。理想信念与世界观、人生观、价值观紧密相连。崇高的理想信念，归根结底来自科学的世界观和正确的人生观、价值观。马克思主义的辩证唯物主义和历史唯物主义是指导我们观察和认识世界的科学世界观，这一科学世界观给我们指出了观察世界、认识历史发展的正确方法，得出了资本主义必然灭亡、社会主义必然胜利的科学结论；全心全意为人民服务是每个共产党员应当奉行的正确人生观，这一人生观指明了师生员工应如何正确对待生死、荣辱、顺逆、得失、苦乐和贫富的关系，使他们在人生道路上正确前进；以个人利益和集体利益相结合、集体利益高于个人利益为原则的价值观，使我们懂得了集体利益之所以高于个人利益的客观必要性，有利于正确处理个人与他人和个人与社会、集体、国家的关系。

要在师生员工中开展马克思主义唯物论和无神论教育。共产主义理想信念是建立在辩证唯物主义和历史唯物主义世界观基础上的。唯心主义和封建迷信是同马克思主义根本对立的，是同共产主义理想信念根本对立的。要教育师生不断学习和掌握辩证唯物主义和历史唯物主义基本原理，学习科学知识，掌握科学思想、科学精神和科学方法，用马克思主义的立场、观点、方法来分析各种社会思潮，增强识别各种反科学、非科学、伪科学的能力，坚定共产主义的理想信念。

2. 加强道德观念教育

道德是调整人与人、人与社会之间关系的行为准则，是人们关于善良与邪恶、公正与偏私的观念、原则和规范的总和。道德属于意识形态范畴，其产生和发展受到生产力水平制约，然而它一旦产生，就具有相对独立性，对社会生产力的发展具有反作用。就其本质而言，道德是人们在一定历史条件下为维护自身生活，实现人生价值，完善人的本质，协调或消解人性内在及外在矛盾所形成的，通过内心信念、评价态度、行为规范、公众原则等方式起作用的观念——行为系统。道德活动，是人类文化活动的一部分，它所担负的历史使命与人类文化活动的根本目的和内在精神是一致的。同时，道德的性质及其作用，主要取决于人类文化在历史中所呈现的整体性质，取决于构成文化整体的其他部分发展的历史水平。

道德具有阶级性、时代性、民族性和传承性的特点。在我国社会主义现代化建设的新时期，必须在全社会、全体人民中牢固树立起以集体主义为核心，坚持国家、集体、个人三者利益相统一的，为人民服务，艰苦奋斗、勤俭建国，吃苦在前、享受在后的社会主义道德观。在当前的我国各高校，加强社会主义道德教育要注意把握好以下几点。

一是正确把握高校道德建设的出发点。在社会主义市场经济条件下，作为高校校园文化建设重要内容的思想道德建设应适应社会主义市场经济体制这一社会现实，以马克思主义为指导，结合社会主义发展的实践，构建起科学和系统的适合现代校园文化和道德建设的体系。这一体系在注重统一性的同时，应当体现多样化、多层次，实现先进性和广泛性的统一。

二是注意高校道德实践的差异性。由于高校学科和专业设置不同，表现出的文化内容有所侧重，民主道德生活实践层面上也显示出差异。在构建具有科学性、开放性、时代性的校园精神文化体系时，应注意循序渐进，因校制宜，充分认识其建设的复杂性和长期性。

三是正确把握高校道德建设的落脚点。在高校，必须把思想道德建设的落脚点放到追求知识、崇尚科学的宗旨上来，落实到培养人整体素质和促进人才的全面发展上来。要把社会主义的政治素质、道德素质和科学文化素质作为一个整体来考虑，加强师生在观念、信仰、道德等层面的建设，促进他们在道德方面向内探求，引导他们对科学文化知识的探索，使他们做到知行统一、内外一致，在追求个体完美的同时，追求社会至善。

3.加强行为规范养成教育

高校在加强对大学生的思想政治教育过程中，一定要重视对他们进行行为规范的养成教育，从具体行为习惯的养成抓起，从一点一滴抓起，努力培养他们的文明行为和道德规范。严格校规校纪，加强良好校风学风建设，把传授知识同陶冶情操、养成良好的行为习惯结合起来，把个人成才同国家前途、社会需要结合起来，形成热爱祖国、关心集体、尊敬师长、勤奋好学、团结互助、遵纪守法的风气。同时，要坚持教育同生产劳动相结合的方针，积极组织学生参加生产劳动和社会实践，帮助他们认识社会，了解国情，增强建设祖国、振兴中国的责任感。加强大学生的思想政治教育是一项社会性的系统工程，只有动员社会各方面力量共同努力才能做好这一工作。教师在学生思想政治教育中发挥着关键的作用，一定要认真履行教书育人的任务，言传身教，为人师表，引导学生德智体美劳全面发展。学校要主动同社会和学生家长密切合作，互为补充，形成教育合力。要充分发挥共青团、学生会等社群组织团结和引导大学生共同进步的作用。近年来，在全国各地开展的"希望工程""青年志愿者"和"手拉手"等活动，使大学生增长了爱心，懂得了关心他人，感受到助人的快乐，取得了良好的教育效果。

三、高校思想政治教育的人性关怀

现代思想政治教育研究表明，思想政治工作内容是指思想政治工作主体通过思想政治实践活动，作用于思想政治工作对象客体的理论化、系统化的意识形态体系，是由政治教育、思想教育、道德教育、心理教育等构成的，具有一定稳定性的结构体系。思想政治教育的本质就是要培养有知识、有道德、有信仰的人，即实现人的全面发展。由马克思首次提出的"实现人的自由而全面发展"是相对于现代文明人而言的，它是人类的最高层次，是人们追求的最高境界，是精神文明可持续发展的终极目标。要实现人的自由和全面发展，首要的一点是实现人的现代化，人的现代化与整个社会进步是一个双向构建的过程，人的素质的提高是核心，作为"个人"的现代化，至少需要具备如下特征：有正确的世界观、人生观、价值观，具有高尚的道德情操、追求真善美、具有现代知识结构、具有较高的文化素养、注重知识更新、有正确的思维方式和健康的心理特征等等。

以人为本既是时代进步与社会发展的迫切要求，也是人的全面发展的必然要求，对我国的市场经济和社会主义现代化建设具有十分重要的现实意义。人们所以产生这样那样的思想问题，从根本上说是由于其物质和精神的需要得不到满足，是人的主体需要没有得到考虑而出现的种种表现。因此，做好新形势下的思想政治工作，必须将工作的切入点放在受教育者身上，针对每个具体的人的特定思想形成的客观原因和影响因素，通过有效地改变某些外在因素和条件，达到影响人的思想的目的。而高校作为培养人与教育人的基地，是造就有理想、有道德、有文化、有纪律的全面发展的社会主义建设者与接班人的重要场所。

大学生是党和国家的宝贵人才资源。全面提高大学生的思想道德素质和科学文化素质，是实现科教兴国战略和人才强国战略的重要保证。德育、智育、体育、美育是一个有机整体。德育的核心是帮助学生树立正确的人生观、价值观，确立崇高的人生目标，使学生有高尚的道德情操，成为有责任心、有奉献精神的人。我们的教育方针，应该使受教育者在德育、智育、体育几方面得到发展，成为社会主义有觉悟的有文化的劳动者。

（一）高校思想政治教育中的以学生为本教育

以人为本思想体现在高校思想政治教育工作中也就是"以学生为本",一切为了学生,为了学生的一切。以学生为本需要我们每一个思想政治教育工作者在教育过程中调动学生的积极性,发挥学生的主体作用,极力倡导大学生的主体地位,促进大学生主动健康地发展。以人为本思想表现在尊重学生的个性差异。因为不论是发展的程度还是发展的方向,每个人的潜能是各具特色的。以人为本思想重视培养受教育者的完整人格,培养完整的学生,追求人的能力的全面发展,实现受教育者在身体、精神、情感、理智等方面的有机统一。

高校思想政治教育的以人为本这一人性关怀,就是要求把大学生作为思想政治教育的出发点和归宿,把大学生看作具有独立个性和特定观念的教育主体,在教育教学过程中重视启发引导大学生内在的教育需求,通过调动和激发大学生主动学习的积极性、能动性和创造性,使大学生自觉树立起科学的世界观、人生观和价值观,形成正确的政治思想素质和高尚的道德品质,从而使他们真正成为合格的社会主义现代化建设事业的建设者和接班人。思想政治教育工作者在进行思想政治教育的过程中,必须以完整、科学、准确的人的特性为依据,树立良好的"人"的意识,尊重学生、关心学生、遵循人性的制约和规范。

把人性关怀纳入工作中来,强调大学生的价值和尊严,重视对学生的无限关怀,也就是要理解他们,特别是关怀他们个别的心理状态,促进其自由地生长、全面地发展,从专业、心理特征、生活水平、学习态度、价值取向等变量进行分析,切实地解决他们的思想问题以及生活实际问题。这就需要走进千差万别的学生的心理世界,针对每个学生的优势领域和弱势领域,为每一个学生提供发展的多元途径,在发掘优势智能领域的同时,帮助他们将优势领域的特点向弱势领域迁移与渗透,从而使自己的弱势领域也得到最大限度的发展,以开发潜能来发展个性,实现教育面前无差生、每一个受教育者都是潜在的天才这样一个宏大的教育目标。

因而,高校思想政治教育工作更应坚持以人为本,促进人的全面发展,为社会培养出更多的栋梁之材。这就要求我们在思想政治教育过程中做到以下三点。

第一，注重以人为本，尊重人的需要，启发人的自觉性。根据马斯洛的需要层次论，人对尊重的需要是人的较高层次的社会性需要的一部分，是社会中的人对自我评价和自我尊重以及社会评价和社会尊重的渴望。而思想政治工作的首要任务就是启发人的自觉性。随着社会的进步，物质生活的丰富与人的素质的提高，人们对精神的需要越来越强烈，从一定意义上讲，互相尊重与信任的良好的人际关系对启发人的自觉性起着决定作用。满足人的尊重和需要是思想政治工作能否取得实效的重要前提。思想政治工作如果做不到尊重人，不能使工作对象的尊重需要得到满足，就肯定不会收到良好的效果。因而，思想政治工作者应以诚待人、以理服人、以情动人的态度和平等、民主的方法，贯彻到思想政治工作的实际工作中去，以期达到良好的工作效果。

第二，注重以人为本，关心人的利益，调动人的积极性。在当前的社会主义市场经济社会中，人们的主体意识越来越强，人们的行为表现越来越趋利化，利益越来越多元化，人们堂堂正正地争取自己的合理利益，一方面可以促进生产力的发展与社会的进步，另一方面可能就影响人们考虑问题的出发点与判断是非的标准，使一些人不能正确处理好国家、集体与个人三者之间的利益关系，甚至不择手段地去追求个人利益。这就要求思想政治教育工作引导人们树立正确的价值观，处理好各种利益关系。马克思说过"人们奋斗所争取的一切，和他们的利益有关"。这说明利益是思想政治工作的基础，离开了利益的思想政治工作是空洞的毫无内容的，当然，也是没有意义没有效果的。因而在处理利益问题时，我们必须做到：首先，讲清利益关系，使受教育者能够分析并厘清各种利益关系，确立正确的利益观；其次，把思想政治工作与解决群众的实际利益结合起来，真正做到理论与实践的统一。

第三，注重以人为本，彰显人的价值，激发人的创造性。要培养与造就全面发展的人，就要开发人的价值、能力和个性。而个人的价值包括社会价值和个人价值两个方面，并且两者是对立统一的。现代社会已经将每个人紧密地联系在一起，如果没有彼此之间的有效协助、配合与支持，就不能促进社会的进步与发展。同样没有每个人个性的创造性发展，社会的进步与个人的发展也是不可能的，或是大打折扣的。高校思想政治工作的开展，不能堵塞师生个性发展的道路，而是要引导个人发展，为个人发展创造必要的条件与环境。有生命力的思想政治工作不是要禁锢人们的头脑与手脚，限制人们的思想和行动，而是要开发人的智力，培养人的创新精神，引导人们更大限度地实现人的自我价值，同时为社会进步做出更大的贡献。高校是人才的集散地，是未来社会建设者成长的沃土，因而思想政治教育工作中怎样注重以人为本，彰显人的价值，激发人的创造精神，就显得尤为重要了。

（二）高校思想政治教育加强人性关怀的紧迫性

1. 时代发展和当代大学生思想特点的现实要求加强人性关怀

美国经济学家和未来学家奈斯比特指出："21世纪最激动人心的突破不是来自科学技术，而是来自日益增强的做人的意识。"的确，随着我国社会主义市场经济制度的逐渐完善以及改革开放在广度和深度上的不断推进，人们个体意识在不断觉醒，法制意识也在不断强化，这一切都对社会的管理者提出了更高的要求。新的科学发展观不仅把人作为社会发展真正的、主要的动力，还把人作为社会发展真正的最终目的。于是，这样的一种时代背景也要求我们的高校思想政治教育对此做出恰切的回应：要关切"人"，关怀人的自在、自为、自觉、自由，关怀学生人性的丰满，大学里要实现对学生的人性关怀。

当代大学生成长在对外开放不断扩大、社会主义市场经济深入发展、以互联网和手机通信为代表的现代传媒手段蓬勃兴起的时期，随着我国社会经济成分、组织形式、就业方式、利益关系和分配方式的日益多样化，具有了较宽广的国际视野，思想观念比以前的大学生复杂。

另外，当代一些大学生人文意识缺失，存在自私冷漠、个性过强、公德意识薄弱等特点。长辈对于独生子女的溺爱和娇宠，使得学生从小就以自我为中心，不为别人着想；很多独生子女缺少兄弟姐妹为伴，也缺少集体活动机会，不易养成与人协同合作的精神，也缺少竞争性，这样就导致了大学生过强的自我中心意识，较差的自我管理意识，较弱的团队意识。另外，部分大学生在政治取向上存在着一些功利性倾向。他们把政治看作是自己成长的条件，但又有着不参与自己应该承担的社会责任和义务的较明显的倾向。还有部分大学生，既推崇市场经济基本道德规范又对市场经济条件下的一些道德规范本身难做主张，在急剧变化的社会环境（比如就业环境等）面前，由于心理准备不够，信心不足，加之对学校教学改革、教学条件不满等原因，思想焦虑增加，从而导致心态较为低沉、消极，身心健康下降。因此，在这种新情况下，沿袭习惯使用的灌输、说教等老、旧形式的非人性化教育方式已经不符合当代大学生的需求，甚至会适得其反，所以思想政治教育应深入到人的内心深处去，做到逐步加强人性关怀这一特点。

2. 高校思想政治教育对学生人性关怀的缺失

第一，高校教师人性关怀精神的缺失。大学生作为法律上独立、自主的人，具有与学校领导、教师同等的人格和尊严。他们的人格和权利，应该受到学校的尊重和爱护。一些教师的职业道德不健全，把教书只当作谋生的手段，在教学过程中教与学脱节，片面强调学生应该学而忽视引导学生应该学什么、怎么学；对学生态度冷漠，漠视对学生人格塑造的正面影响，只重教书不重育人，只重言传不重身教，缺乏从事教师工作的热情和情感，造成学生学习积极性不高，师生关系淡漠的局面。一些服务部门的工作人员表现出的"门难进、事难办、脸难看"的工作作风，以及一些图书馆阅览室的工作人员出现的不自觉维护秩序、聊天喧哗等现象，给学生造成极大的负面影响。

第二，高校思想政治工作者对大学生自我需要关照的缺失。首先，忽视学生的实际需求。高校在思想政治课教学和日常的思想工作中，向学生灌输的几乎都是"正面"的东西，讲大道理，唱高调，进行抽象而空洞的说教，对改革进程中出现的新问题，对学生关注的热点问题和敏感问题，讲不清时就尽量回避。而且，内容比较陈旧，难以引起学生的兴趣。其次，忽视学生受教育的层次性需要。每个学生在思想觉悟和道德修养方面从来就存在着差异，呈现出层次性。而在许多教育者眼中，所有的学生认知结构都是一样的，忽略学生的个性特点和个人利益要求，往往重"群体"而忽视"个体"，不能对学生有针对性地展开工作。最后，忽视学生创新个性的培养。德育理论课存在与教学计划齐步走，培养目标单一化，教学过程满堂灌的现象。思想教育过程中存在着我讲你听，不太注意学生的主体地位的情况，认为把学生管得服服帖帖就是好，扼杀了学生的思想和创新意识，束缚了学生的个性发展。

第三，加强人性关怀是改进高校德育的需要。杨叔子先生曾经说过："大学的主旋律是"育人，而非"制器，是培养高级人才，而非制造高档器材,人是有思想、有感情、有个性、有精神世界的,何况是高级人才……我们的教育失去了人,忘记了人是有思想、有感情、有个性、有精神世界的,就失去了一切。其实我们的一切工作都是如此,都是以人为出发点,以人贯穿于各方面及其始终,何况是直接培养人的教育?""未来的学校必须把教育的对象变成自己教育自己的主体,受教育的人必须成为这个人自己的教育对象。"从中我们可看出人性关怀是高等教育的核心理念。高校德育的本质内容是以人为本,高校德育的根本目的是构筑人的精神支柱,发掘人的创造潜能。高校德育的根本任务是端正人的品行,完善人的人格。高校德育不是制约人、约束人、控制人,而是创造条件发展人。而目前的高校德育工作中,往往忽视了人的本质特性,缺乏对学生应有的尊重。因此,坚持以人为本,充分了解学生的个性特征和个人需求,理解并尊重他们的主体地位和人格,尊重学生的基本权利和责任,尊重学生的个体价值和社会价值,就应该成为高校德育的中心内容。

第二节 高校思想政治教育的特征

开展中国特色社会主义理论体系宣传普及活动,推动当代中国马克思主义大众化,切实把社会主义核心价值体系融入国民教育和精神文明建设全过程,转化为人民的自觉追求。高校思想政治教育生活化是落实党和国家的教育方针、适应时代发展需求、实现思想政治教育目标的重要理念和重要方式。在改革开放日益深化的浪潮下,内外思潮各方观念互相激荡交融,国内大学生的思想行为随之发生着相应的变化,在他们身上反映出许多新的特质和现象。作为高校思想教育工作者,能否正确认识教育对象和教育环境,及时准确地把握大学生的思想动态,洞悉当前高校思想政治队伍建设的时代背景,更新思想政治教育工作理念,就显得尤为紧迫。

一、高校思想政治教育环境特征

大学生思想政治教育接受过程是思想政治教育环境、接受客体、实施主体三者耦合互动的过程，如果三个要素相互匹配，那么就会促进或增强教育效果；反之，如果三个要素相互掣肘，或者一两个要素相对思想政治教育环境滞后，那么也会阻碍或削弱教育效果。本书结合环境新变化，研究对象新特点，提出思想政治教育工作新应对。

（一）现代化事业蓬勃发展下的浮躁社会环境

改革和发展实质上是一场社会各层次人群利益关系的再分配，从某种意义上说，正是改革和发展唤起了人们内心深处对于满足物质欲望的需求。表现在社会上，就是经商热、创业热、赚钱热，迫切想要成功，梦想一夜发财致富，在心态上轻浮、急躁，急功近利。折射到大学校园，就表现为大学生追求金钱至上、享乐人生，不重视打基础，无法静心读书，学习动力不足。在部分大学生看来知识只是充实脑子空虚的精神食粮，却不能填补肚子的空白，钱才是第一位的，因而放松了对知识的学习，导致了大学生中厌学情绪的盛行；还有部分大学生只关心眼前利益，耗费太多时间和精力去做兼职，浪费了宝贵的学习机会；更有个别学生，贪图眼前享乐，为了一己私欲，不惜拿青春赌明天，做起了违反法律、违反道德的事情，着实令人扼腕叹息。

（二）社会过渡转型期下的信仰危机环境

转型是指事物的结构形态、运转模式和人们的价值观念根本性的转变过程。社会转型是指新兴科技推动下社会生产生活方式的根本改变。中国人民共和国成立前我国长期处于农业、半农业社会，生产工具落后，生产效率低下。中国人民共和国成立后，在中国共产党的领导下，开始向工业化转型，经过半个多世纪的社会主义建设，工业化转型任务基本完成，目前正在向信息化社会迈进。由于压缩了发展空间，许多制度建设没有跟上，眼下的中国社会明显带有"过渡"痕迹——风险与机遇并存，社会矛盾凸显。"物质矛盾与文化性矛盾、政治性矛盾并存，简单矛盾向复杂矛盾转变，接触性矛盾向非接触性矛盾延伸，隐性矛盾向显性矛盾发展。"随着社会矛盾的日益加剧，贫富差距问题、社会公平问题、物价问题同步涌现，既深度考验着共产党人的执政能力、危机处理艺术，也严重挑战着当代大学生群体对于社会主义道路和共产主义的信仰。

（三）多元文化背景下的价值多元文化环境

"一切价值观念都是一定社会实践的产物。"中国人民改革开放的求富实践，既引来了西方先进的科技和管理经验，也接纳了西方文化背后的价值标准和道德准则，传统与现代的碰撞，国际与国内的融合，导致国内出现了东方文化与西方文化、主流文化和非主流文化、传统文化与现代文化的多元格局。同时，随着社会改革力度不断加大，政治、经济、文化体制改革同步推进，阶级、阶层等利益主体逐渐分化，在全社会逐步形成了思想观念多样、阶层利益多元、文化环境多变的复杂社会结构。在如此结构作用力下，渐渐衍生放大出许多对大学生影响巨大的社会思潮。比如，民主社会主义思潮、"普世价值"思潮、民族虚无主义思潮、历史虚无主义思潮、新自由主义思潮、私有化思潮以及低俗文化享乐主义思潮等。这些思潮裹挟着各型各色的价值观一股脑地涌向了"三观"尚未确立的大学生，使他们善伪不分、真假难辨，在人生观的选择方向上迷了路。在多元化文化轮番冲击下，很多大学生不经过理性思考、调查研究，就轻易放弃了中国的传统文化和现代社会主义理念，就盲目选择了资本主义的生活方式、文化理念以及价值观，虽然只是小部分人的个人行为，却也值得引起我们高校思想教育工作者的警醒。

（四）各国高等教育逐渐国际化环境

随着各国之间高等教育的交流与合作越来越广泛，思想政治教育作为高等教育的一部分，也势必受到国际化发展趋势的影响，旧有的灌输法权威正在消解，学习借鉴他国思想政治教育的先进经验逐渐蔚然成风，比较思想政治教育学也因此成为显学。高等教育国际化背景下，各国的思想政治教育的内容虽然不尽相同，但其中心宗旨都是强调对各自国家、民族、文化、身份的认同以及对于他人、家庭、社会应尽之责任的缔造，使之言行符合社会要求，从自然人蜕变成社会人。由于社会历史、环境、人文的不同，思想政治教育实施的方法中西方迥异，形成东西方鲜明的特色。以美英为代表的西方国家注重潜移默化的实践养成教育，以宗教信仰和学校教育为主导，通过家庭、学校、企业、社会和大众传媒等途径，培养社会所需要的合格公民。以日本、韩国为代表的东方社会在强调内在修养的同时，倡导自上而下的政府主导型德育。其思想政治教育不仅是客观存在的，而且是显性的，他们普遍采取兼并吸收的策略，汲取现代精品文化，扶植传统文化产业，重视青少年思想政治教育，形成了独特的东方文化传统和道德品格。中国的国情与前二者不同，社会主义建设初期，由于马克思主义的广泛传播，打破了以儒家为核心的东方教育传统，在几乎没有借鉴与选择的情况下，沿袭苏共思想政治教育方法成为思维定式；改革开放后期，越来越多的发达国家教育方式成为范本，思想政治教育在有效性的旗帜下，开始打上国际背景的痕迹。

二、高校思想政治教育对象特征

在社会转型和改革开放的时代背景下，由于经济、政治、文化环境的迅速变化和科学技术的迅猛发展，大学生这一思想活跃、易接受新鲜事物、充满生机与活力的群体呈现出了与以往不同的特征。

（一）受新时代社会思潮影响的大学生特征

高校聚集着一大批年轻有为、富有探究精神并朝气蓬勃的大学生，国外社会思潮的传入、国内社会变革的深入以及大学生个人成长的需求使当代大学校园成为各种社会思潮传播的集散地。当前高校思想文化领域的主流是积极健康的，马克思主义的指导地位不断巩固，中国特色社会主义理论体系深入人心。但是我们也应该清醒地认识到，依然有大量消极的社会思潮正在侵蚀着大学生的心灵，如性解放、拜金主义、享乐主义、攀比风气等。

社会思潮之所以对当代大学生具有特殊的吸引力，主要是由大学生自身特点及校园环境所决定的。首先，作为气血方刚的年轻人，大学生基本上都具有反传统的叛逆精神，敢于挑战正统、挑战权威意识，追求刺激的心理；同时，大学生的世界观还没有完全定型，接受外界事物和新鲜事物的能力较强，容易接受某种社会思潮。

其次，大学校园和大学文化的特征也有利于社会思潮的登陆。比如大学所特有的某种批判精神，大学生活的独立性，大学校园和文化所具有的开放性、包容性等。这些都适宜社会思潮在大学生中传播，成为某些大学生的思想精神家园，甚至对部分大学生来说，接受或传播某种社会思潮已成为表达自己的一种方式和手段。

各类社会思潮抢滩高校校园，对大学生的影响可谓正负交织，意义重大，关键在于引导和交流。对大学生的思想政治教育既不能忽视社会思潮反映社会现象和现实，帮助大学生了解社会丰富性和复杂性的镜鉴作用；也不能忽视各种消极有害的社会思潮冲击我们现有的思想政治教育目的和成果。只有立足这样的现实，才能顺畅地与大学生开展交流与沟通，准确地掌握大学生当前的思想动态。如果偏执某一方面，势必造成与教育者与被教育者之间交流隔窗，乃至于情感障碍。

（二）由经济独立带来的大学生人格独立性特征

存在是哲学的基本范畴，存在方式是指物质与精神的高度统一，通俗理解就是生活方式。从非市场经济转向市场经济，人的存在方式发生了全面变化，对此，马克思的概括是从人对人的依附性的存在转向以物的依赖性为基础的人的独立性的存在。在社会主义市场经济的潮流下，企业和个人成为独立主体使得人们从以往的人身依附关系中解脱出来，平等意识加强，主体性日益突出。这一现实趋势势必会在当代大学生身上产生直接或者间接的影响，与以前的大学生相比，如今的大学生主体意识提高，独立意识加强，自我意识突显，视野更开阔，法律意识更强，同时冲破了自我认识的局限性，追求前卫，个性张扬。很多大学生利用课余时间，通过勤工俭学或是做兼职赚取外快来贴补生活，合开店铺或是倒买倒卖的经济行为在课堂外屡见不鲜，大学生的经济自主化日益突出。但这种由经济独立换来的人格独立，很多时候，并没有给大学生带来如约而来的幸福，或者说获得过度的不可驾驭的自由权利只会徒增不必要的负担和痛苦。在市场经济条件下，竞争机制的引入激发了人们生产的动力和活力，促进了生产力和生产关系的解放，带动了政治、经济、文化的全面繁荣；就业方式的多样化改变了人们的谋生方式，改变了人对社会、国家的依附关系，使人们变得更加自信和自由，同时也使人们的思维方式发生了根本性的变化——由崇高变得世俗，由理想转而功利。当利益成为行为、动机、效果的考量，便会使得人们更趋于务实，以前的崇高理想色彩的价值取向逐渐淡化，追求生活实际价值，追求个人价值实现逐步成为大学生价值追求主流，并且有一些学生坠入了追求眼前利益，追求生活享受的低层价值取向。

（三）高新科技、新媒体应用引发的大学生特征

科学技术的迅猛发展，网络新媒体的异军突起，正改变着人们的生活方式、沟通方式和知识获取方式。网络技术的逐步成熟，使其成为一种时尚的信息传递方式，作为新兴科技助推下成长起来的新新人类，大学生势必会站在时尚生活的最前沿。他们第一时间适应了新的生活、沟通、学习方式，对计算机、手机中涵盖的各类软件驾轻就熟，对于网络购物、网络支付、电子商务等新型商务方式推崇备至，并将是否会使用QQ、微信、微博等不断推陈出新的交互手段，作为评判时尚与否的标准。大学生对网络的依赖，提出了加强大学生网络思想政治教育的新要求。然而，自网络媒体兴起以来，由于其缺乏必要的监管和引导，导致网络上良莠不分、藏污纳垢，暴力、恐怖和色情的信息，网络文化泥沙俱下，净化网络环境对于为大学生创造良好的沟通平台迫在眉睫。与此同时，大学生所崇尚的时尚生活方式也日益走向虚拟化，虚拟生活、虚拟世界、虚拟角色正把社会化过程中的大学生带向虚无的深渊，许多大学生在虚拟世界中迷失自我，简单地遵循着快乐原则，追求着感官的刺激，大学生越来越"宅"，越来越缺乏面与面的对话、心与心的沟通，网络道德移位，人文关怀缺失，大学生们内心深处自由开放与明目张胆的性格特点被无形地放大，越轨行为频频发生。这些都呼呼网络精神家园的建设，呼呼人们以积极的态度、创新的精神，大力加强互联网建设，进一步发展和传播健康向上的网络文化，使之成为传播社会主义先进文化的新途径、成为广大大学生精神文化生活的健康新空间。

（四）大学生教育效果需要层次性不同的特征

需求是人类有意识行为的内在动机和外在指向，不同时代、不同人生阶段、不同生活环境，人们的需求层次不同，理想是在现实反思的基础上对于现实需求的超越，属于高层次需求，如果按照马斯洛的需要层次图分类，应该属于自我实现的需要。需求的层次决定理想的高度。大学生思想政治教育的目的从实现全面发展的人的角度说，主要功能就是提升大学生的理想诉求层次，为理想诉求的实现提供精神援助和动力支持。当代大学生是一个承载

家庭、学校、社会高期望值的群体。大学阶段是学生生理和心理走向成熟的重要阶段，也是世界观、价值观、人生观形成的关键阶段。由于各自家庭背景、学习经历、志向兴趣、人际关系、生活境遇因素的不同，使得他们对社会主义制度的信奉不同，对国家、社会、学校的感情不同，对自身的定位和要求不同，选择了不同的需求满足方式，难免会相应分化出不同层次的思想政治教育效果。有的学生上学期间，接受过国家或是社会的资助，便会对社会、对国家怀有感恩之心，与自己所受的爱国主义思想结合，或许将来会将爱心回馈社会；有的学生本来就对社会转型期存在的不公现象颇有微词，当马克思主义理论遭遇现实质疑时，由于理论认识不深刻，难免会出现动摇和曲折。鉴于大学生怀有不同的理想诉求和心路历程，大学生思想政治教育工作也应该采取精细化的处理态度，一方面认识到不同效果存在的客观性及合理性；另一方面有针对的、分层次对于不同群类加以引导教育。

三、高校思想政治教育的创新特征

高校思想政治教育创新源于适应国家需要、学校发展需求，以及广大教育员工丰富的发展需求等，即要注意满足社会发展需要和人的发展需要。但这仅仅是一个十分笼统的说法，仔细区分的话，可以将社会需要类分出国家需要、政党需要、民族发展需要、群体发展需要，以及人的全面发展需要等等。这些不同社会主体的需要之间存在着一致性，但也存在着非一致性。于是适应这些不同主体的社会需要就会面临着一系列困境。解决这些需求冲突及由此引发的矛盾，成为高校思想政治教育创新的内在动力。原先的思想政治教育完全作为管理和规范学生的活动样式，主要满足党与国家的需要，而对学生的需要满足则重视不够，从而导致学生出现一定逆反心理与政治冷漠情绪。为了解决这一突出问题，思想政治教育开始认真贯彻"以人为本"的理念，在体制创新方面也迈出了许多新的步伐，如增设许多学生事务部门，由管理学生更多转化为服务学生；心理健康教育曾经在中国的高校是一个盲区，但从20世纪80年代中期起，这个问题由提出到引起普遍关注，再到今天的高度重视，其中从内容到形式各方面都有不少创新。

关于社会危机凸现倒逼创新，是指为了解决应急性的特殊需要而引发的创新。这些年社会面临的一个重要问题是人文精神、价值观迷乱和人们的信仰危机，这些问题又产生出一些次生危机。对高校思想政治教育而言，这些次生危机的主要表现是教育实效性不强。为了解决这些问题，高校思想政治教育坚持在思想政治理论教育课程建设、拓展大学生思想政治教育的有效途径、发挥党团组织在大学生思想政治教育方面的重要作用，以及加强大学生思想政治教育工作队伍等方面推动改革创新，已取得令人欣喜的初步成效。

关于社会比较激励创新，主要指通过比较、解读与分析国内外有关社会意识形态运作、信息传播、学生事务管理与服务、隐蔽课程设置等理论与实务运作的经验教训，寻找和明确改进我们工作的思路和着力方面，激发出相应改革创新的动机。

（一）高校思想政治教育创新具有一定的周期性

从一般的经验来看，创新是人们的一定能量积累到一定时刻的表现，而能量积累总是需要一定的时期和条件。同时，个体还存在着创造力衰竭的现象，这一经验在个体身上表现得比较充分，但有时在群体与组织方面也存在着同样的现象，"集体无意识"可以看作是对这种经验的一种不太直接的描述。尽管个体之间的创新特征可能大相径庭，而群体或组织的创新与个体的创新更不能简单相类比，但我们不能忽视群体和组织也可能存在着创新的周期性问题。我们在此扼要说明高校思想政治教育创新的周期性，确实有很大的难度。因为它不得不涉及两个基本问题：一是这种周期性的具体表现是什么？二是导致这种周期性的原因又是什么？

如果我们仅仅从创新视角审视改革开放以来高校思想政治教育的发展历程，将其具体划分成几个时间阶段，每个阶段的创新有不同的内容与特征表现。

第一阶段：20世纪70年代末到80年代末，这一阶段大概又可分成两个小阶段。第一小阶段是20世纪70年代末到80年代初，这是一个侧重在指导思想上拨乱反正、建立新的思想理论基础和活动秩序的时段；第二小阶段是20世纪80年代初到80年代末，这是一个富有激情和理论想象力的时段。在第二小阶段，整个社会在发展方面的指导思想日趋明确，因此产生了一系列重大的改革决定，提出了社会主义经济是以公有制为基础的有计划的商品经济,提出了扩大高校办学自主权问题等;并且注意运用高度政治智慧排解与超越"左"与右两大方面思潮的纷争,提出了党的"一个中心,两个基本点"为核心内容的基本路线,以及社会主义初级阶段理论,高度重视社会主义精神文明建设,强调两手都要抓、两手都要硬,等等。高校思想政治教育在这样的大环境中,有不少理论内容、传播方式和应用体系方面的创新,如提出开设思想品德课,深入进行形势与政策教育,组织高校学生参加社会实践活动、在部分高校设置思想政治教育专业和开办思想政治教育专业第二学士学位班,加强高校学生思想政治工作队伍建设等。

第二阶段:20世纪80年代末到90年代初,这一阶段的总体创新是不多的。但我们又不能从没有创新表现等于没有创新准备的理解出发去认识问题。创新与维旧历来就像一个硬币的两个方面,如果说创新是必要的话,那么在一定时期维旧也是必需的。"温故而知新"一样,维系优秀的传统,也是在为新的创新铺垫基础和提供元素。再说在表现形态上似乎是"新"的东西,其实未必一定是创新,而维旧的成分未必一定没有新意,人们平时所说的"推陈出新"也就是这个道理。为了防止人们大量发生自吹自擂现象,我们可能也要考虑像真理标准讨论一样,建立创新衡量标准,其中最重要的标准是实践标准,即实践结果及其效用程度是衡量是否创新的唯一标准。如果说这一阶段存在着创新的话,则主要表现在应用体系方面,特别是在解析中国优秀传统文化价值、传承优秀文化传统方面有不少努力。我们可以通俗地将这类创新看作是一种老树发新芽的过程。这一时段创新的另一特征是思想政治教育学科建设有了新进展,即在巩固提高已有建设成果基础上,全面开展专业建设,形成学科群。随着设置思想政治教育专业本科点和硕士点的院校不断增加,课程建设、教材编写、师资队伍建设以及学生培养等多方面的进展,学科建设获得了快速发展,特别在教材编写方面取得明显效果。

第三阶段:20世纪90年代初到21世纪初,是蕴含新发展机会的阶段,其中快速发展又与不平衡状态交相间杂。在这一相对比较长的社会时段中,党和国家采取了许多具有重大意义的新主张与新举措,如加强爱国主义教育、提出关于进一步加强与改进学校德育工作的若干意见(1994年)、提出高校思想政治理论教育课程新方案(1998年)、提出"三个代表"重要思想,等等。在这样的新形势下,高校思想政治教育在贯彻和落实中央精神的进程中,通过理论教育途径与方式方面以及应用方面进行创新，开创了许多诸如网络思想政治教育、校园文化建设、学生生活园区思想政治工作等新形式。并且在应用理论方面进行了集成创新与引进消化吸收再创新，如坚持将邓小平理论进课堂、进教材和进学生头脑；在思想政治理论课程教学中坚持理论传导与社会实践紧密结合，提高理论教育的有效性；同时注意吸取借鉴其他学科中的有关理论来分析与解决学生思想政治教育中所面临的问题，如借鉴美学方面的接受理论、传播学方面的大众传播理论、心理学方面的学习理论、社会学方面的社会调查方法、群体研究方法、管理学方面的激励理论和组织学方面的群体动力理论等。随着我国学者对中国传统优秀文化内核解读的深入与拓展，高校思想政治教育的实务与理论研究都不同程度地关注与应用中国传统优秀文化元素，并且注意从具体品质到文化精神、从思想内涵到思维方式的不断提升与拓展。也就是说，这一阶段在应用体系创新方面是全方位的。

第四阶段：21世纪初至今。这是一个正在进行着的、面临新任务、新机遇和新挑战并存的有序发展阶段。这一阶段的开端以2004年中共中央下发16号文件为标志，高校思想政治教育正呈现全方位的综合创新之态势。从目前已经显现的情况看，主要有以下特征：首先，是对教育对象的认识丰富化，从原先以工作为本再逐步转变到以人为本，这将有一个过程，但开端已很良好。在坚持以人为本的理念指导下，人们对大学生的认识也逐步摆脱非此即彼的思维方式的影响，变得多样化、丰富化与复杂化。其次，高校思想政治教育的实际开展开始摆脱模式化单一化影响，各地各高校注重将思想政治教育的基本要求与高校所面临的实际情况相结合，而不是简单地唯书唯上。这种状况是形成创新态势的重要契机。最后，无论是思想政治教育工作的实际工作者还是理论研究者，都注意在工作和研究中不断拓宽理论视界和增强问题意识。在这种过程中，特别值得一提的是，思想政治教育的学科研究范式正面临着转型，这种范式转型主要有两大动力，一是解决社会转型所产生的新问题的迫切需要；二是一大批21世纪以来培养和毕业的思想政治教育新军充实到本学科的教学科研第一线和高校思想政治教育实际工作一线，这批学科发展的生力军的基本特征是富有探索精神和学术研究冲势，有强烈的问题意识和改变不良现存的意念，有相当理论基础和较开阔的理论视界，有比较开放的心态和兼收并蓄的能力。因此可以断言，在他们身上蕴含的创造力会远远超过他们的前辈。

至于说到这种周期性的表现，不能简单用时间的视域所能表征，并且精确到多少年一个周期的程度。如果从创新体系的三大方面的分类看，创新特别是引进消化吸收再创新随时都在不断地出现。但如果从综合创新的角度看，这种创新则可能表现出一定的周期性，这种周期性既受到社会意识形态创新大格局的制约，又受到从业人员的创新能力的制约，因为个体的创新能力不是一个常量，有人可能是早发，有人可能是后发。从代际交替和代际接续的状况看，这种综合创新可能表现为 20 余年左右的周期。

（二）高校思想政治教育创新具有多样性和延展性

如上所分析，高校思想政治教育的创新是丰富多彩的，在不同时段有不同的创新内容与形式相统一的表现。这种创新的多样性可依不同的分类标准作不同的归类。除了本书开头所说明的层次、类型等分类外，还可根据创新主体分个体创新和集体创新，根据创新的影响力分成本义性创新和延展性创新等等。本书比较关注高校思想政治教育的延展性创新。这里所谓的延展性创新是指某种创新具有巨大联动效能，从而带动其他一系列创新活动的发生及进展，这种创新通常居于创新活动链的高端或创新活动系统的中心。至于这种延展性创新的表现，可以体现在理论创新、制度创新、体制创新、技术创新和管理创新等各方面。正如马克思当年在分析资本主义劳动过程和价值增值过程时，曾经认为"资本的伟大的历史方面就是创造这种剩余劳动"，资本"是发展社会生产力的重要的关系"。也可以说，资产阶级创造出资本运作方式，这种资本运作方式又衍生出许多新的东西，不仅有剩余劳动，有严格纪律、致富欲望、普遍的勤劳、节约劳动时间以及普遍财产等，而且创造出丰富复杂的社会关系。同样道理，高校思想政治教育也存在着延展性创新，其联动效应正在逐步显现，如 20 余年的思想政治教育学科建设除了自身能量的不断增生外，对思想政治教育的实务正产生越来越明显的推进作用，而实务工作的进展又反过来促进理论研究的深入。在工作理念方面，高校思想政治教育在坚持"三贴近"（即贴近实际、贴近生活、贴近群众）方面不断探索，注意将教育规范与充分满足学生的成才发展需要有机结合起来，并且产生了一些引进消化吸收再创新的理论和教育方式，如这些年来所提出的生活德育论、网络思想政治教育学等。

第三节　开展高校思想政治教育的意义

爱国主义、集体主义和社会主义教育是高等学校对大学生进行思想政治教育的基本内容，教育的程度如何，直接影响大学生政治信念的树立，影响大学生的成长成才。在经济全球化的国际背景下，在我国实行市场经济体制，全面建设小康社会，构建和谐社会的环境中，高等学校如何有效地进行爱国主义、集体主义和社会主义教育，培养社会主义现代化事业的合格建设者和可靠接班人，既是一项历史任务，又是一项重要的现实课题。

思想政治教育在构建和谐校园中具有重要意义。首先，大学生的思想政治教育为构建和谐校园提供了精神支持。一个高校的健康和谐发展，离不开大学生的和谐发展，和谐校园的构建离不开大学生的参与。思想政治教育能发挥其在大学生道德提升、思想进步的作用，促进大学生的全面发展。大学生思想政治教育突出了对"人"的教育，承载着唤醒学生主体意识、责任意识、自我完善意识的任务。在构建和谐校园的背景下，大学生思想政治教育者通过培养和谐校园所需要的高素质人才，为和谐校园的构建提供精神动力支持。其次，思想政治教育是构建和谐校园的重要保障。实践证明，思想政治教育是高校全部工作的生命线。通过扎实有效的思想政治教育，可帮助大学生树立牢固的世界观、人生观和价值观，培养良好的思想政治素质和行为以及高尚的情操，做德、智、体、美、劳全面发展的人才。

将大学生思想政治教育确定为构建和谐校园的重要组成部分，是由和谐校园的本质所决定的。以人为本是构建和谐校园的本质。和谐校园要求大学生要全面发展，这也是大学生思想政治教育的不懈追求。大学生思想政治教育在内容上很好地体现了与时俱进，新时期大学生的思想政治教育的主要目标就是实现人的全面和健康发展，以达到人的全面和谐，这与和谐校园的本质是完全一致的。

一、全球多元文化对高校思想教育提出新挑战

第一,全球化不仅仅是一种现实的社会运动,而且是在这一现实社会运动基础上产生的当今时代一种复杂的、世界性的思潮。有着不同利益的人、集团、政党、阶级和国家,往往会赋予它不同的甚至截然相反的内涵。不仅有着不同利益需求的人们在思考着全球化对自身的影响,对全球化发展提出自己的要求,而且也有一些善于思考的人们希望在人类最高利益上解决全球化的问题。因此,"全球伦理""全球文化""人类之爱"等口号或者论点陆续被提出来。这些口号或者论点的提出必然产生诸如人类之爱与爱国主义的冲突、传统文化与全球文化的冲突等矛盾。大学生希望能够回答全球化时代的重大问题,这就要求他们必须采取"全球化思维方法",他们必须是一个具有全球视野的人,一个在全球化潮流中能够把握正确方向的人,同时又是一个热爱祖国、能对中国社会主义现代化建设做出贡献的人。这一切无疑对新时期的爱国主义、集体主义和社会主义教育提出了挑战。

第二,我国成功地加入世贸组织,标志着全面参与世界经济活动、对外开放的进一步深入,使得思想政治教育处于一个更为开放的环境中。高校大学生作为社会的特殊群体,首当其冲地受到来自各个方面特别是意识形态的影响。当前的经济全球化导致的多元文化并存,也可以说是多元文化的冲突,从根本上说,仍然隐含不同社会制度的冲突。发达国家借助文化产品的输出推销西方政治、经济制度、价值观念、意识形态和生活方式,不同程度地影响了青年们的精神世界,在一定程度上削弱了他们对民族文化的认同。从整个世界来看,中国是世界上少数坚持走与西方国家迥然不同道路的社会主义国家之一,西方国家在冷战后就一直把中国当作推行和平演变政策的重点。一方面,他们对社会主义的歪曲、攻击或颠覆活动从来没有停止过。另一方面,他们利用经济全球化的环境,更方便地兜售西方的价值观、政治观和资产阶级的生活方式,凭借经济、科技和军事优势,加紧实施"西化""分化"图谋。西方的这种强势地位和干预策略,使得很多青年不加分析地、盲目地推崇西方所谓的自由与民主,使得大学生的思想政治教育特别是理想信念教育面临严峻的考验。

最后，在经济全球化背景下，高校呈现出市场化趋势，高校思想政治教育的内容必须扩展，服务职能要强化。中国加入世贸组织是经济全球化的必然要求，同时也使得教育作为一种产业与国际接轨，从世贸组织法律体系的《服务贸易总协定》中可以看到，教育不仅具有政治、文化和道德等功能，而且具有经济的功能。高校的市场化在于激活高校为社会服务的潜能，使产、学、研得到很好的统一。为此，应当站在经济全球化、竞争国际化、运作规范化的角度，培养高校学生的全球意识，提高其法律意识，强化其竞争意识。

二、我国社会转型对高校的思想政治教育造成冲击

随着我国社会主义市场经济体制的逐步完善，社会经济成分、组织形式、分配形式等都发生了深刻的变化，这些变化促进了社会的发展和历史的进步，但同时也不可避免地带来一些负面效应。一些领域道德失范，拜金主义、享乐主义和个人主义滋长；封建迷信活动和黄、赌、毒等丑恶现象沉渣泛起；假冒伪劣、欺诈活动成为社会公害；文化事业受到消极因素的严重冲击，危害青少年身心健康的东西屡禁不止；腐败现象在一些地方蔓延，党风、政风受到很大损害；一部分人国家观念淡薄，对社会主义前途产生困惑或动摇。各式各样的生活观念和精神文化的冲击，在一定程度上诱发了青年大学生拜金主义、利己主义、享乐主义等不良思想倾向，使传统的伦理道德规范受到冲击。

首先，社会主义信念与共产主义的远大理想被淡化。个人主义、拜金主义和享乐主义使人只顾眼前，急功近利。这种价值取向的蔓延对人们树立远大理想产生了严重的消极作用。有人说："共产主义理想是远的，思想政治工作是空的，生产技术是硬的，黄金钞票是实的。"表现在当代大学生身上，就是缺乏对理想和信念的追求，只注重专业技能的学习。

其次，市场经济的自发性容易诱发个人主义。在物质利益的驱动下，个人的主动性、积极性和创造性得到了充分发挥，同时也容易使一些涉世较浅的大学生的人生价值观向个人本位偏移，进而导致完全个人主义。他们往往片面强调个人利益，忽视、贬低乃至无视社会整体利益和他人利益，把社会、集体、他人仅仅当作追逐一己私利的手段和工具，自私自利、损人利己。对集体活动不关心、不热心，对待同学冷漠，无视他人的存在。

最后，市场经济的求利原则容易诱发拜金主义。有些人错误地认为，市场经济实质上就是金钱经济，发展市场经济就是全民动员捞金钱。这些人在社会生活中以"有钱能使鬼推磨"为生活信条。大学生择业中就有这样的口号："到大城市去，到合资企业去，到外企去，到国外去，到挣钱最多的地方去。"却很少听到大学毕业生提出口号："到祖国最需要的地方去！"这将导致越落后的地方最需要人才，也就越得不到人才；相反，越发达的城市地区，人才趋之若鹜，出现人才大量浪费的现象。同时这些不良思想也对思想政治工作者队伍的稳定造成了影响。如何教育并引导大学生树立正确的人生观、价值观，使之具有高度的政治敏锐性和政治鉴别力，自觉地抵制不良思想的侵袭，直接关系到祖国的未来和民族的希望，是新时期大学生思想政治工作的一项主要任务。

大学校园已经不再是象牙塔。随着信息流通手段和文化传播手段的日益先进，学校的围墙已堵不住社会浪潮的冲击。通俗文化、社会时尚、经商热潮无一例外地在校园文化的调色板上显示出来。这些情况对大学生了解社会、关心社会有很大好处，也容易使社会的消极因素和短期行为左右大学生的行为选择。总之，充分认识市场经济对道德的双重影响，更好地发挥其积极的一面，限制和缩小其消极的一面，是高校学生思想政治教育面临的新课题。

三、高新科技对高校思想政治教育影响深远

在信息网络迅速发展的今天，我们必须清醒地认识到互联网对当前高校思想政治教育带来的深远影响，它既有积极的一面，又有消极的一面。其积极的一面是互联网开辟了大学生思想政治教育的新领域。网络具有资源共享的特点，网络的资源共享性使高校思想政治教育可以在网络中占有市场，可以通过网络对大学生进行思想政治教育，这在一定意义上克服了传统思想政治工作影响面较小的缺点。由于网络具有信息可复制性、共享性和实时传输性，这使全社会大学生同时接受教育成为可能，这也是传统思想政治教育所做不到的。网络具有形象化、趣味化的特点，网络中的图形、动画、声音和形象等有趣且直观，能够吸引人。高校思想政治教育工作可以利用网络特有的信息高集成性、双向交流性和可选择性，促进大学生有针对性地接受教育

和实现自我教育。

网络化还能最大限度地实现高校思想政治教育工作的社会化。思想政治教育网络可与政府机关、家庭、学校相连，这为社会各界参与高校思想政治工作提供了方便，并能实现大学生思想政治教育工作、家庭与社会力量的有机结合，使高校思想政治教育收到更好的效果，有利于进一步形成高校思想政治教育工作的巨大优势。此外，适应网络时代的新的网络道德规范和行为准则，对大学生思想政治素质提出了更高的要求，这有利于促使大学生严于律己，实事求是，团结协作，严守社会公德和职业道德。

但是应当清醒地看到，网络是一把"双刃剑"，万万不可忽视其副作用。首先，它冲击了高校过去已经形成的庞大的说教式的意识形态体系，使教育对象出现了主体性的特点。因此，高校思想政治教育面临着新的挑战，互联网使传统的教育阵地逐渐丧失，使思想政治教育者所独具的信息优势极度弱化，思想政治教育者在思想教育过程中的主导地位受到了挑战，单一的说服训导式的教育模式已经远远不适应网络时代的要求，而学生接受信息的主动性大大增强，互联网让学生处于一种极度开放的信息环境之中，思想政治教育背景已不再像过去那么单纯，而是越来越复杂。在互联网上，不同国家之间的文化传统、思想道德观念和生活方式大不相同，冲突十分激烈。而大学阶段正是大学生形成世界观和人生观的关键时期，因此，网上西方文化中"黄色的"、不健康的东西就十分容易破坏大学生固有的道德观、价值观和文化观，从而毒害大学生，使其陷入泥潭而不能自拔，使思想政治工作者千辛万苦培养出来的观念与原则毁于一旦。

其次，由于在网络中，信息传播速度、规模、范围和隐匿性都远远超过以往的任何媒体，所以极易被西方敌对势力和迷信、邪教反动组织利用来对我们进行宣传、渗透。同时，由于网络中人们的交往主要是人机对话或以计算机为中介的交流，人们终日与电脑终端打交道，而缺乏有感情的人际交往，这易使人们趋向孤立、自私、冷漠和非社会化，易使人们对现实生活中他人的幸福和社会发展漠不关心。大学阶段是人际交往能力和人际关系形成的重要时期，由于网络交往与传统的具有亲和感的人际交往大不相同，往往难以形成真实可信和安全的人际关系，大学生在网络交往中一旦受骗上当，就容易对现实产生怀疑、悲观和敌意的态度。

在知识经济时代，大量先进的现代科学知识为大学生提供了丰富的精神营养，成为他们进步的巨大动力。但是在纷繁的知识与信息中，也夹杂着一些不健康的、丑恶的、错误的东西，造成一定程度上的"信息污染"，使大学生意识领域的防御能力及自我调控能力受到严峻考验。大学生思想政治教育工作如何有效地面对网络信息和高科技对大学生思想带来的冲击，是一个崭新的课题。

第二章　高校思想政治教育中教师与学生角色研究

第一节　高校思想政治教育教师队伍建设意义

教师是教育事业的第一资源。思想政治教育教师是加强和改进大学生思想政治教育的重要保证，直接关系到大学生的培养质量和学校的可持续发展，关系到和谐校园的建设，因此大力加强思想政治教育教师队伍是一项极为重要的紧迫任务，我们必须明确目标，强化措施，努力建设一支德才兼备的思想政治教育教师队伍。

一、高校思想政治教育有其客观必然性

（一）高等教育改革和发展要求加强思想理论课教师队伍建设

多年来教育改革发展的事实说明，全面实施素质教育，推进教育教学改革，关键在于有一支具有实施素质教育能力和水平的教师队伍；促进教育均衡发展，统筹城乡教育、区域教育协调发展，实现教育的公平和公正，关键在于有一支具有较高素质而且配置合理的教师队伍；加强和改进未成年人思想道德建设和大学生思想政治教育，关键在于有一支政治强、业务精、作风正、师德优的教师队伍。当前，人民群众和社会发展对教育更多更高的需求同优质教育资源供给不足的矛盾，是我国教育的基本矛盾。解决这个矛盾的根本出路在于建设高素质的教师队伍，发展高质量的教育。

（二）思想政治理论课课程对教师队伍建设提出挑战

本科所开设的思想政治理论课，由于课程门数少，课时压缩，对高校思想政治理论课教师队伍的素质要求很高。该课程设置方案使教师的教育思想、教育模式和教育方法面临严峻的挑战。思想政治理论教师只有具备坚定的马克思主义理论素质和政治信仰、勇于创新的精神、掌握科学的教学方法以及较强的科学研究能力，才能胜任思想政治理论课程的任务。

二、高校思想政治教育教师队伍建设的意义

教师思想政治素质的提升，可以帮助他们以高度的社会责任感、较强的集体意识、求实创新的态度、因材施教的工作思路投入到工作之中，从而推动我国向教育强国迈进，提高我国的综合国力，在新的国际竞争中占据优势和主动权。因此，教师思想政治素质的提升有利于推进党和国家教育战略的实现，对我国高等教育进入国际先进行列具有重大意义。

（一）有助于教师顺利地完成历史使命

随着我国高等教育逐步走向大众化、普及化，高校思想政治理论课教学在提高全民族的思想道德素质和哲学社会科学素质方面，越来越发挥着重要的作用。在各类人才的培养上，思想政治理论课也是人力资源开发和建设的一项基础性工程。接受思想政治理论课教育是各类德才兼备的人才健康成长的重要保证。现在的大学生，将来是国家建设的宝贵人才，一些人将成为科技骨干，一些人将成为企业经营管理者，一些人将成长为各级领导干部。他们能否从宏观上把握社会发展和现代化建设规律，能否懂政治、识大体、顾大局，能否驾驭复杂局势，不断提高决策能力与领导水平，无疑同他们的思想政治理论素质有很大的关系。从宏观来看，高校思想政治理论课教师从事的工作，肩负着关系到中国特色社会主义建设的历史重任。

教师的政治思想、道德素质对学生的熏陶和感染作用，早已被许多教育家、思想家所认识。我国古代教育家孔子说：教育成功的重要因素之一，是教师人格的感化。德国教育家第斯特惠说道："教师本人是学校中最重要的师表，是直观的、最有效的模范，是学生中活生生的榜样。"苏联教育家马卡连柯也认为，教育者对被教育者的作用首先是教师品格的熏陶、行为的教

育，然后是专门知识和技能训练。这些教育家精辟的论述都说明了教师师表作用的重要性。特别是作为思想政治理论课教师，在给大学生传授马克思主义理论知识的同时，还主要承担着思想道德教育的任务。这样的教学性质和任务决定了思想政治理论课教师除了具备较高的政治理论修养和丰富的人文知识以外，还必须具备比一般教师更高的良好的思想道德素质。这样，才能不辜负党和人民的信任与重托，承担起学生灵魂的塑造者的神圣职责和历史使命。

思想政治理论课教师不仅应该是知识、技能、智慧的传播者，更应该展示高尚的人格魅力，因此思想政治理论课教师应该在教学中，充分展现自己良好的政治、思想、品德、人格素养，进而赢得学生的敬重诚服，从而对学生产生榜样教育和示范作用，使教育教学工作取得满意的育人效果。而且从一定的意义上说，思想政治理论课教师的一言一行中，不仅传递着个人的思想品德，而且传递着他所讲授的马克思主义理论的思想品质，因而思想政治理论课教师只有在思想政治上、道德品质上、学识学风上，真正做到全面以身作则、自觉率先垂范，才能使学生从中感受马克思主义理论的真谛，信仰马克思主义，从而使思想政治教育具有强大的说服力。作为对学生进行思想政治教育教学的主体，思想政治理论课教师的政治思想道德素质对教育对象的影响具有关键性意义。很难想象，一个以自我为中心的利己主义者能够把学生培养成为思想进步、品行端正的合格人才。加强思想政治理论课教师队伍建设，提高思想政治理论课教师的政治理论、思想道德素质，使其真正成为大学生健康成长的指导者和引路人，不仅是高校思想政治工作的重中之重，也是提高思想政治理论课教学实效的关键之举。

（二）有助于增强高校思想政治理论课的实效性

思想政治理论课是国家规定的各级各类高等学校都要开设的必修课程，它承担着对高校学生进行系统的马克思主义理论教育的任务，是对高校学生进行思想政治教育的主渠道，是为高校实现人才培养目标服务的。其最终目的是通过课程教学，使高校学生热爱中国共产党、热爱社会主义，使其具有较高的马克思主义理论素养、良好的道德品质和健康的心理素质，将来更好地服务祖国、服务人民，成为中国特色社会主义事业的合格建设者和可靠接

第二章 高校思想政治教育中教师与学生角色研究

班人。对此，思想政治理论课教师要始终站在政治的高度来看待。在种种挑战下，避免思想政治理论课在高校课程体系中的地位和作用受到削弱，关键是要围绕提高教育效果这个核心，通过积极的努力来克服由于课程减少、学时减少带来的不利影响，使思想政治理论课真正融入学生的头脑，成为学生所理解、接受和喜欢的课程。

一方面，要充分挖掘思想政治理论课课堂教学要素——创新课堂教学诸环节、激活课堂教学、提高既有学时利用率。这就要求教师们要转变教学理念、更新观念，从单纯的灌输式教育向辨析式教育转变。辨析式教育是一种把观点藏在背后，把分析推向前台的教育方式，富有启发性与亲和力，可以有效地引导学生自主地选择正确的立场、自我形成正确的观点，进而树立科学的世界观、人生观和价值观，达到思想政治教育的目的。辨析式教育符合高校大学生求新求异的个性，有利于充分调动学生学习理论和探索真理的积极性，增强思想政治理论课教学的生动性和吸引力，有效地发挥思想政治教育的社会功能。另一方面，要积极拓展思想政治理论课教学外延——开辟多种教育途径、营造教育环境氛围，多管齐下形成思想政治教育整体合力。在拓展外延上，包括如下几点：其一，思想政治教育向其他课程渗透，融入各科教学过程之中；其二，思想政治教育向第二课堂延伸，加强校园文化建设，使思想政治教育润物细无声地渗透于大学生的头脑中；其三，向社会大课堂扩展，积极开展思想政治教育实践教学活动，使思想政治教育渗透于学生成长成才的全过程。

要做到以上两方面，无疑对思想政治理论课教师提出了更高的要求。它不仅要求教师要有过硬的思想政治教育专业理论知识、丰富的实践教学经验，还要求教师能有效地指导课程的实践活动，并能充分利用专业资源优势，有效地开展校园活动，促进和谐校园文化建设，同时要具备一定的职业教育技能，给学生以心理辅导和职业指导等，帮助学生排忧解难，真正实现既教育人、引导人，又关心人、帮助人，使思想政治理论课真正成为学生所理解、接受和喜欢的课程。可见，加强高校思想政治理论课教师队伍建设，建设一支高素质的思想政治理论课教师队伍，对于增强高校思想政治理论课的实效性，是十分必要的。

此外，为了实现思想政治理论课教学的目标，思想政治理论教师还应采用灵活多样的教学方法，把传统的课堂教学与案例教学、课堂讨论等教学方法结合起来，实现教师与学生双向交流和沟通，充分调动学生学习的趣味性、积极性和创造性；实现教学手段现代化，充分利用互联网，在制作电子教案、电子课件和应用多媒体教学方面，进行积极的探索，因为多媒体等现代化教学手段具有形象、生动、声情并茂、信息量大等特点，能有效地提高教学的思想性、生动性和形象性。这些都是与思想政治理论课教师队伍建设密不可分的。

（三）有助于应对新时期高校思想政治理论课的新任务和新要求

世界多极化和经济全球化日益明显，科技革命日新月异，综合国力竞争日趋激烈。各种思想文化相互激荡，西方敌对势力加紧对我实施西化、分化的政治图谋并未减弱。我国改革开放进一步深入，社会经济成分、组织形式、就业方式、利益关系和分配方式日益多样化。如何引导大学生正确认识当今世界错综复杂的形势及其对我国社会经济发展、人们思想变化带来的种种影响，把握国际局势的发展变化和人类社会的发展趋势；如何引导大学生正确认识社会主义和资本主义发展的历史进程及关系的变化，认识我国社会主义改革实践过程对人们思想的影响，认识时代和社会主义建设的客观规律，认识执政党建设的规律，认识社会主义物质文明、精神文明、政治文明建设的规律，增强在中国共产党领导下全面建设社会主义现代化国家的自觉性和坚定性；如何引导大学生在新的历史条件下，形成正确的世界观、价值观、人生观和坚定的理想信念，自觉地肩负起建设中国特色社会主义，实现中国民族伟大复兴的历史使命，努力成为德智体美劳全面发展的人，是包括广大思想政治理论课教师必须认真研究解决的重大而紧迫的历史课题。

在当前的国际国内条件下，敌对势力争夺下一代的斗争依然十分尖锐复杂。大学生思想政治教育工作面临着许多新情况、新问题，还面临着与新形势、新任务不相适应的问题，还存在不少薄弱环节，亟须进一步加强和改进。如何准确地把握当前大学生思想、生活、学习的特点，有针对性地加强和改进大学生思想政治教育，是一项极为重要而紧迫的战略任务。

只有对大学生进行系统的马克思主义理论教育和思想品德教育，才能帮助他们树立正确的世界观、价值观和人生观；才能帮助他们用马克思主义的基本原理、基本观点和基本方法去观察、分析、处理复杂的现实问题；才能帮助他们正确地理解和坚持我国社会主义初级阶段党的基本路线，识别和抵制各种背离党的基本路线的错误倾向；才能帮助他们树立社会主义民主和法制观念，正确行使法律赋予公民的各项民主权利，自觉地履行法律所规定的各项义务；才能帮助他们树立正确的学习目的、养成良好的学风，帮助他们养成高尚的社会主义道德品质和文明习惯，真正做到诚实守信、勤劳敬业、谦虚谨慎、言行一致、乐于助人。高校思想政治理论课是高校思想政治教育的主渠道和主阵地，加强思想政治理论课教师队伍建设对大学生健康成长，对学校思想政治工作具有导向、动力和保证作用，对建设社会主义物质文明、精神文明和政治文明，促进社会全面进步，具有重要的意义。

第二节　新时代下高校思想政治教师队伍建设强化

一、我国高校思想政治教育中教师的特点

思想政治教育是学校工作的一部分，却不是学校一部分人的工作，而应该是全体教育工作者的职责。专职思想政治教育教师包括思想政治理论课教师、辅导员、班主任和学生管理工作干部，同时，各类课程教师和其他各级各类党政管理干部亦具有不可推卸的育人职责。为切实提高思想政治教育的实效性，对于专职思想政治教育教师，必须实行严格的任职准入制度和培训制度，提高队伍的专业化程度；对于非专职思想政治教育教师，应努力提高其思想政治素质和思想政治意识，使他们真实、专业地意识到自身的育人职责。

（一）高校思想政治教育中教师的德育特点

改革开放后，高等教育实现了跨越式发展，人才培养的数量和质量大幅提升。但在这种蓬勃发展的大背景下，高等教育更多地将目光锁定在"才"的培养上，某种程度上忽略了对"人"的关切。高等教育要重视才的培养，

更要重视人的培养。

德育是高校对受教者的培养准则,也是施教者的育人准则。大学要培育有德行的学生,首先要培育师德,师德是教师的基础性素质,是教师的立师之本。立德树人理念从内在价值尺度和外在职业标准两个方面规范了教师的角色定位。"立德"是衡量教师优劣的内在价值尺度,构建了教师职业的精神追求;"树人"是衡量教师优劣的外在评价标准,构建了教师职业的使命担当。"立德"与"树人"在"如何做"和"做什么"两个维度上共同确立了高校教师的角色规范,成为高校教师的核心价值理念。

高校教师在立德树人理念中的核心地位缘于教师职业定位的重要性和特殊性。在"学生、学者、学术"高校的三个核心要素中,学者的重要性日益凸显。学者既是学生的施教者又是学术的创造者,失去学者也就失去了"大学之为大学"的内在动力。拥有什么样的学者就会形成什么样的大学,培育有德行的教师就能营造德行文化、培养出有德行的学生,建设有德行的大学。因此,高校要充分重视学者的主体地位,呼唤学者的主体意识,提升学者的育德水平,营造浓厚的德育氛围,让德育成为高校安身立命的根本。

教师职业定位的特殊性体现在身为人师和行为人范的职业使命上。高校教师对学生起着引导、示范、激励作用,他们是世界观、人生观、价值观的携带者和传播者,其思想觉悟、政治立场、价值取向所外化出来的言传身教传达给学生,潜移默化地影响着学生的认知和判断。高校教师群体在左右了学生的价值选择和德行水平基础上某种程度上代表了学校的价值取向和德行标准。因此,高校教师的思想政治状态某种程度上决定了高校的思想政治教育水平。

(二)高校思想政治教育中教师的人文关怀特点

人文关怀核心在于肯定人性和人的价值,也是师德教育的基础。对学校而言,应坚持师德教育的人本性原则,从人的需求出发,尊重人的现实性,实现人的全面发展,积极为高校教师的困惑寻求出路,满足人的生存与发展需求,使他们在工作中拥有自我存在感、自我实现感、自我价值感。要深入了解教师的心理健康、生活处境和工作状态,满足他们的利益诉求、情感诉求,消除高校教师的后顾之忧,使他们全身心投入工作当中,实现精神的充实感、生活的幸福感、个人的自由感。对高校教师而言，高校教师要形成人本性教育观，不断提升自身学识魅力和人格魅力，妥善处理师生关系，营造和谐共进的师生氛围。高校教师要关注学生、尊重学生，形成开放、包容、自由、互动的教育模式，满足学生个性化成长需求，让教师成为学生的贴心人、领路人。高校教师要不断提升人文修养，不断丰富自身教育资源，不断完善自身教育手段，培养既具备有容乃大的文化情怀和独特犀利的文化眼光，又有健康向上的文化追求，能够做出科学合理的文化选择的大学生。

（三）高校思想政治教育中教师的引领特点

在教育环境和教育对象发生深刻变化的同时教育理念、教育方法、教育载体不能以不变应万变，而要与时俱进，不断突破陈规，彰显优势。首先，创新教育理念。在思想观念多元化背景下，一方面尊重差异，包容多样，另一方面要在多元中立主导，在多变中把握方向，确保教育理念的先进性、主流性；变管理为服务，思想政治教育组织者要低姿态进入，破除身份和岗位壁垒，尊重教师的主体地位，呼唤教师的主体意识，提高教师的主体参与度。要高度重视德育的重要性，发挥"德"对教师综合评价的主导性和主控性作用。其次，更新教育方法。将传统工具性教育转向目的性教育，由单向灌输转变成双向交流，丰富教育形式，教育过程要做到以理服人、以情感人、以德化人，让教师真正认识思想政治教育的价值，真正体悟思想政治教育的生命力，真正融入思想政治教育过程。再次，丰富教育内容。要充分发挥思想政治理论课主渠道作用，注重政治性、文化性、道德性相融合，在立德树人视阈下开展政治教育和理想信念教育，在理论灌输中融入人文情怀和道德精神。教学内容上要科学设计，引入传统文化丰富资源和人类文明的重要成果，切实突出"德"在教学体系中的位置，提升思想政治课的文化品位和道德含量，切实增强教学的针对性、科学性、时效性。最后，拓宽教育载体。由于高校教师对传媒的敏感性、依赖性越来越高，高校要充分利用网络、手机等载体，拓展教育覆盖面，提高思想政治教育的普及性、常态性。要充分利用网络资源，提升网络建设，提高网络文化供给能力和网络教育专业化、科学化水平。建设贴近社会、贴近现实、贴近学生的主题网站、主题微博，在内容上，确保健康向上、内涵丰富、喜闻乐见；在形式上确保灵活多变、丰富多彩、时尚新颖，做到既有文化深度又有普及广度，既有文化内涵又有时尚元素，成为文化思想交流的重要平台。另外，在"自媒体"时代大背景下，要不断提高师生的媒介素养养成教育，引导广大师生在德行的背景下满足情感需求和自我认同。

二、新时期加强和改进高校教师思想政治教育工作应达成的几点共识

（一）教师思想政治教育工作只有结合业务工作才有生命力

我们党一贯重视思想政治教育工作与业务工作相结合。教师思想政治教育工作离开业务工作就会成为无源之水、无本之木，而业务工作离开思想政治教育工作就会失去方向和动力。必须增强"渗透"意识，提高"结合"本领，把教师思想政治教育工作渗透到教学科研业务之中，努力避免思想政治教育工作与业务工作"两张皮"的现象，进一步增强思想政治教育工作的有效性。只有这样，教师思想政治教育工作才有旺盛的生命力。

（二）教师思想政治教育工作只有坚持以人为本才有感染力

坚持以人为本是思想政治教育工作的根本出发点。在重视加强思想政治教育工作的同时，要坚持以人为本，重视教师个人价值的实现和自身积极性、创造性的发挥，解决教师思想、工作、生活的实际问题，才能增强思想政治教育工作的吸引力，提高思想政治教育工作的有效性。

（三）教师思想政治教育工作只有坚持实事求是才有说服力

教师思想政治教育工作的基本方针是坚持正确疏导，说服教育，以理服人。思想工作如果不能实事求是，不能理论联系实际，即使花再大气力，用再多时间，实际效果也不会理想，反而坏了思想政治教育工作的名声。思想政治教育工作要联系国内外政治、经济、文化实际，联系改革开放的实际，联系学校改革与发展实际，联系教职工学习、教学、科研、生活实际，以理服人，求真求是，进一步增强说服力。

（四）教师思想政治教育工作只有坚持不断创新才有吸引力

教师思想政治教育工作史实际上就是一部创新史。随着改革开放的深入和市场经济的发展，教师的思想观念正在发生重大变化，教师思想政治教育工作如何适应新形势，这是高校面临的新课题。在新的历史条件下，要增强思想政治工作的针对性和吸引力，要树立体现时代特征的新观念，探索新方法，增添新内容，就必须发扬创新精神，做到在继承中创新、在创新中前进。

三、新时代高校思想政治理论课教师队伍建设的强化

加强高校思想政治理论课教师队伍建设，是加强和改进高校思想政治理论课的关键环节。认真学习和贯彻落实中宣部、教育部工作会议精神，应进一步提高对此项工作重要性和紧迫性的认识，从增加高校思想政治理论课教师在教育教学中的科研含量入手，切实加强马克思主义理论学科建设，以学科建设支撑教育教学；下决心设置独立的思想政治理论课教学科研组织机构，为高校思想政治理论课教育教学和马克思主义理论学科建设提供坚实的组织保障。

（一）不要让马克思主义理论学科建设成为高校思想政治理论课教育教学工作中的薄弱环节

要通过扎扎实实的努力，建设一支"让党放心、让学生满意"的思想政治理论课教师队伍，进而把思想政治理论课建设成为大学生"真心喜爱、终身受益"的优秀课程。要讲好高校思想政治理论课，要求有好的教材，可有了好的教材，为什么教学效果还不一样呢？这里更关键的、更基础的、更重要的在于必须有高水平的教师。思想政治理论课的政治性、政策性、理论性很强，而要使大学生对这样的课程爱听、能懂、有启发，还需要教师的讲授有艺术的水准，在教材体系向教学体系转化上下功夫，理论与实际联系，教学内容要鲜活，教学方法要得当，教学手段要新颖，等等。只有做到了这些，思想政治理论课才能有吸引力、感染力和说服力，才能实现教学内容进学生头脑的目的。加强和改进高校思想政治理论课，需要从教材建设、学科建设、教师队伍建设、教学方法改革和宏观指导等方面开展工作，而在这所有工作中，教师队伍建设是决定性因素，是重中之重。认真抓好这项工作，既是着

眼长远建设的战略任务，又是目前工作需要突破的重点。

加强高校思想政治理论课教师队伍建设，要坚持以马克思列宁主义、毛泽东思想、邓小平理论、"三个代表"重要思想、科学发展观和习近平新时代中国特色社会主义思想为指导，深入贯彻落实科学发展观，以教学科研组织建设为平台，以选聘配备为基础，以培养培训为抓手，以学科建设为支撑，以制度建设为保障，以实现教学状况明显好转为目标，培养一批坚持正确政治方向、理论功底扎实、善于联系实际的教学领军人物、中青年学术带头人和学术骨干，努力建设一支政治坚定、业务精湛、师德高尚、结构合理的教师队伍。

（二）增加高校思想政治理论课教师教育教学中的科研含量

讲好思想政治理论课，这是高校思想政治理论课教师的本职工作，也是日常的中心工作。这里需要进一步讨论的是，如何才能讲好思想政治理论课，才能使这种课程受到学生的重视和欢迎。其中一个重要条件就是教师得有科研能力和科研成果，这也是目前普遍存在的弱点。解决这个问题，切实加强思想政治理论课教师的科研能力，努力提高科研水平，力争用高水平的科研成果去支撑教学，这是加强思想政治理论课教师队伍建设工作中需要突破的重要一环。

（三）促使高校思想政治理论课教师成为学科建设的骨干力量

加强马克思主义理论学科建设，是加强思想政治理论课教师队伍建设的一个关键环节，也是正确认识和处理思想政治理论课教师的教学与科研关系的核心问题。

随着客观形势的变化和学科发展的需要，我国正式设置了马克思主义理论一级学科，目前下设马克思主义基本原理、马克思主义发展史、马克思主义中国化研究、国外马克思主义研究、思想政治教育、中国近现代史基本问题研究等6个二级学科。这是党和国家加强和改进思想政治理论课的重大举措，是中央马克思主义理论研究和建设工程的重要成果。如果说，这些学科的设置只是为了思想政治理论课教育教学的要求，那肯定是片面的，因为这个学科在更大的领域中承担着研究和发展马克思主义理论、继续推进马克思主义中国化和大众化进程的任务，承担着不断培养适应改革开放和现代化建设所需要的思想政治工作者优秀人才的任务。但是，为高校思想政治理论课提供强有力的学理支撑，的确是这个学科设立和建设的一项十分重要的和首要的任务。在高等学校，学科建设是最具有整合力和影响力的工作，是各项工作中起龙头作用的关键环节，也是教师队伍建设的重要抓手。只有抓好学科建设，高校教师才有科研的平台和学术的家园。马克思主义理论学科的设立和建设，就是为了使思想政治理论课教师有自己的学科阵地，同时也为了吸引更多的优秀人才加入到思想政治理论课教师队伍中来，从而为从根本上提高思想政治理论课的教学质量和教学水平奠定人才基础。不过，从目前的情况看，马克思主义理论学科建设对思想政治理论课的支撑作用还远远不够，一些高校的马克思主义理论学科点没有把为思想政治理论课服务作为学科建设的首要任务来对待，很多思想政治理论课教师还没有真正解决学科归属问题，还游离在马克思主义理论学科建设之外，这个问题必须尽快加以解决。

（四）理顺高校思想政治理论课教师队伍的管理体制

各高等学校应该建立独立的、直属学校领导的思想政治理论课教学科研组织机构。这是认真分析多年来思想政治理论课教学科研组织机构的现状，针对目前存在的实际问题提出来的，这个规定对于搭建高质量学科平台，凝聚高素质教师队伍，推动高校思想政治理论课建设，具有全局性和战略性意义。目前，我国高校思想政治理论课教学科研组织机构设置很不统一，大体分三种情况：第一种，设置有独立的二级机构，集中组织思想政治理论课教育教学和马克思主义理论学科建设，统一管理思想政治理论课教师队伍；第二种，虽然设置有相对独立的机构，但只是学校某一个学院管理下的三级甚至四级机构，这种情况目前还比较普遍；第三种，没有设置独立的组织机构，思想政治理论课教师分散在不同的专业院系，很多教师是作为第二职业来参与思想政治理论课教育教学的。因而，思想政治理论课教学科研组织机构设置比较混乱，名称也五花八门。特别是，一些有马克思主义理论学科点的高校，将这个学科设置在思想政治理论课教学科研组织机构之外，使得学科建设与思想政治理论课教育教学分割开来，而且使得一些与马克思主义研究领域关系不直接的教师当上了这个学科的研究生导师，从一开始就对马克思主义理论学科起着一种瓦解作用。这种情况很不利于中央有关精神的贯彻落实，不利于思想政治理论课教育教学和马克思主义理论学科的统筹规划，不利于思想政治理论课教师队伍的领导和管理。

独立设置思想政治理论课教学科研组织机构，此项规定已经很明确。可以预见，随着此项工作的落实到位，而且获得在政策上的更多支持，高校思想政治理论课教师将会出现工作有条件、干事有平台、发展有空间的大好环境，高校思想政治理论课教育建设必将开创新的局面。

第三节　高校思想政治教育中大学生的角色特点

大学生思想政治教育紧跟党的理论创新步伐，植根中国特色社会主义建设的生动实践，准确把握教育环境与教育对象的新变化，有效利用新的技术手段，积极构建新的领导体制和工作机制，同时也在创新发展中推动我们党形成了关于大学生思想政治教育新的理论成果。所有这些方面，共同构成改革开放以来大学生思想政治教育与时俱进这一突出标志的重要内容。但我们也应当看到，大学生思想政治教育目前也面临着新情况和新挑战，需要寻找新的理论突破口和实践切入点。因此，深入研究我国思想政治教育的特点及其变化规律，具有重要的借鉴意义。

一、我国高校思想政治教育中大学生的主要任务

大学生思想政治教育四项主要任务深刻回答了"培养什么人"和"怎样培养人"这一我国社会主义教育事业发展中必须解决好的根本问题。同时，也是对大学生提出了"做什么人"和"怎样做人"的基本要求，对大学生思想政治教育提出了"开展什么教育"和"怎样教育"的根本要求。

（一）以理想信念教育为核心，深入进行树立正确的世界观、人生观和价值观教育，主要解决正确认识党举什么旗帜、国家走什么道路和自身社会责任问题，不断夯实大学生的思想政治素质基础理想信念是思想政治素质的灵魂

理想信念，是一个政党治国理政的旗帜，是一个民族奋力前行的向导，也是大学生奋发向上的动力。大学阶段是提高大学生思想政治素质的重要时期，思想政治素质的基石是理想信念，理想信念是思想政治素质的灵魂。对大学生进行理想信念教育，关系到党和国家的长治久安，关系到中国民族的前途命运。只有教育引导大学生确立坚定的理想信念，才能教育引导大学生树立正确的世界观、人生观和价值观，才能形成良好的思想政治素质。

坚定理想信念要以科学理论武装为支柱。要坚持不懈地用马列主义、毛泽东思想、邓小平理论、"三个代表"重要思想、科学发展观和习近平新时代中国特色社会主义思想武装大学生头脑，使马克思主义中国化的最新理论成果真正进教材、进课堂、进头脑，认真解答大学生关心的重大理论和实际问题，为大学生坚定理想信念提供正确理论指导和强大精神支柱。要深入开展党的基本理论、基本路线、基本纲领、基本经验教育，开展中国革命、建设、改革史教育，开展基本国情和形势政策教育，开展科学发展观教育，特别要在国家走什么道路、党举什么旗帜这个根本问题上加强教育，使大学生深刻认识到走中国特色社会主义道路是中国发展、民族振兴的唯一选择，高举马列主义、毛泽东思想、邓小平理论、"三个代表"重要思想、科学发展观和习近平新时代中国特色社会主义思想伟大旗帜是社会主义事业前进的根本保证，从而确立在中国共产党领导下走中国特色社会主义道路、为实现中国民族伟大复兴而奋斗的共同理想和坚定信念。

理想信念教育要立足于引导大学生自觉把自己的人生追求同祖国的前途命运联系起来。教育引导大学生，要珍惜年华、刻苦学习，努力用人类创造的一切优秀文明成果武装自己，掌握为祖国、为人民服务的真才实学；要深入群众、投身实践，切身感受时代脉搏，虚心向人民学习，克服自己的弱点和不足，更快更好地成长和成熟起来；要磨炼意志、品格，树立用诚实劳动创造美好生活的思想和精神，从小事做起，从一点一滴做起，时刻准备着担当历史重任，在为实现中国民族伟大复兴的奋斗中谱写壮美的青春之歌。

（二）以爱国主义教育为重点，深入进行弘扬和培育民族精神教育，主要解决确立国家和民族意识的问题，在大学生中形成民族精神和时代精神相结合的精神状态

牢固树立爱国主义思想，是大学生能够坚定不移、百折不挠地为祖国、为人民贡献智慧和力量的重要思想基础。高校是弘扬和培育民族精神教育的重要阵地，所有教师都应深入发掘蕴含在各类课程中的民族精神和时代精神教育资源，把弘扬和培育民族精神、时代精神贯注到知识传授之中，渗透到校园文化之中。要在大学生中大力弘扬以爱国主义为核心的团结统一、爱好和平、勤劳勇敢、自强不息的伟大民族精神，倡导一切有利于民族团结、祖国统一、人心凝聚、社会和谐的思想和精神，倡导一切有利于国家富强、人民幸福的思想和精神，引导大学生增强民族自尊心、自信心、自豪感，做到以热爱祖国、贡献全部力量建设社会主义祖国为最大光荣，以损害社会主义祖国利益、尊严和荣誉为最大耻辱。

激励大学生弘扬以改革创新为核心的时代精神。以改革创新为核心的时代精神是中国民族在世纪之交崛起的动力。当代民族精神就是时代精神。要深入开展中国民族优良传统和中国革命传统教育，使大学生了解中国共产党在领导中国人民建立和建设新中国的奋斗中表现出来的革命气概，懂得中国共产党是民族精神的继承者和创造者。要把民族精神教育和以改革开放为核心的时代精神教育结合起来，引导大学生在中国特色社会主义事业的伟大实践中，既大力弘扬民族优秀传统，又大力弘扬井冈山精神、长征精神、延安精神、大庆精神、"两弹一星"精神、雷锋精神、抗洪精神等革命传统和时代精神，努力使中国民族优良传统、中国革命传统和改革开放的时代精神深入人心。

（三）以基本道德规范为基础，深入进行公民道德教育，主要解决如何做人的问题，在知行统一的过程中形成良好的道德品质和文明行为

基本道德规范是引导大学生做"四有"新人的重要准则和导向。形成良好的道德情操和道德修养，自觉遵守道德规范、进行道德自律，是一名合格人才和公民必须具备的基本素质。大学生时期是人生形成自觉道德意识的重

要阶段，在这个时期形成的思想道德观念对他们一生影响很大。加强和改进大学生思想政治教育就应该把帮助和促进大学生形成良好的道德情操和道德修养摆在重要位置，就应该教育引导大学生明确"做什么人"和"怎样做人"的基本道理。

要以为人民服务为核心，以集体主义为原则，以诚实守信为重点，对大学生深入进行道德教育。为人民服务是社会主义道德建设的核心，集体主义是社会主义道德建设的原则，诚实守信是大学生立身之本。认真贯彻《公民道德建设实施纲要》，广泛开展社会公德、职业道德和家庭美德教育，积极开展道德实践活动，把道德实践活动融入大学生学习生活之中，引导大学生自觉遵守爱国守法、明礼诚信、团结友善、勤俭自强、敬业奉献的基本道德规范，正确处理个人与社会、个人利益与集体利益、竞争与协作、经济效益与社会效益等关系，养成良好的道德品质和文明行为。特别要对大学生有针对性地进行诚信教育。诚信是公民思想道德素质最核心的外在表现，是大学生踏入社会的身份证。不诚信的种子所结出的恶果将危及社会并殃及自身。要教育大学生树立守信为荣、失信可耻，以诚待人、以德立身的道德观念，讲诚信、讲道德，言必信、行必果。道德教育要坚持知行统一，引导大学生从身边的事情做起，从具体的事情做起，通过多种方式，把道德教育搞得丰富多彩、生动活泼、扎实有效。

（四）以大学生全面发展为目标，深入进行基本素质教育，主要解决提高综合素质的问题，使大学生做到德才并进、和谐成长

促进大学生全面发展，对促进人的全面发展、提高全民族素质，具有重大意义。大学生的全面发展，不仅仅是知识的丰富和技能的提高，而是思想道德素质、科学文化素质和健康素质的全面发展。必须坚持以人为本，以大学生全面发展为目标，教育引导大学生既要学会做事，又要学会做人；既要打开视野、丰富知识，又要增长创新精神和创新能力；既要发展记忆力、注意力、观察力、思维力等智力因素，又要发展动机、兴趣、情感、意志和性格等人格因素；既要增添学识才干，又要增进身心健康。要加强社会主义民主法制教育，加强人文素质和科学精神教育，加强集体主义和团结合作精神教育，促进大学生思想道德素质、科学文化素质和健康素质协调发展，引导

大学生在增长科学文化知识的过程中提升思想政治素养，知行合一，德才并进，和谐成长。

二、新时代下我国大学生思想政治教育的规律探索

（一）始终坚持走改革开放之路，保证大学生思想政治教育的正确方向

改革开放以来我国坚持科学社会主义的原则，开辟了符合我国国情、体现时代特征的中国特色社会主义道路，并形成了中国特色社会主义的理论体系。高等学校是培育和造就中国特色社会主义事业需要的德智体美劳全面发展合格人才的重要阵地，也是落实大学生思想政治教育任务的首要阵地，是贯彻落实党的教育方针、坚持社会主义办学方向的集中体现。40多年以来改革开放的各个阶段，党和国家特别是高等学校通过开展艰苦卓绝、扎实有效的思想政治教育工作，让大学生懂得了只有改革开放才能发展中国、发展社会主义，必须始终不渝地走中国特色社会主义道路，树立正确的世界观、人生观、价值观，把个人的成长进步融入推动国家富强、民族振兴的伟大历史进程中，在为祖国和人民的奉献中体现当代大学生的人生价值。

（二）始终定位于大学生全面发展，提高大学生思想政治教育的针对性和实效性

改革开放以来，各大高校大学生思想政治教育十分重视以人为本，十分重视人的全面发展这一核心理念，各个阶段的大学生思想政治教育都十分重视教育的针对性和实效性，这一经验和理念始终贯穿于改革开放以来大学生思想政治教育每个阶段。40多年以来，党和国家非常重视人与社会、国家、民族和谐发展的自然规律，无论何种时期，都遵从时代发展和社会进步的要求来确定大学生全面发展的阶段性目标，强调教育者教育引导作用，尊重教育对象接受教育、主动学习的主体地位，充分发挥教育对象在教育活动中的自觉能动作用，各个不同历史时期都非常注重大学生的全面发展与和谐发展，努力促进大学生的思想道德素质、科学文化素质和健康身体素质的协调发展。

（三）始终坚持实事求是、科学发展，增强大学生思想政治教育的吸引力和感染力

改革开放 40 多年以来，高校大学生思想政治教育工作自身由于坚持从实际出发，遵从思想政治教育的基本规律，按要求办事，逐步将以被动需求为主的教育理念完美过渡转变成为与 21 世纪高校人才培养目标相契合的新型大学生思想政治教育观念，从根本上实现了"要我做"向"我要做"的成功转型。历史和经验都表明，大学生思想政治教育工作之所以能体现时代性、把握规律性、富于创造性，增强实效性，就是因为 40 多年的改革开放实践为大学生思想政治教育的进步和发展本身提供了难得的历史发展机遇，在坚持实事求是的基础上科学发展和转变自身的工作理念，走出了一条完全符合新时期大学生思想政治教育需要的新路子，并通过不断创新途径、方法、观念、内容、模式、载体，注重贴近实际、贴近生活、贴近学生，推进大学生思想政治教育理念、体制、机制以及方式方法创新，为培养社会主义合格人才提供强大的精神动力和思想保证，不断开启高校大学生思想政治教育工作的全新局面，切实提高大学生思想政治教育的吸引力和感染力。

高校大学生思想政治教育内化新理论、感知新实践、把握新特点、运用新技术、吸纳新知识、构建新体制、形成新成果，走过了创新发展的不平凡历程。历史是一面镜子，我们要从历史中总结大学生思想政治教育成功的经验和失败的教训，并努力从中揭示出大学生思想政治教育的规律，以利于大学生思想政治教育在新的历史时期不断得到完善和发展。

第四节　高校思想政治教育在大学生就业指导中的作用

随着高校教育体制改革的不断深入，办学规模的不断扩大，大学生就业工作成为社会关注的焦点。大学生能否顺利就业，直接影响着我国高等教育的发展，影响着改革开放和现代化建设。近年来，在大学生就业过程中，面临着"有业不就"和"无业可就"的双重压力，就业难的一个重要原因在于大学生的就业观和择业观。引导大学生树立正确的择业观和就业观，是思想

政治教育的一项重要内容。如何发挥思想政治教育在大学生就业指导中的作用，越来越受到人们的重视。

一、目前大学生在就业环境中所暴露的思想问题

（一）部分毕业生思想状态低迷，对于"双向选择"缺乏机会和主动性

各高校的连年扩招和市场有限的人才吸纳能力之间的矛盾，使许多大学毕业生在就业过程中难以找到"合适"的工作，尤其是那些所谓"冷门"专业的毕业生，这一现象则更为突出。许多大学生因为找不到"合适"的工作而自暴自弃，以至于出现自杀的悲剧；个别学生甚至产生报复他人、报复社会的想法，从而走上犯罪的道路。目前，高校毕业生就业过程中存在的一些不公平现象，也极大地扼杀了许多大学生"双向选择"的积极性。例如，许多优秀毕业生在就业签约的过程中一波三折，而一些平时表现差、甚至几门功课不及格的学生却凭借着特殊的人际关系和家庭背景，轻而易举地获得了热门单位的就业招聘名额，这种现象严重挫伤了部分大学毕业生的积极性，让他们认为就业实际上就是学生家庭背景的竞争，这使得许多家庭出身贫寒的大学生对"好"工作望而却步。

（二）大学生就业存在着一定的不稳定性

大学毕业生在就业中的不稳定性，主要表现为大学生本身对于已拥有的工作缺乏持久的毅力。应届毕业生就业成功率低，许多应届毕业生刚就业就辞职；而薪水不满足、待遇不够好、职位不够理想、专业不对口、前途不光明、想落户大城市是毕业生刚就业就辞职的几大理由。当然，此问题与部分用人单位以及一些相关的制度也有一定的关系。例如，用人单位招聘早，研究生招考、公务员招考却进行得较晚，一些毕业生为求"双保险"，先签约，再考研或报考公务员，如果考上了就选择毁约也不足为怪；此外，部分用人单位在招聘时所承诺的相关待遇与实际出入较大，也是毕业生选择"跳槽"的重要原因之一。但是，在一些先就业、后违约的过程中，许多毕业生未表现出任何的职业道德修养，他们丝毫不考虑用人单位的需要和给学校等相关部门造成的社会影响，更没有体现出忠于本职工作的奉献精神和职业道德。

（三）学校"发展性"就业指导欠缺

长期以来，高校的就业指导工作大多停留在对学生择业阶段的指导，属于"问题性"指导，只重视择业问题而忽视了更为重要的对学生职业能力的培养，而"发展性"指导这一就业指导中的核心工作做得还远远不够。同时，高校就业指导人员的工作得不到应有的支持。由于从各级教育行政部门到高等学校，尚缺乏相应的管理机构和管理人员，就业指导教师的资格认定、职称评定尚没有规范的标准，一些指导人员的工作积极性、主动性不能得到充分的调动。

（四）学生就业意识淡薄，缺乏主动性

受中国传统观念和应试教育的影响，学生从小到大都是按部就班，很少有足够的时间去思索自己的兴趣爱好，很少与社会接触，接触职业的各种信息更少，且很少主动探索和独立思考自己人生道路发展问题。不少学生照抄照搬别人的经验和做法，不经过认真思考其优劣，就为己所用。进入大学后，不少学生仍然很少主动去了解社会、了解职业，用生涯辅导的概念来谈，是生涯责任感的不足。主体意识的淡薄，在很大程度上束缚了学生的思想。这导致学生在就业求职时，主动性不够，较多地依赖学校、教师和家长等，很少主动寻找就业信息。在求职过程中，就业自主能力不够，缺乏求职技巧，方式不够有效，不懂就业政策，环境适应能力差等。此外，不少学生还存在创业意识欠缺，创业期望值过高，创业能力不足等问题。

（五）学校具体就业指导与现实脱节

在实践操作中，当前我国高校的就业指导服务项目比较单一，大部分还停留在传统的就业政策咨询、派遣等工作，政策解说、组织招聘活动，再加以传授学生喜欢的技巧指导。毫无疑问，这些工作对学生就业是有帮助的，但这种应急性安排，同学生的职业生涯预备和发展相分离，只重就业之果而忽视发展之根，本末倒置。要开展就业指导工作，无论是培养、培训人员、购置设备仪器、组织教学研讨还是测试、调研、参观、见习等都需经费，而据调查，不少学校的就业指导工作专项拨款远不能满足其实际需要。

二、高校思想政治教育对大学生就业的指导作用

针对高校学生就业中的问题,思想政治教育工作要把就业指导作为新的载体和工作重点。思想政治教育工作要注重人文关怀和心理疏导的要求,突出人性化。要紧紧把握大学生就业过程中思想教育的新动态、新特点、新需求,将思想政治教育做深、做细,充分发挥思想政治教育的引导作用。

做好大学生就业指导工作是一个系统工程,学校的各种教育因素都有不同的作用,其中思想政治教育发挥着极其重要的作用,是大学生就业指导的核心和灵魂,并贯穿全过程,其作用表现在以下几方面。

(一)帮助大学生了解就业形势和就业政策

1. 思想政治教育,可以帮助大学生了解就业形势和就业政策

提高大学生对我国就业制度改革必要性、重要性的认识,引导学生认识就业制度改革的方向、步骤,认清国家现行的就业方针、政策,从而调整自己的就业期望,自觉接受政策的约束,在政策的范围内就业;引导学生认识和对待就业制度改革中出现的新情况、新问题,及时解答他们对就业形势认识中的困惑和疑问;引导大学生学会运用马克思主义的立场,观点和方法分析形势,正确认识就业形势中的主流和支流、全局与局部、眼前利益和长远利益的关系,在正确的认识和观念下进行正确的就业选择。

正确的择业观和就业观能引导大学生不断完善自己的知识、结构,培养良好的素质,以适应时代的发展和社会的需要;能约束大学生的择业行为,树立良好的求职品德;能促使大学生在复杂多变的社会环境中尽快转变角色,激励他们在任何职业领域都爱岗敬业。思想政治教育是帮助大学生树立正确的择业观和就业观的基本途径。

2. 帮助大学生树立正确的择业理想观

择业理想是人们对未来职业的向往和追求。思想政治教育能引导大学生明确自己的职业理想,并为之不断地奋斗,同时又能帮助大学生认识到个人理想是和社会理想紧密联系的,引导他们在为实现崇高的社会理想而奋斗的过程中实现自己的个人理想。能帮助他们从现实出发,调整就业期望,并为理想的实现创造条件。

3. 帮助大学生树立正确的职业价值观

马克思主义的职业价值观含两个方面：一是个人在从业过程中对社会的责任和贡献；二是社会对个人的尊重和满足。通过思想政治教育可以让学生懂得，一个人无论职务高低，能力大小，学历深浅，工作性质如何，只要努力工作，就会在对社会贡献中实现自身价值。

4. 帮助大学生树立正确的择业目的

使大学生认识到无论身在何处，都应当心系祖国，在服务祖国和人民中实现自己最大的价值。

（二）清除大学生就业过程中各种不良思想的侵蚀

我国正处在一个社会急剧变化，新旧观念不断更新、更换的时期，在旧的观念没有完全打破、新的观念没有完全建立起的转型条件下，再加上各种外来思潮的冲击因素的影响，导致大学生在就业过程中很容易受各种不良思想的影响和侵蚀。防止和清除不良思想的影响，对于大学生树立正确的就业观念，顺利成才是非常重要的。思想政治教育可以在一定程度上防止和消除大学生遭受不良思想侵蚀。解决思想领域的问题，不能靠强迫命令，只能靠深入、细致、长期、耐心的思想政治教育。

1.思想政治教育能帮助大学生抛弃旧的思想观念，不断引导和促进大学生更新观念，树立新的择业观和就业观。当前，大学生就业方式是我国改革进程中的新事物，需要大学生树立起全新的择业观念。思想政治工作的渗透性决定了它能把思想教育和就业指导结合起来，采取多种形式，利用各种载体广泛影响大学生的思想，从而引导大学生抛弃传统的与当前就业制度和就业方式不相适应的思想观念。

2.思想政治教育能够积极引导大学生认识拜金主义、享乐主义、极端个人主义的危害性，坚持以及马克思主义的集体价值观为指导，正确处理个人利益和集体利益的关系。

3.思想政治教育还能引导大学生用马克思主义的立场、观点分析问题，解决问题，提高鉴别力和意志力，抵制各种不良思想侵蚀。

（三）及时纠正当前大学生在求职择业时思想和行为上存在的偏差

随着高等教育体制的改革，高等教育步入大众化时期，大学生就业压力加大，大学生不自觉地把是否有利于就业作为衡量各种问题的标准。加之思想上的一些误解和困惑，必然导致一些错误的思想和行为。当前，大学生在求职就业时思想和行为上主要存在的偏差表现在：对学生出现的"就业难"存在认识上的偏差；择业观念趋向功利化；大学生在求职就业时存在诚信缺失行为；大学生在择业过程中出现不良心理，主要有自负心理、自卑心理、攀比心理、挫折心理等。思想政治教育以其特有的转化功能和调节功能，可以及时纠正大学生在求职择业时思想和行为上出现的偏差。

1.思想政治教育通过向大学生注入新的知识影响或改变其原来错误的体系，使大学生对就业问题有一个全面、正确认识，使其在认识上发生转变。

2.通过反复教育使大学生对新的知识产生认同，然后服从，最后内化形成自己的新的正确的思想观念，比如新的择业观。

3.这种新的思想观念会促使大学生对错误的行为进行纠正。如大学生有了诚信就业的思想，就会对自己不诚信的就业行为进行矫正，直至以正确的行为代替错误的行为。由于人的思想和行为具有反复性，因此对大学生不良思想和行为的转化也需要不断的反复。思想政治教育的调节功能主要是通过心理调适的途径纠正大学生在就业中的不良心理。思想政治工作能把心理健康教育结合起来，通过多种恰当的方式，如心理咨询，对毕业生进行具体有效的心理调适，引导毕业生以良好的心态参与竞争，在竞争中充分展示自己，从而顺利就业。

（四）培养大学生适应社会发展和就业需要的健康心理素质

心理素质是指心理过程、个性心理等方面所具有的基本特征和品质，是一个人在思想和行为上表现出来的比较稳定的心理倾向、特征和能动性。良好的心理素质对大学生就业有着重要的作用。第一，心理素质决定了大学生能否客观正确地认识自我和社会的需要，确立正确的择业目标。第二，就业是一个艰难的过程。大学生在就业过程中会遇到各种各样的困难和挫折。能否接受各种考验，能否果断处理各种矛盾，能否正确对待就业过程中的挫折和失败，良好的心理素质起着重要的作用。第三，良好的心理素质对大学生择业目标的实现，起着促进和保障作用。第四，大学生求职择业完成后即将奔赴工作岗位，角色的变化、人际关系的变化、环境的变化，都需要大学生保持健康的心理素质，去适应不断变化的职业和环境。培养大学生健康心理素质是思想政治教育的重要任务和内容之一。思想政治教育可以从以下几方面培养大学生适应社会发展和就业需要的健康心理素质。

1. 培养大学生在求职过程中的自信心

自信心是大学生择业成功的重要因素，也是大学毕业生重要的心理素质。大学生有了自信心，在求职中才能表现出坚定的态度和从容不迫的风度，由此赢得用人单位的赏识和信任，有了自信心才能进行正确的自我评价，正确地认识和估量环境以及所遇到的困难并以最旺盛、最活跃的精神状态去克服困难，以足够的耐受力去面对挫折，以足够的勇气迎接挑战。思想政治教育能把握大学生成长过程中思想和心理变化规律，通过各种各样教育活动，培养大学生的自信心。首先，新生一入校就对他们进行"爱校、爱系、爱专业"的教育，培养和提高学生学习兴趣和信心，鼓励学生努力学习，不断提高综合素质，良好的综合素质是增强自信心的前提。其次，思想政治教育能够通过开展丰富多彩的活动，使学生在活动中锻炼自己的能力，同时也让学生在参与活动的过程中认识到自身的价值，从而增强信心。最后，思想政治教育能坚持实事求是的原则，正确看待和评价每一个学生，对每一个学生的长处和闪光点都予以肯定和赏识。教师的赏识对学生自信心的树立有着深刻的影响。除此之外，思想政治教育还能帮助大学生运用唯物辩证法的观点来正确认识自己、评价自己，正确认识当前的就业形势以及所遇到的困难，既不妄自菲薄，也不妄自尊大，战胜困难，满怀信心迎接挑战。

2. 培养大学生坚韧不拔的进取心

所谓坚韧不拔的进取心是指在艰苦、困难情况下坚持而不动摇，努力向前的心理态势，它是大学生就业和事业成功的保证。在市场经济和学生就业形势严峻的情况下，大学生就业不是一帆风顺的，会遇到很多失败和挫折。择业中的挫折，很容易打击大学生的满腔热情，有的甚至可能一蹶不振，在怨天尤人之余忘却了当初制定的目标，失去了本应有的进取心。

思想政治教育能通过多种方式培养大学生坚韧不拔的进取心。第一，通过教育使大学生不断明确自己的奋斗目标，确立相应的认知、态度、情感，并产生相应的行为。第二，运用各种各样的激励方法，激发和鼓励大学生的进取心，如运用表扬批评、奖励惩罚等手段，来激励上进，鞭策后进。第三，通过组织社会实践活动培养大学生坚韧不拔的意志品质。有了一定的认知、态度、情感和行为，还需要意志，只有具备坚定的意志品质，这些认知态度、情感和行为才能得以巩固。

3. 培养大学生对环境的主动适应能力

主动适应能力是指个体为满足生存需要而积极与环境发生调节作用的能力。在市场经济时代，大学生就业必须必然接受市场的筛选、竞争的考验，因此必须主动适应市场的需要，否则会被无情地淘汰。另外，社会是复杂多变的，对于刚刚步入社会的大学生来讲，难免有些不适应，大学生只有具备了较强的适应能力，才能尽快适应环境，获得更充分的生存和发展的条件，成为社会所需要的合格人才。

思想政治教育可以从以下几个方面培养大学生的适应能力。第一，可以培养大学生分析问题和做出正确判断的能力，使大学生面临新环境变化，能够尽快了解新的要求，明确新的努力方向。第二，可以引导大学生对自己全面、客观评价，了解自己在新的环境下不适应的表现和存在的差距，同时也要看到自己的潜力，在此基础上形成积极的自我观念。第三，思想政治教育可以通过说服、沟通、调节和疏导等机制，培养大学生坚韧顽强、果断的精神和较强的自制力、竞争意识以及对人宽容的态度与豁达的胸怀，增强自我调节的能力。第四，可以通过组织社会实践活动，增进大学生对社会的了解，明确社会对人才的追求，从而培养自己适应社会发展的方面的素质和能力。

4. 培养大学生良好的挫折承受能力

大学生在求职过程中遇到挫折是难免的，关键是如何看待它。如果能以积极的态度和适应的方法去对待挫折，把挫折看作是磨砺成长的磨石，就能获得对挫折的良好适应，激发自己的潜能从而战胜失败。否则就会丧失信心，使挫折成为成功的绊脚石。因此良好的挫折承受能力是大学生成功就业的重要心理素质。

思想政治教育对培养大学生良好的挫折承受能力具有积极的作用。第一，思想政治教育通过理想教育以及世界观、人生观、价值观的教育，使大学生树立远大的理想和革命的乐观主义精神。具有远大理想和乐观向上的生活态度的人,其挫折承受力往往高于那些缺乏思想和信念,对人生理想持消极态度的人。第二,通过思想政治教育可以提高大学生对挫折的认识水平。通过国情和就业形势教育,让学生明确在就业中遇到挫折的必然性,使其对就业压力和困难有充分的估计,在心理上做好准备。第三,思想政治教育通过培养大学生良好的个性特征来提高其挫折承受能力。思想政治教育能创造各种条件对大学生进行意志品质磨炼和教育,以伟人和意志坚强者为榜样,培养他们进取、乐观、独立和心胸开阔的性格、坚韧顽强的能力和适应环境变化的能力。第四,思想政治教育能够对遭受挫折的学生进行心理疏导,引导学生通过适度的自我宣泄、自我慰藉,调节自己在择业过程中的不良情绪,通过理性思维形成积极的择业心态。

三、高校思想政治教育对大学生创业的指导作用

大学生创业教育是我国高等教育的新理念,它在 20 世纪八九十年代进入我国学者的视野,当高校扩招后的就业难现象引发的自主创业再次升温时,教育部也开始重视这个问题。思想政治教育渗透于高校教育的各个方面,在大学生创业教育中也应加强思想政治教育。如何把大学生创业教育与思想政治教育融合起来,如何加强对学生创业精神和能力的培养,同时使学生具有正确的世界观、人生观、价值观,已成为亟待解决的问题。

随着高等教育由应试教育向素质教育的结构性转化,以培养在校学生的创新能力、实践能力和综合素质为重点内容的创业教育模式已经成为高校新的模式。创业教育在理想信念教育、思想品格教育和个性化教育等诸多内容方面与思想政治教育相互联系、相互渗透、相互促进、相互补充,从而赋予思想政治教育以强大的时代生命力和鲜明的现实针对性。创业教育,是指在素质教育的基础上,通过改革教学内容和方法,综合培养学生的创业意识和创业技能的教育,它要求以学生的创新思维、创造能力和创业精神为核心。

(一)将创业教育融入思想政治教育中

将创业教育引入思想政治教育是新时期思想政治教育的客观要求。随着时代发展,我国提出建设创新型国家的目标以及大学生就业难等一系列国内

外环境的变化，传统的思想政治教育缺乏对这些新现象的应对，缺乏对大学生创业意识、创业品质的培养。而从某种意义上讲，创业教育的目标就是通过教育、培养和锻炼使受教育者获得创业所需要的知识结构、基础能力和综合素质。

1. 将创业教育融入思想政治教育可以从三个方面入手

首先，要树立创业意识，营造创业文化，进行创业世界观教育。高校要培养现代社会的创业人才，首先要在校园营造一个浓郁的创业文化氛围。在这种文化氛围中，学生应懂得自己并不是无后顾之忧的"天之骄子"，现实就业情况并不是想象的那么乐观，仅有文凭是不够的，拥有大学文凭，仍面临失业的危机。这就要求我们建立全面的素质教育观念，改变高校中"专业教师只管知识传授、思想政治教育者只管思想的现象"，用创业教育思想同思想政治教育结合起来，服务人的全面发展，使学生形成进行创业实践的欲望，树立创业意识，形成正确的创业世界观。

其次，培养学生独立自主的人格品质。一个人是否具有创业意识、创业行为和创业成就，很大程度上取决于他是否有独立自主的人格品质。很难想象，一个事事、处处依赖他人的人能面对创业所承受的巨大风险和压力，能够坚持下去，取得成功。而创业教育的关键就在于能够培养大学生不断了解新情况，研究新问题，探索新思路，创造新业绩，以独立自主的人格品质追求自身价值实现。

最后，培养创业的品质，塑造健康心理。创业品质即创业的情感、意志和精神调节系统，它包括以下几个方面的特殊品质：一是善于驾驭创业风险。创业之路不可能一帆风顺，会遇到各种风险和许多不稳定因素，遇到挫折和失败必须具有"从哪里跌倒从哪里再爬起来"的态度和精神。二是勇于承担责任，有毅力。创业是一项开拓性很强的实践活动，需要创业者能够克服常人难以想象的困难和障碍，那种思想保守，畏首畏尾的人无法创业。三是充满激情，保持理性。激情是提升和凝聚人气的途径，它的基本要求是要有足够的信心。与此同时，创业总是充满着未知和变数，还必须始终保持清醒和理性。

2. 应坚持思想政治教育指导大学生创业教育

高等学校要把人才培养作为根本任务，把大学生思想政治教育摆在学校各项工作的首位,贯穿于教育、教学的全过程,充分发挥大学生思想政治教育主阵地、主课堂、主渠道作用。思想政治教育是大学生创业教育的重要内容,在大学生就业创业教育体系中,思想政治教育应当始终贯穿于其全过程。

首先,世界观、人生观、价值观是择业观形成的前提。世界观、人生观、价值观是个体对整个世界及人生价值的总的看法,是个体一切行为的思想根源。"三观"是影响择业观形成的重要内因,大学生一旦构建了科学的世界观、人生观和价值观,就表明具有明确目标和为实现目标锲而不舍的精神及积极的人生态度,这种精神和人生态度有助于大学生正确认识国家、集体、个人之间的关系,确立恰当的择业期望值,把满足国家、社会的需要和发挥个人的才能、实现人生的价值结合起来。通过大学生思想政治教育引导大学生把个人的选择建立在社会需要的基础上,将个人的兴趣、爱好、特长等主观愿望和条件同国家、社会的需要有机结合起来,帮助大学生树立正确的择业观。

其次,理想信念教育是思想政治教育的重要内容。崇高的理想和坚定的信念是人生的奋斗目标,是人生的前进动力和精神支柱。人生理想包括社会理想、道德理想、创业理想等,其中创业理想是人生理想中重要的一环,是实现其他理想的基础和前提,道德理想常常表现为立足本职岗位的职业道德。可见,职业道德理想与创业理想教育是人生理想信念教育的具体形式。创业教育作为开发和提高大学生创业素质,培养大学生创业意识、创业能力和创业心理品质,使他们成为具有创造性又具个性的社会主义建设者和接班人的活动,其教育过程本身就渗透着理想信念教育的各个环节和内容。其中创业意识是人生观在创业过程中的反映,在本质上是一种自强自立的意识,是个人的人生观在创业过程中的集中反映。强烈的创业意识是积极乐观的人生观的具体体现。创业目标是人生理想的外在形式和具体体现。大学生在正视现实的基础上确立自己的创业目标,选择适合自己的发展方向,不断完善自己的创业素质,最大限度地发挥自己的特长和能力,实现自己的人生价值,这个过程就是追求人生理想的过程。在就业指导与创业教育中渗透理想信念教育,在理想信念教育中加强创业教育,使两者有机结合,互相促进,构建一种良性互动机制,是高校教育改革的必然要求。

最后,诚信意识和职业道德教育是大学生成才的保证。大力弘扬爱国主义、集体主义和社会主义思想,以增强诚信意识为重点,加强社会公德、职业道德、家庭美德、个人品德建设，发挥道德模范榜样作用。诚实守信是做人的基本原则，也是社会主义市场经济条件下的一个基础性道德规范。在社会主义市场经济条件下，诚信对大学生的学习、就业、创业具有十分重要的意义。学校在教育管理上要重视制度规范化，如建立大学生信用档案、就业推荐材料审查制等，把诚信教育贯穿于整个就业指导和创业教育过程的始终。要大力倡导以"爱岗敬业、诚实守信、办事公道、服务群众、奉献社会"为主要内容的职业道德在大学生就业指导和创业教育中，引导学生逐步树立正确的职业理想，干一行，爱一行。爱岗敬业的基础产生于职业自豪感，而职业自豪感在于把个人的理想融入全国人民的共同理想中，要将爱国家、爱本职工作紧密结合起来，从中汲取爱岗敬业的巨大精神力量。现在不少大学生走上工作岗位后缺乏基本的职业道德。因此，在就业指导和创业教育中，要加强爱岗敬业、岗位成才的职业道德教育，加强大学生公德心、责任感和事业心等方面的教育，培养大学生的敬业精神。只有这样大学生才能胸怀大志，积极进取，才能开发蕴藏在大学生身上的创造潜力，为社会做出贡献，实现其人生价值。

3. 构建思想政治教育与创业教育相融合的环境

首先，利用宣传优势，全面营造思想政治教育与创业教育相融合的氛围。将创业教育融入思想政治教育，就必须创造有利于创业教育的舆论氛围和校园文化。大力提倡和宣扬创业精神，提高思想政治教育者、教育对象乃至高校全体师生对创业教育和创业素质价值的认识。同时在创业教育中坚持思想政治教育保驾护航的作用，坚持思想政治教育对创业教育的宏观把握。

其次，建立相应的制度，使思想政治教育与创业教育结合具有稳定性。创业教育作为高等教育的重要内容之一，已成为高教人的基本共识，但将其作为思想政治教育的内容还没有得到广泛认同，特别是教育行政管理部门还未明确将其列为思想政治教育的内容。首先要把这种观念让教育行政领导所接受，并自上而下形成制度和共识，在高校中将创业教育和思想政治教育持之以恒地开展下去，充分利用思想政治教育的各种优势，为创业教育的开展提供各种支持和帮助。综上所述，思想政治教育与创业教育的融合具有重要意义，面对我国社会主义市场体制建立后的新形势，面对社会对人才提出的新要求，只有把创业教育与思想政治教育相结合，才能提高创业教育与思想教育的科学性、针对性、实效性。

（二）大学生创业教育内容中的思想政治教育

1. 大学生创业教育中思想政治教育的着眼点

一所高校教育质量如何，最终要取决于社会对其毕业生的认可。将思想政治教育引入大学生创业教育中的关键在于完善其内容，而内容的确立应是围绕思想政治教育中对大学生创业素质方面的欠缺而展开。

首先，要着眼于培养大学生创业的个性品质。创业教育是以内隐的方式培养大学生的独立性、敢为性、坚韧性、克制性、适应性和合作性等个性品质，这与思想政治教育中的挫折教育相吻合。挫折教育就是要鼓励学生要有面对创业实践中可能遇到的挫折和失败具有摔倒了再爬起来的态度和精神。同时，挫折教育还要逐渐培养大学生正确分析问题和解决问题的能力。另外，对大学生创业的个性品质的培养还可以通过充实心理健康的内容，从而达到他们积极向上心理状态的完善。

其次，要着眼于增强大学生创造性的思维品质。创新教育就是要对学生进行创新意识、创新思维、创新能力和创新人格的培养。为此，在进行创业教育时，必须根据当今科学技术的现状与发展，时时调整教学内容，让学生始终能够接触到时代的新成果，要打破过分依赖教材的观念。只有这样学生才会对学习、对社会产生浓厚的兴趣，其主动性、积极性才会有效地发挥出来，才能始终处于对新事物好奇的状态，产生活跃、开阔的思路。

再次，要着眼于强化大学生创业能力品质。创业能力包括专业、职业能力，经营管理能力和综合性能力。专业、职业能力是人们从事某一特定社会职业所必须具备的本领，也是维持生存、谋求发展的基本生活手段，其高低直接影响着社会实践活动的效率和成败。经营管理能力是一种人、财、物、时间、空间的合理组合、科学运筹和优化配置的心理能量的显示，在较高的层次上决定着社会实践活动的效率和成败，因此是一种较高层次的创业能力。综合性能力包括发现机会、把握机会、利用机会、创造机会的能力，收集信息、处理加工信息、综合利用信息的能力，适应变化、利用变化、驾驭变化的能力，非常规性的决策和用人的能力，交往、公关、社会活动能力等等，是一种社会环境和社会关系的综合开发和运筹的能力,在更高的层次上影响着社会实践活动的效率和成败,是一种最高层次的创业能力。

最后,要着眼于塑造良好的创业心理品质。创业心理品质包括独立性、敢为性、坚韧性、克制性、适应性、合作性。这六种个性心理品质的核心是意志特征和情感特征,是从特定角度来反映意志和情感要素的。因此,抓住了意志和情感,也就是抓住了创业个性心理品质的总体特征。

2.实现高校大学生创业教育与思想政治教育有机结合

创业教育是高校思想政治教育能否实现与时俱进的一个很重要的方面。高校思想政治教育只有与创业教育相结合,才能将大学生培养成社会需求的全面发展的创新型人才。

第一,为更好适应思想政治教育与创业教育有效结合的要求,要更新思想观念,切实树立以"生"为本的教育观念和以学生为主体的教学观念。创业教育从本质上说,是一种教育观念、教育思想的创新,是贯穿高等教育始终的教育理念。对于个性更加独立自我的"00后"大学生而言,传统手段显然缺乏理念和思路上的创新。从"以人为本"的新理念、新认识出发,有助于满足大学生不同层次的精神需求,提高思想政治教育的针对性和实效性,有助于发挥大学生自我教育、自我管理、自我服务的作用,形成教育和自我教育的合力。在当前建设和谐社会、和谐高校的新形势下,高校思想政治工作要紧跟形势,适应变化,贴近大学生的思想需求,让思想政治教育离学生更近。要围绕大学生在学习、成才、健康、生活、交友、恋爱、求职、就业等方面所遇到的现实问题,有针对性地开展思想政治教育,增强思想政治教育的亲和力。创业教育作为强调自我教育的一种教育思想,具有积极主动性。要实现教育目标,必须调动教育对象的主观能动性,通过受教育者进行自我管理、自我教育才能实现,它是大学生思想品德培养的必要手段和有效途径。在创业教育的过程中,教育者与受教育者是互动的关系,要注意发挥教育者与受教育者两者的积极性,建立一种民主、平等、互相尊重、互相学习的新关系,从而增强受教育者的主动性,达到理想的教育效果。

第二,应该建立相应的配套改革制度,明确创业教育是思想政治教育的重要组成部分。当前,从高校学生思想政治教育管理角度来看,创业教育就是思想政治教育工作的"分外之事"。思想政治教育者开展创业教育无法做到"名正言顺",很多困难也就随之出现了。要将创业教育纳入思想政治教育内容之中,利用创业教育的特点完成以"人的全面发展"为目标的思想政治教育,使学生具有更强的社会适应性和独立生存与发展的本领。这样的教育更能体现教育的人文关怀,这样培养出的人才也是更加符合未来社会发展要求的人才。

第三,应该大力进行舆论宣传,全面营造思想政治教育的创业氛围。要大力提倡和宣扬创业精神,提高思想政治教育者、教育对象乃至高校全体师生对创业教育和创业素质价值的认识。学校还要制定鼓励师生创业的有关政策,并形成一种创业制度文化,从而使广大师生积极参与创业成为一种自觉的行为。通过学校、社会等多种渠道设立创业基金,对积极创业者可以提供适当的启动资金。成立专门创业服务机构,为师生创业提供相关服务,并加大创业宣传力度,让创业教育渗透到校园每个角落。

第四,应该高度关注创业实践活动的开展。创业能力和创业品质的培养重在实践,学校要为学生提供实践锻炼的环境和条件,建立创业教育的实践基地,有目的、有计划地组织学生参加创业实践活动,把课堂教学和课外实践活动有机地结合起来,积极引导大学生参加科研和各种专业竞赛活动。还可以组织学生调查一些企业,参与企业的设计。通过实践逐步体验创业活动,获得创业的感性认识,这也是创业教育成功开展的前提条件。

第五,应该进一步加强创业教育师资队伍建设。一流的学生需要一流的师资来培养。高校要培养高素质的创业型人才,就需要一批高水平创业教育师资队伍。教育部前副部长赵沁平同志讲:要培养具有创业素质的学生,教师就必须有过创业实践。这就需要鼓励教师到创业一线去兼职,也可以有计划地选派有潜力的青年教师、两课教师开展创业实践,通过开展产、学、研一体化的教学实践,培养一批创业型学者或学者型企业家,并使之成为学校创业教育的骨干教师,逐步实现创业教育教师的职业化和专业化。此外,从事创业教育的教师要加强创业教育的研究,使创业教育的内容始终与社会经济的快速发展相协调。

综上所述,思想政治教育与创业教育的结合具有重要意义,面对我国社会主义市场体制建立后社会出现的新形势,人才素质和社会需求也就出现了新的矛盾和问题，把创业教育与思想政治教育相结合，提高创业教育与思想教育的科学性、针对性、实效性。

（三）大学生创业教育与思想政治教育相结合的现实意义

首先，二者的有机结合是促进大学生全面和谐发展，建设和谐社会的必然要求。大学生是党和国家的宝贵人才资源，是建设和谐社会的重要力量。围绕大学生在学习、成才、健康、生活、交友、恋爱、求职、就业等方面所遇到的现实问题，有针对性地开展思想政治教育，是促进大学生全面和谐发展，建设和谐社会的必然要求。

其次，二者的有机结合是高校全面推进素质教育的重要举措。创业素质教育与思想政治教育中的素质教育既相互联系又相互作用。创业教育是以培养大学生创业基本素质为核心，以学生自主学习、自我发展、自我管理、自主创业为目标的教育活动，是一种更深层次的素质教育，是素质教育的一个重要方面，二者有机结合是全面推进素质教育的一个重要举措。

再次，二者的有机结合可以成为提升高校素质教育实效性的一个突破口。通过对创业课程的学习和参与相关的创业实践活动，可以开阔学生的知识视野和未来的职业生涯视野，使他们在走出校门之前对自己和社会以及市场有更清醒和现实的认识，尝试设计自己的人生规划，也有利于培养学生的自立意识和团队协作精神，锻炼他们的动手实践能力，有效地促进其综合素质的提高。

最后，二者的有机结合是解决和应对大学生就业压力和挑战，提高大学生就业能力的一种有效手段。

总之，创业教育是一种实践性很强的教育，其教育内容关乎大学生的现实利益，较之一般政治思想教育的"务虚"，其"务实"的成分更大，实现高校思想政治教育与创业教育的有机结合，在塑造大学生世界观、人生观和价值观方面，能够更加有效地实现高校思想政治教育的目的。

第三章 高校网络思想政治教育方法的发展状况

第一节 高校网络思想政治教育的发展历程

一、我国高校网络思想政治教育的发展历程

20世纪90年代以来，我国高校网络思想政治教育经过了以下发展阶段。

（一）第一阶段（1994—1998年）高校网络思想政治教育的初步探索时期

在这个时期，主要特征是网络硬件建设的快速发展，教育软环境还没有形成，高校学生在网络运用方面处于社会前列并受到网络负面影响的冲击，高校网络思想政治教育实践在被动局面下初步展开。在此情况下，高校网络思想政治教育研究者们提出了一些较符合实际的应对策略。一是"防"，即国家建立健全法律和规范，监控网络信息和行为。高校加强管理学生的网络行为，防止网络危害。二是"堵"，即堵住有害信息的传播。高校要审查、控制网络信息的内容，并运用技术手段阻止不良信息进入校园。三是"管"，加强学生的教育和行为管理并开展正面的宣传教育。

（二）第二阶段（1999—2000年）高校网络思想政治教育的主动建设时期

1999年中共中央下发《中共中央关于加强和改进大学生思想政治工作的

若干意见》和2000年国家教育部下发《教育部关于加强高等学校思想政治教育进网络工作的若干意见》推动了高校网络思想政治教育的快速发展。在此时期，高校不断完善网络硬件建设，以校园论坛和学生网站为主要模式的校园网络发展较快。各种类网站不断产生，主动建设高校思想政治教育网站成为这一时期的重要任务。对它的研究进入到一个新阶段，高校网络思想政治教育研究者们更是关注网络给思想政治教育带来的正反面影响，一方面是在理论认识上不局限于对网络负面影响的分析，更强调了思想政治教育进入网络的必要性；另一方面是确立了思想政治教育的完整性原则、主动性原则和参与性原则，等等。而且他们还探讨了思想政治教育进入网络的方法和形式，提出既要有丰富的内容，又要有合理布局的形式。

（三）第三阶段（2001年至今）高校网络思想政治教育的深入发展时期

这一时期的主要特点是更加成熟和完善的校园网络建设与应用普及，高校学生逐渐形成了对网络思想政治教育的依赖，网络思想政治教育的地位、作用逐步明显，高校网络思想政治教育和综合性的校园网络社区建设相结合，线上教育逐渐和线下教育相结合，形成相互联系的教育格局。对它的研究进入到一个较全面的发展时期，它的理论体系的建构已成为研究课题，并且它的理论创新问题开始起步，其主要内容包括：一是全面总结思想政治教育进网络的工作经验；二是对网络环境下思想政治教育理论进行综合、系统的研究；三是多学科、多视角的专题研究。

二、高校网络思想政治教育需要处理好的几个关系

（一）高校网络思想政治教育与一般课堂教育的关系

"两课"教育是高校学生思想政治教育的主渠道，是学生获取知识的主阵地。由于缺乏现代化的设备和手段，传统的"两课"教育在时间和空间上受到很大的限制，形式、方法和手段比较单调，与教学内容相脱离，课外教育比较薄弱。网络思想政治教育打破了传统"两课"教育在时间和空间、课堂和课外的界限，能够使两者较为有机地融合在一起，延伸了思想政治教育

第三章 高校网络思想政治教育方法的发展状况

的内容和领域，但网络自身也存在信息混杂等不足。因此，必须把网络思想政治教育和课堂教育有机结合起来，形成课堂教育和网络教育相得益彰、良性循环的局面。首先，要重点抓好课堂教育，推进课堂教育方式、方法、内容和实现途径的改革，充分运用现代化的网络设备，以课堂课件为主要形式，推广实现多媒体教学；其次，通过思想政治教育网络平台，推进"两课"课堂教育的网络化，开办网络课堂，将课件上传到网络，实现网络资源共享，方便学生自主学习；最后，鼓励广大师生以网络为载体，收集、了解和分析相关时政资料和学生思想动态，增强思想政治教育的时效性和针对性，提升思想政治教育的教师教育和学生的接受效果。

（二）高校网络思想政治教育与日常思想政治教育的关系

网络日益成为大学生日常生活的重要组成部分，是大学生获取信息和知识的主要渠道之一，对大学生的思想政治素质和世界观、人生观、价值观的形成和发展发挥着越来越重要的作用，但学生毕竟是社会中的一个组成单位，现实社会生活仍在很大程度上对他们的价值观念起着决定作用，他们在网上接收的信息的选择和获取也是以现实生活的认识和思考为基础的，网络思想政治教育和日常思想政治教育是互相配合、互相促进、缺一不可的，在实际工作中要实现两者的有机结合。首先，日常思想政治教育内容网络化，将日常思想政治教育的主要工作按板块和栏目在网上开辟相应的空间，如开设国情教育板块、心理健康教育板块、党的基本知识和理论板块、勤工助学板块、大学和毕业生教育板块和互动交流信箱板块等，将虚拟的网络环境实体化，让学生在网络中学习理论、增长才干、提升思想、净化心灵。其次，将网络教育作为日常思想政治教育的重要内容。由于网络的开放性和无国界性，其信息良莠不齐、鱼龙混杂，如不加以引导和管理，将对大学生的思想产生严重影响，导致他们思想混乱，影响他们健康成长。因此，网络思想道德教育作为日常思想政治教育的重要内容，引导学生健康上网、文明上网，养成好的网络道德习惯。

（三）教育与服务的关系

网络环境下的教育，学生有了更大的学习自主性，他们可以利用网上的学习资源自主地进行探索或学习，同时还可以接受教师的指导和帮助。教师要转变角色、改进方法，做学生的良师益友，以学生学习的合作者身份，指导、帮助学生实现教学目标。面对网络教育中不断出现的新情况、新问题，要加强研究和分析，与学生一起共同实现网络教育的目标。网络思想政治教育是以学生主动参与点击为前提的，只有丰富网络内容，增强吸引力，避免空洞枯燥的说教，正确处理好网络教育和网络服务的关系，才能有效提高学生的主动性和积极性，提高点击率，网络的身份隐蔽性能够真实地体现学生内心真实的所想所思、所忧所虑，要针对学生在实际生活中遇到的问题和困惑，在加强教育的同时更要做好服务工作。首先，要树立一种服务意识，网络教育需要提供优质服务。随着社会的发展，学生的主体性日益增强，老师和学生之间是平等的主体，老师应成为学生的良师益友、无话不谈的朋友。具备相应的服务意识能够拉进教师和学生的距离，这样教师才能真正地了解学生，提高实际工作的针对性。其次，针对学生生活中的热点和难点问题，开展网络咨询和互动，提高网站的亲和力。邀请专家教授定期为学生的学习、生活、就业、人际交往、社会实践、理想爱情等提供咨询服务，在互动交流中了解学生，帮助学生解决思想困惑和实际问题。及时更新网站内容，保证知识的新颖性，注意搜集学生所关心的国家时政、就业、心理健康等知识，在内容和形式上多动脑筋。以学生们喜闻乐见的形式去展示教育内容，做到网络教育和网络服务有机结合，在教育中提供服务，在服务中进行管理，激发学生的兴趣和参与积极性。

（四）高校网络教育与电视、广播和校报的关系

电视、广播和校报是传统思想政治教育的主要渠道，在实际工作中也发挥了极为重要的作用。但由于条件的限制，这些传媒渠道已远远不能适应信息时代的发展，电视需要一定的录制成本，受播出时间固定、滞后性和周期播放的限制；广播也存在一定的时间滞后性和地域限制；校报的成本较高，多数学校是三天一报，或者是周报，信息缺乏时效性和吸引力。这些传统的媒介已远远不能满足学生的精神需求，而网络以其便捷、快速、时效性的特点深受广大青年学生的青睐，随着网络的普及，互联网已成为他们获取信息的首选和主要途径，学生足不出户便能知晓天下大事。但是，这不等于说电视、广播和校报退出历史舞台了，它们作为学校党委的喉舌仍将继续发挥重

要作用。构建全方位、立体式的校园舆论宣传网络就要充分发挥网络、电视、广播和校报的综合作用，就必须将网络和电视等传统媒介有机地结合起来，在加强网络宣传的同时，并不能放松电视、广播和校报等传统媒介的宣传，还需进一步加强和改善电视等传统校园传媒宣传工作，强化正确的舆论引导，增强学生在网络中面对浩繁巨量的信息时的筛选鉴别能力。

（五）自律与他律的关系

校园网络的管理一方面要重视相应的规章制度管理的他律，另一方面还需要注重培养学生的自律意识，做到自律和他律的结合。自律与他律都是以某种规范标准来对主体活动进行约束的行为。自律是一种道德范畴的行为，它通过行为人自身对道德的理解，使自己的行为约束在一种衡量尺度之内，注重内在的约束，其实质是一种自我教育。所谓互联网自我教育，是指高校大学生通过参与互联网活动，实现自己教育自己的自我教育功能。他律则体现为一种制度上的规范性行为，采取有效的手段来调整行为人超越制度、规章所允许范围的行为，体现的是外在的约束。校园网络管理、监控和规范是维护网络秩序不可缺少的环节。网络自身的虚拟性、隐蔽性特点，需要具有一定网络技术的专业人员对校园网络进行实时监控，制定相关的规章政策对违反国家法律的不道德不文明的网络行为进行规范和约束，加强法律法规对网络行为的他律作用。同时要将规范和引导结合起来，引导学生参与网络的自建、自管，在服务自身的同时，又管理自身接受教育。以建立网络道德和提高学生网络自律意识为目标，通过吸引学生参与和介入网络教育的过程，形成良好的自我教育氛围，让自律在他律中得到内化和提升，使学生养成文明上网、绿色用网的良好习惯，最终形成自律为主、他律为辅的管理机制，力求标本兼治，形成良好的网络秩序。

第二节 新媒体时代网络对于思想政治教育工作产生的影响

一、高校网络思想政治教育的一般过程

一般来说，网络思想政治教育构建的过程，由很多的要素组成，有其内在特定的和规律的客观矛盾，并按其外在的规律辩证思维式地发展。网络思想政治教育过程具有自身的特点和规律，教育者根据思想理论、政治水平、道德规范、心理素质等方面要求制定网络用户思想品德规范，符合事物发展的规律。因此，深入研究和掌握网络思想政治教育的过程和规律，研究网络环境下高校大学生思想政治教育工作的根本目的、实施原则、指导思想、工作机制、实施途径、工作对策，有利于教育者正确认识网络思想政治教育形态的本质，避免给高校政治思想工作带来一定的盲目性，为构建当代中国网络思想政治教育提供科学性、可靠性的理论依据。从某种意义上讲，网络思想政治教育就是网络实践活动的道德规范。技术操作上利用了计算机构建的传播网络，系统地、有计划地、有周期地组织学生开展思想教育活动，形成具有一定思想内涵的道德品德和良好心理。这一过程的内在本质就是把成型的正确思想观念、伦理观念、政治观念、道德规范、心理素质转化为本人特有的思想品德和心理的过程。网络思想政治教育从总体来说，是由网络思想政治教育主体、客体、介体和环体要素组成的，又可以称为"三体、一要素"。其中，"三体"指的就是教育者、受教育者、教育环境；"一要素"指的就是"媒介"这一介体，这些构成环节形成一个相互联系、复杂的运动过程。大体来说，网络思想政治教育的主体是一种有形主体，网络思想政治教育首先是各学校党委及行政部门的职责，由一个基本稳定的队伍组建，针对思想教育优化所要达到的目标，对于能够创造思想政治教育环境的人的选拔和使用，其在思想政治教育优化中占据主导地位，制约着环境的发展方向，网络思想政治教育的主体也就是这种网络思想政治教育活动的组织、实施和调控

者。思想政治教育环境包括两个方面，一是物质层面的环境；二是精神层面的环境。作为思想政治教育环境优化的客体，直接反映出优化的效果和成绩。作为网络教育的主体，教育有时没有特定的限制，甚至有时也常常不被称为"教育者"，其有非主体性特点，在不进行"说服""说教"的情况下，而对某些人或是某些事进行一种"选择"或"引导"。在现实思想政治教育中，教育的主体常常是特定教育者，他们也是某些思想理论上具有权威作用的代言人，其个人的主要职责是对其他人进行思想政治理论灌输。在网络思想政治教育中，需要使用者和受用者都具有高新的技术和广博的知识，以及个人处事的良好的思想道德品质，有时使用者或受用者不一定是某些思想权威或网络传播中的"把关人物"，一方面兼具信息传播者和思想政治教育工作者的身份，另一方面通常有制造、传播、监控网络信息的权力。在这个环境中，相关人物之间的地位也是平等的，因此，他们更具有人情味，更具有亲和力，也更有凝聚力，这也使网络思想政治教育更具有自身的魅力。这样来说，网络思想政治教育具有以下特点：工作环境的真实性与虚拟性相统一；教育目标的不确定性与确定性共存；参与者的稳定性与广泛性相统一；信息交流的单向性与双向性相统一；工作技能的教育性与技术性相统一。

网络思想政治教育主体当然仍然占据主导地位，也发挥着主导作用。在网络中具体表现出创造交流空间、传播文化信息、监控网络交流、引导教育内容的正当传输、对教育对象思想行为变化的开化、获取相关结果出现后所产生的各种反馈信息，并有针对性地进行分析、整理、总结以实时地调控更多的组织、教育行为等。因此，网络思想政治教育必然要求教育者具有较高的思想理论素质和科技学术水平，具有广阔的知识研究面、良好的政治思想、熟练的网络操控技能，要有正确、科学的世界观和人生观，有一定的说理艺术水平，具有体察社会环境和风土民情、深入人心的处世哲学，并且有快速的反应能力。

网络思想政治教育的教育者根据一定要求以及所期望的教育结果，通过创设不同的情境、开设多种活动，使学生增强网络道德认识，培养网络自律意识，养成良好的网络文明行为规范，形成健康人格。网络思想政治教育内容具有这样一些特点：在多媒体技术支持下，思想政治教育的内容从平面走向多维，状态从"静"变为"动"，从现实趋向虚拟；在多媒体环境下，能提供的教育内容更加的丰富而全面，并且具有相当的客观性和选择性；多媒体具有极高的文化和科技含量，将思想教育的本质内容隐含在历史文化和现代科技信息之间。

二、高校网络思想政治教育的发展规律

（一）网络思想政治教育模式是一种全新空间的学习

庞树奇等学者从人类的生存和生活空间的角度，认为网络发展到今天已形成了网络社会，他称之为"第三自然"。"第一自然"是未被人化的自然，即纯粹的自然；"第二自然"是人化的自然及我们赖以生存生活的现实社会；"第三自然"的称呼概括而简洁，它指出网络社会已成为学生接受思想政治教育的一种全新的空间。同样，基于网络的思想政治教育活动也为人们提供了一种有别于传统学习的、全新的学习空间。高校网络思想政治教育空间有如下特点。

1. 网络思想政治教育空间是一种虚拟的学习空间

可以设想，最早的思想政治教育学习是在人们口耳相传的过程中发生的，也就是在部落、部族、家庭的生产生活中发生的，是年长者向年幼者谆谆教诲，年轻人只能洗耳恭听而不敢违抗。这时的教育空间也可以称为家庭学习空间，那时学习伴随着人类成长而起步。后来，有了文字的发明，有了知识的积累，也就产生了专门学习的场所——学校。其后几千年来，学校就是人们尤其是儿童学习的最主要的场所。社会不断发展，学校规模不断扩大，开始提倡班级授课制，将学生按年龄分班，教学定时、定点、定量地有序展开。这样学生的思想政治教育活动就如同制砖机制造砖块一样方便和可控，同时学校也在努力完善自己的功能，丰富自己的内涵。随着高等教育日益大众化，有人说这种思想政治教育教学空间完全是一种"刚性的学习空间"，确实有道理。学生每天在这种学习空间中出出进进，浪费了不少宝贵的时间，这样的生活刻板而单调。此外，和这种"刚性的学习空间"相配套的还有"隐性的刚性空间"——那些林林总总的规章制度和存在于教师、职员头脑中的顽固的教育偏见、成见。而高校网络思想政治教育空间则表现为一种赛博空间——网络虚拟空间。时间和技术的无情进展已经把越来越多的人带入了赛博空间。

我们不仅可以通过电话到达那儿,也可以通过传真机或者无线电,还有计算机。

2. 网络思想政治教育空间是一种开放的学习空间

开放的学习空间不仅是指这个空间没有围墙,而且更重要的是指学习的心理过程、学习的方法策略以及学习者的身份地位呈现平等的开放性。传统的学校教育学认为,学生的学习是在教师、学生、学习内容等要素的相互作用下完成的,它们之间呈现一个封闭的作用圈。网络学习的空间结构则呈现一种网状开放状态。在这个开放的学习空间里,教师的角色已经隐性地融合在网络学习资源中或者学习者中,在形式上由传统的教学三要素变成了两要素,学习者的主体地位得到充分的彰显。学习者不但和网络学习资源进行交流,而且他们之间完全可以互动学习。

3. 网络思想政治教育空间是一种资源自由的学习空间

自由一直是人类美好的理想和追求,而网络赋予个人广阔、自由的学习空间,个性可以在这里张扬,想象能够任意驰骋,激情无须遮掩隐藏,网络知识扩大了人们对思想政治教育教学一种自由学习的理解和认识,冲破了人们的社会局限性的藩篱,因此,从他律转向自律,也是在自由的空间进行有规律的教学活动的一种必然要求。网络环境下知识以各种各样的形式存在,网络学习资源主要包括信息资源,如印刷媒体的杂志、报纸、书籍和数据库等;软件技术,如在线的应用软件等;人力资源,如在线的问题讨论小组、兴趣爱好者、学有所长的专家等。信息时代,人们的学习不在于死记硬背多少知识,而在于利用网络整合各种学习资源以服务于生活、学习的目的,在这一过程中,思想政治教育理论基础知识可以灵活掌握,观念和思想动态得到全面的提升。

(二)网络思想政治教育模式与学生行为阶段的必然联系

在网络情境下的思想政治教育学习过程中,其内部的各种因素相互依存、相互作用,形成了一些稳定的、必然的联系。这也是网络情境中学习过程规律性的体现,主要有以下几种联系。

1. 虚拟经验与实境经验的必然联系

自从网络出现,就逐渐有了网络学习,逐渐形成了网络社会,可以说,新时代人们的学习情景主要有两种。第一,虚拟经验是实境经验的模拟和再现、集中和概括,是一种理想状态的真实经验。美国学者威廉·米切尔曾预言:"在21世纪我们将不仅居住在有钢筋混凝土构成的现实城市中,同时也栖身于由数字通信网络组建的软城市里,不难想象,在一个计算和电信无所不在的世界里,计算机网络将像街道系统一样成为生活的根本。"网络校园、虚拟师生、虚拟教室、数字化图书馆、比特书店、虚拟化实验室等的出现恰如"忽如一夜春风来,千树万树梨花开",成为人们学习、生活的重要工具和手段。第二,实境经验是虚拟经验的基础。学习者作为人类的一分子,既受自然条件的限制,也受社会条件的约束。马克思有一句科学的论断,"人的本质不是单个人所固有的抽象物,在其现实性上,它是一切社会关系的总和"。学习者的存在是以社会化的存在为基础,以现实的存在为基础,学习者学习的最终目的不是成为"知识篓子",不是成为具有一定技能的"机器人",而是要谋求人生的幸福与自由,谋求个体的社会化。

网络时代,虚拟经验发挥了人类间接经验的诸多优点,是学习者终身学习的主要对象,而实境经验为学习者提供坚实的人生感悟和社会素质,是我们生存、生活、学习发展的基础和依据。

2.智力因素与非智力因素的必然联系

网络学习过程中,智力因素与非智力因素之间的关系也是值得重视的一个问题,学习者对它们之间的关系有了正确的认识,妥当地处理好,才能更好地学习。在教育心理学中,学习者学习的智力因素是指为认知事物、掌握知识、锻炼技能而进行的感知、观察、理解、思维、记忆和想象等心理因素。学习者学习的非智力因素是指在认知事物、掌握知识、锻炼技能过程中的兴趣、情感、意志和性格等心理因素。智力因素与非智力因素是同时存在、相互作用、相互渗透的,受教育者的学习过程中既有智力因素的活动也有非智力因素的活动。因此,作为受教育者的大学生群体的心理是一个整体问题,不能把它割裂开来看待。

(三)网络思想政治教育模式与传统思想政治教育中蕴含的本质规律密切相关

1.体现大学生思想政治教育模式的主体性规律

就大学生的主体地位而言,在传统学校班级授课制下,尽管强调学生的

第三章　高校网络思想政治教育方法的发展状况

主体性，然而，那只是一种笼统、模糊、抽象的口号而已，在实践中很难贯彻，因为有威严的教师、严格的纪律、集体的荣誉；个体的差异性与丰富性往往被公然抹杀。实际上，学习的真正发生是极其个人化的事情，同样条件下在同样班级中学习的学生，他们的学习成绩与效果何以表现得如此千差万别？大机器制造砖块的做法运用于教育的确有其严重的局限性。当然，这并不是否定集体教育学习的种种优点。高校网络思想政治教育模式中的主体性规律表现在两个方面：一是网络和进行网络思想政治教育是受教育者主体性地位的前提保证和平台；二是作为大学生必须充分发挥积极主动性才能保证高效、高质量的思想政治教育教学网络活动的发生和进行。

2. 体现大学生思想政治教育模式的互动性规律

现今的网络思想政治教育模式并不寂寞孤独，受教育者可以聆听别人，也可以倾诉自己；既可以向网络导师求教，也可以向网络学友发表高见，还可以求证于亲朋好友，甚至可以问学于异国他乡。它的互动性也是网络学习的本质规律之一，它的互动性主要表现在以下几方面，第一，受教育者与受教育者之间的互动。当前的网络技术有利于发挥协作式学习，它们开发出互动式信息服务软件，为诸多学习者进行小组讨论、合作学习提供支持，创造出一种知识互惠、信息共享、情感交流的环境。有些学校自主设计的学习软件包不仅能即时进行思想教育传播，而且在完成理论基础教学的过程中，一个学生能在任何遇到困难的时候得到其他同学的帮助。第二，受教育者与网络导师之间的互动，网络导师可以是自己身边的老师，可以是提供网络服务的导师，还可以是世界各地的学有所长的人。第三，受教育者与教学空间、思想政治教育资源间的互动。

3. 体现大学生思想政治教育模式的创新性规律

创新性就是在原有事物、知识基础上的创造和推陈出新。在网络文化背景下的高校思想政治教育创新，就要求创新教育模式。第一，各大媒体进网络。例如在高校里，校报党刊等采用电子版形式，开设新闻时事、政治经济、改革发展、环境保护、人文科技、文明道德等板块，弘扬科学文明健康的主题。第二，理论学习进网络，即通过建设理论学习园地、形势政策教育、素质教育、毕业生就业指导、规章制度、综合测评、学生动态、团支部活动等网页，建立网上思想政治工作阵地。第三，心理咨询进网络，网络心理咨询不仅能消除咨询者面对面时的心理压力，更容易获取咨询者真实的心理信息，使心理咨询更具有实效性。第四，精神文明进网络，在网上开展精神文明创建活动，发展精神文明建设新成就，进一步巩固学校精神文明的成果，增强精神文明建设的辐射力。第五，素质教育进网络，推进思想政治教育进网络，必须树立"大教育"的观念，坚持以人为本，不断满足广大青年学生的需求，增强网络的吸引力和竞争力，全面提高学生综合素质。

第三节　网络思想政治教育工作的发展现状和面临的挑战

互联网的迅速发展和普及，开创了对当代高校学生思想政治教育的新领域和新途径，同时也对当代高校思想政治教育工作形成了一定的冲击和影响。加强当代高校网络思想政治教育要重视增强教育的实效性，网络思想政治教育的实效性是各种教育传播因素综合作用的结果，是高校网络思想政治教育的根本追求，实现增强高校网络思想政治教育实效性的根本追求是进行高校网络思想政治教育创新的根本着力点。如何探索高校网络思想政治教育的规律和方法，提高高校网络思想政治教育的实效性，成为高校网络思想政治教育面临的一个崭新课题和艰巨的任务。

一、高校网络思想政治教育中的教育者因素

（一）教育者的基本特征及其在教育过程中的地位

网络思想政治教育中的教育者应当根据思想政治教育的目标和要求，以网络为平台，有针对性地、创造性地对受教育者施加影响。教育者是思想政治教育实践活动的组织者，是构成思想政治教育过程的一个基本要素。在高校网络思想政治教育过程中，教育者的地位和身份没有本质的变化，在教育过程中，其依然处于主导地位。教育者的主导作用主要体现在：一是启动网络思想政治教育过程；二是调控网络思想政治教育过程的发展方向、发展时序和发展速度等；三是决定网络思想政治教育过程的某些组成部分。

（二）网络思想政治教育中的教育者

教育者的素质状况直接关系到思想政治教育的效果与成果。在网络时代，教育对象、教育方法、教育环境和教育内容的新变化，给教育者提供了新的教育手段，同时也对思想政治教育工作者提出了严峻的挑战。主要表现如下。

1. 网络的发展为思想政治教育工作者带来了新机遇、创造了新的条件

互联网以其缤纷多彩的信息内容和独特的功能特点为当代大学生提供了一个容易接受的教育阵地，如"校园网""虚拟教室"等，高校网络思想政治教育工作者可以利用这些特点改变传统的以教师为主体，以课堂、黑板为主要形式的教学模式，通过开发生动、形象的各类软件，使大学生以一种积极、乐观的方式去接受比较"枯燥"的思想政治教育。

2. 网络对思想政治教育工作者自身提出了挑战

教育者虽然在网络思想政治教育过程中的地位和身份没有本质的变化，但就具体教育内容和工作要求来说，网络的发展对教育者提出了新的要求。第一，教育者需要在多元化的价值观念和意识形态中不断巩固和强化马克思主义者的基本观点和立场方法，牢固树立思想政治教育的支撑点。第二，教育者如果不能很快适应互联网带来的知识革命和信息骤增的新形势，教育者的教育效果就会大打折扣，在教育引导过程中不仅难以达到教育目的，而且更甚者还会附和教育对象的非道德观念甚至行为，导致教育者外在要求与内心信念的激烈冲突。第三，思想政治教育工作者的师长权威与大学生个性的冲突越来越明显。这就要求教育者充分重视网络平等性特征带来的这一变化，最大限度地克服其消极面，吸取其中的积极因素。第四，越来越多的网络中的新的活动方式让教育者目不暇接，教育者需要不断拓宽视野，同时网络互动要求教育者不断更新知识，保持"活力"。

二、高校网络思想政治教育中的受教育者因素

（一）受教育者的基本特征及其在思想政治教育过程中的地位

受教育者是指在网络思想政治教育中的教育对象，他们比现实生活中的教育对象更具有多变性和双重性。在网络思想政治教育中，教育者依然起主

导作用，但作为客体的受教育者的地位开始增强，网络主体的平等性决定了受教育者在虚拟状态下的相对平等地位。

（二）网络思想政治教育中的受教育者

1.网络给受教育者带来的积极影响当代大学生是一支科技队伍的生力军，是对新生事物敏感，对知识渴求，个性上寻求自由、开放的新新人类。其素质的高低直接影响着我们思想政治工作的难易和好坏。当代大学生作为网络的生力军，对网络有着浓厚的兴趣和追求。网络为他们展示了一个自由、开放的新世界，这大大激发了受教育者的求知欲和想象力，使他们更富有创造性和开拓性。同时通过网络媒体，他们与世界同龄人的距离缩短了，这使得当代大学生展现出前所未有的开拓精神。他们通过网络把握住了世界同龄人的脉搏，和他们一起完善与提高，这为我国未来的发展和赶超世界先进水平奠定了坚实的基础。他们通过互联网提高了素质，增强了认知和判断能力，与高校思想政治教育中的以提高大学生综合素质、引导大学生奋发向上的目的不谋而合。网络的这些积极影响使网络思想政治教育的工作方式更为简便了，减少了其工作量。

2.网络对受教育者产生的消极影响网络对受教育者来说，也有不容忽视的消极影响，概括起来表现在以下方面。

（1）西方敌对势力在意识形态领域的渗透，易导致受教育者价值观念的偏移。网络无边界，网络的使用可跨越时空。这一特点既能开阔受教育者的心胸，增强大学生的"地球村村民意识"，同时也会淡化受教育者的国家和民族意识，从而在一定的条件下可能导致青年大学生民族意识弱化，民族认同感降低，民族身份逐步消解。随着经济全球化浪潮的到来，大学生的世界"一体化"意识愈加强烈，在西方敌对势力不断向我国意识形态领域大肆渗透的情况下，这不利于大学生爱国主义思想的形成，对于继承民族优秀文化和传统美德也可能产生一定的负面影响。

（2）网络虚拟性特征可能导致受教育者道德法律观念的淡化。

虚拟性特征为受教育者更直接地表达自己的情感提供了平台，有助于宣泄情绪，但虚实、真伪难辨的网络信息也会导致受教育者思想品德行为异化、思想意识行为自由化、价值取向行为功利化、道德选择行为庸俗化，以及人际交往行为数字化。网络信息的易逝性还容易导致受教育者的短期行为。网络信息更换速度十分频繁，网上活动项目花样不断翻新，网络交友热火朝天，网上选美如火如荼，网上聊天无休无止，某些灰色文化往往大行其道。部分青年更多地追求感官刺激，往往只着重结果而对过程不感兴趣，这削弱了他们对深层问题的自觉思考，容易导致更多的短期意识和不良行为的产生。

（3）网络生活的虚拟性容易导致大学生虚拟人格的形成。

随着网络的日益普及，出现了数以百万计、千万计的"网民"，在这个"虚拟社会"里没有了传统的时间和空间的界限，其成员具有一种全新的生活方式和交流方式。现实社会思想文化和道德规范的约束一定程度上被淡化，"网民"身份的隐蔽性增强，相互间的交流甚至可以达到无话不谈、随心所欲的地步，这容易导致涉世不深的大学生形成现实世界和虚拟空间中的双重人格。例如，一些性格内向的大学生在网上表现出了强烈的霸权欲，一些性格外向的大学生在网络上则显得含蓄内敛，这些反差过大的双重人格不利于大学生的健康成长。

（4）网络世界对受教育者的生存能力也会造成不良影响。

一些沉溺于网络虚拟世界的青年，把"网络社会"当成逃避现实的避风港，造成与现实的隔阂，进而导致人与人之间感情联系淡薄，有些人因轻信网络交友而上当受骗。网络生活的虚拟性与现实社会的反差容易使一些青年大学生对现实充满失望、误解，从而形成不正确的世界观、人生观和不健康的心理。

三、高校网络思想政治教育过程的规律因素分析

（一）教育者的主导作用与受教育者的主体作用辩证统一的规律

这是思想政治教育过程中十分重要的、具有全局意义的规律，思想政治教育的过程是以教育影响为中介的，是教育者与受教育者相互影响、相互作用的双向活动过程，这一过程可以包括三个方面：一是教育者积极施加教育影响的过程；二是受教育者能动地接受教育影响的过程；三是受教育者自身思想矛盾运动的过程。高校网络思想政治教育仍然遵循着这一重要规律，但由于虚拟性网络对受教育者思想道德观念影响的无限加大，导致在实施教育、接受教育、自我教育过程中，教育者主导作用的宽度和广度无限延伸，增加了教育者施加教育影响的难度。受教育者能动地接受教育影响的选择性和自

主性增强，一定程度上也弱化了教育者施加的教育影响的作用。因此，高校网络思想政治教育的过程更加复杂。

（二）协调自觉影响与控制自发影响辩证统一的规律

这是思想政治教育过程中具有全局意义的另一重要规律，思想政治教育过程是立体的、开放的过程。在这一过程中，不仅存在着来自教育者的多种教育影响，而且存在着来自复杂的外部环境的自发影响。因此，思想政治教育的过程也就是各种影响交互作用的过程。首先是自觉影响的交互作用，包括同质的教育影响的交互作用和异质的教育影响的交互作用。在网络思想政治教育中，由于虚拟性网络环境的开放性和复杂性，导致各种异质的自觉影响交互作用对受教育者影响结果的不确定性。如果不能有效地协调异质教育的影响作用，必将严重削弱教育的力量，甚至会使受教育者原有的错误思想得到强化。其次是自觉影响与自发影响的交互作用。要高度重视网络思想政治教育中的自发影响的作用与效果。网络的危害性主要来源于网络中消极性自发影响过多过滥而且无法有效控制。网络中的消极性内容虽然为思想政治教育提供了丰富的反面教育教材和案例，但其对受教育者产生的负面影响也是巨大的，教育者应当切实重视其对受教育者的影响，并尽可能多地利用积极因素，充分发挥其对受教育者的积极影响。

（三）内化与外化辩证统一的规律

这是思想政治教育过程中具有全局意义的第三个规律。在网络思想政治教育中，由于虚拟性网络信息的良莠不齐、鱼龙混杂，造成了受教育者思想品德内化和外化过程的延长与反复。首先，内化进程中，教育者的帮助和促进作用一定程度上被弱化，受教育者对教育者所传递的社会要求的思想观念和行为规范的认同、筛选和接纳的速率降低，将其纳入自身思想品德结构之中的进程放缓，要将其变为自己的观点和信念，成为支配、控制自己思想、情感和行为的内在力量的时间变得更长，造成了内化过程的延长。其次，就外化过程而言，教育者的影响和引导作用仍然受到更多异质教育影响的冲击，受教育者已经形成的思想观念和信念自主地转化为自己的行为时容易受到干扰，造成了外化过程的反复。

四、高校网络思想政治教育内容因素分析

高校网络思想政治教育内容和教育目标仍然围绕着思想教育、政治教育、道德教育和法纪教育四个方面展开。但是应当看到，教育内容不是一成不变的。在网络思想政治教育中，网络道德教育和法纪教育应相对突出。教育者要在网络教育中实现一定的教育目标，除按照一般性的教育教学规范要求执行外，应当熟悉网络教育的规律和特点，并将这些规律和特点融合到教学内容中，使网络思想政治教育内容更加充实、更加丰富、更加符合实际需要。在总体上，网络思想政治教育涵盖了以往思想政治教育的全部内容，但由于高校网络思想政治教育的特点，其教育内容的讲授和教育过程的实施呈现出以下两个方面的变化。

（一）教育内容的形式由平面化走向立体化

相对而言，一般性思想政治教育内容具有平面性的特点，静态内容居多，相对比较狭窄，教育内容与教育目的具有一致性、趋同性，教育者可以根据既定的培养目标和方案选择相关教育内容，有目的、有针对性地对教育对象进行教育。进入网络时代，大学生通过互联网的交互与了解，听到的不仅是中国的声音，而且是全球的声音；熏陶的不仅是中国传统文化，而且是世界文化的交融；教导的不仅是马克思主义者的人生观、价值观和世界观，而且是多元思想观念的激荡。20世纪90年代以来，不同意识形态的国家都加紧了建立符合自身意识形态的网络文化的步伐，从而使网络信息内容走向立体化。

（二）教育内容的内涵由通俗化走向科技化

长期以来，我们对思想政治教育内容的内涵已形成了相对稳定的通俗的表达。但由于网络所特有的虚拟性、综合性、开放性等特征，其内容涵盖了全世界各种文化背景国家的意识形态和价值观念，极大地开阔了人们的视野和思路。网络的超信息量和信息本身所固有的本质，使思想政治教育内容变得丰富而全面，具有极高的文化与科技含量，教育内容的政治性本质隐含在历史文化知识和现代科技信息之中，并且具有客观性和可选择性。教育者在

如此浩瀚的网络海洋中充分占有信息已变得不可能，必须借助于科技的力量进行分析、综合、归类和取舍，增强教育的科技化程度。

五、高校网络思想政治教育的客观性因素分析

（一）网络环境因素

网络环境既受社会大环境的影响，同时又具有自身十分鲜明的特点。由于国家和政府在对网络的宏观控制和管理过程中并不能根本杜绝不良信息的发布和传播，再加上一些信息发布者的网络责任意识淡薄，导致网络成了大染坊，既能印出又美又好的布料，又会产生五花八门的劣质品。网络中信息复杂，项目繁多，内容新颖刺激，异质教育影响对人的冲击较大。

（二）硬件投入因素

这主要取决于各高校对网络思想政治教育在硬件上的投入如何，是否建立了专门的思想政治教育网站，有没有专人维护和管理，能不能满足师生在网络中的交流要求等，这些都会影响到教育效果。

（三）社会性因素

网络思想政治教育是在与社会的密切联系中，在广阔的社会背景和社会环境中进行的，因此，社会的生活方式、思想文化、时代热点都会反映到网络社会中，成为网络社会的"重要原料"，同时其他社会传媒对网络世界报道的舆论方向也会影响到网络的作用和地位。

第四章 高校思想政治教育中文化融入的客观基础

第一节 高校思想政治教育与文化的关系

在建设中国特色社会主义的过程中,我国逐渐形成了"五位一体"的社会整体发展体制。社会主义文化建设成为经济社会发展中的重要一维,直接影响着经济社会发展和人们生产生活的各个方面。由此,高校思想政治教育不再局限于单纯的政治"灌输"教育,而将一部分精力投入到了思想政治教育的文化范式研究当中。

关于高校思想政治教育与文化的关系问题,学界已经做了一定研究,总结出了许多有益成果。其中,一部分成果是从整体角度分析高校思想政治教育与文化的关系问题,还有大量论文分别从不同的文化类型或角度对高校思想政治教育和文化的关系展开研究,尤其是在大学校园文化与思想政治教育、传统文化与思想政治教育等方面的成果比较多,并且分析也比较深刻。

一、关于高校思想政治教育研究的文化范式问题

"范式"一词,兴起于美国著名科学哲学家托马斯·库恩的《科学革命的结构》(1962年),他在这本书中对其进行了广泛的运用,并在当时的人文社会科学界引起了强烈轰动。"范式",来源于古希腊语"parade Gina",最初用在语言学之中,原意是指"表示词形的变化规则",如名词变格、动词人称变化等,引申为"模式""模型""范例"等意思。在15世纪前后,"范式"一词被翻译成英语"paradigm",同最初一样,在两层意义上使用:

一是在语言学上表示"（一词的）词形变化表"；二是引申为"范例、样式、模范"。库恩在《科学革命的结构》一书中多次并从多个意义上使用了"范式"一词，但始终没有对其进行明确界定。随着社会的发展和思想的进步，"范式"的内涵和外延也在不断扩充。对此，后来的学者也努力进行阐释，却始终没有完全达成一致。

对高校思想政治教育的研究范式问题，学界存在着不同的观点，并从不同的学科角度提出了不同的研究范式，比如高校思想政治教育的人学研究范式、高校思想政治教育的社会学研究范式、高校思想政治教育的人格学研究范式、高校思想政治教育的文化学研究范式等。其中，从文化视角研究思想政治教育的文章和著作中，最具有代表性的是沈壮海教授的《思想政治教育的文化视野》（2005年），他在该书中专题论述了先进文化发展的挑战与应对、传统德教思想的价值与传承、文艺育德思想的历史与现实、高校德育的境遇与理念、思想政治教育的理论建构和实践发展等问题，但对思想政治教育与文化关系问题的论述有所不足。

从文化视角研究思想政治教育问题，是高校思想政治教育的一种研究范式，并且随着时代的发展和社会主义文化的大发展、大繁荣，这个范式将会越来越有价值。但从目前来看，高校思想政治教育文化范式的研究还处在破题阶段，即大多数学者还停留在"为什么要从文化角度研究高校思想政治教育"的阶段，而在"怎样从文化角度研究高校思想政治教育"，"怎样提高高校思想政治教育的文化含量"等方面还需要进行更深入的研究。

从高校思想政治教育的自身发展来看，文化性是高校思想政治教育的本质属性。张耀灿、郑永廷教授提出了"思想政治教育发展的文化底蕴"问题，认为思想政治教育只有植根于优秀的文化土壤，才能获得发展的动力，才能更好地发挥作用。政治性和文化性是思想政治教育的两个根本属性，不能只强调其中一个而忽视另一个。研究思想政治教育，必须提升思想政治教育的文化品位，坚持"以文化人"。在思想政治教育研究中引入文化学取向，是思想政治教育发展的历史必然，这有助于人们正确把握思想政治教育的客观规律，增强思想政治教育的学科意识。

从外部条件看，从文化角度研究思想政治教育是时代发展的客观要求和社会主义文化大发展大繁荣的必然结果。社会主义文化的大发展、大繁荣为思想政治教育开辟了新的更广阔的空间，提高高校思想政治教育的文化含量是时代发展的必然要求。高校思想政治教育的发展总是与特定的文化积淀相联系，将高校思想政治教育的研究视角深入到文化领域，或者将高校思想政治教育放到社会文化大系统中进行考察，这是时代提出的高校思想政治教育新课题，也是高校思想政治教育自身发展的内在需要。

关于高校思想政治教育文化范式的含义，思想政治教育文化范式是采用文化学原理对思想政治教育的理论和实践进行文化认知和文化解读，针对思想政治教育中存在的问题建构一种基于文化、融于文化的思想政治教育样式。徐伟提出了高校思想政治教育文化范式所要研究的主要问题，包括正确对待西方文化和中国传统文化，正确应对多元文化的影响，发挥高校思想政治教育在文化建设中的作用等。他对高校思想政治教育文化范式进行了尝试性地构建，总结了高校思想政治教育文化范式的基本内涵、主要内容和主体框架。

二、关于文化环境建设与高校思想政治教育的关系问题

关于高校思想政治教育文化环境建设的研究，主要体现在本质特征、运行规律以及有效契合等方面，主要目的是为高校思想政治教育的运行提供良好的环境氛围和外在保障。社会文化环境，实际上是人们在精神文化支配下的各种行为联系而构成的社会文化关系，从而为高校思想政治教育的文化环境研究奠定了基础。一定社会的文化环境蕴含着一定的文化模式和文化传统，可以通过多种形式和多种媒介渗透到人们的社会生活中，使人们在不知不觉中打上文化的烙印。可以说，高校思想政治教育内在转化的知、情、信、意、行等各个环节均受到文化环境的影响。

当今社会的文化环境出现了许多新变化、新特点，表现为追求物质利益，思想解放，敢想敢说，娱乐方式多样化，西方价值观念影响深入等。这对高校思想政治教育产生了正反两个方面的影响。高校思想政治教育在当代文化环境中获得发展的现代要素和动力，得到价值实现的同时，也在多元化价值观念、西方意识形态、舆论误导、信息对流等的影响下出现了主导性的消解。

改善文化环境，营造良好文化环境和文化氛围的具体措施：发展先进文化，净化文化环境；从保护民族文化、维护文化主权的高度把好西方文化"入

口"关;通过有效途径,采取有力措施,在全社会形成重视和发展哲学社会科学的良好氛围。此外,还应引导大学生正确进行文化选择,树立正确的文化消费观,养成良好的文化消费习惯。

三、高校思想政治教育与文化的关联性研究

高校思想政治教育与文化在许多方面具有共同性,这些共同点决定了它们之间存在着密切的内在关联。高校思想政治教育和文化之间"内容相长,互相渗透;职能相容,互相促进;方式互补,互相借鉴;系统一体,互相融通"。高校思想政治教育与文化有着内在相关性。高校思想政治教育来源于文化,并以各种文化形态为载体。高校思想政治教育和文化有实践性、开放性、共时性等共同特征。但是高校思想政治教育与文化都有各自的运行逻辑,不能等同。也有一些学者提出,高校思想政治教育是文化建设的重要保证和有效动力,文化建设是高校思想政治教育的重要载体和有效途径。这些论述在企业思想政治教育、高校思想政治教育的研究论文中经常可以看到。

高校思想政治教育具有明显的文化属性。高校思想政治教育具有浓厚的文化烙印,它反映了文化的核心价值,是文化的重要的一部分。高校思想政治教育的开展需要借助文化教育的方法和载体。高校思想政治教育具有重要的文化选择、整合、创造功能。高校思想政治教育体现了一种文化力,有利于促进高校思想道德建设和文化建设,增强文化凝聚力。

高校思想政治教育与文化在对象和目标上具有内在关联。高校思想政治教育与文化的对象都是"人",都是为了提高人的素质,实现人的全面发展。高校思想政治教育与文化发展的目标具有一致性,都是为了提高人的思想文化素质、培养健康完美人格、促进人的全面发展。高校思想政治教育离不开社会文化环境,无法游离文化发展之外,同时,高校思想政治教育的健康发展,也为文化发展注入了时代精神的内涵。这两者是相辅相成的。

高校思想政治教育与文化在内容上具有内在关联。高校思想政治教育自始至终都必须存在于一定的文化之中,它的价值理想体现了这种文化的内在精神,它的具体内容反映了这种文化所要求的人伦规范。高校思想政治教育与高校文化建设在内容上的关系,一方面,高校思想政治教育是高校文化建

设的核心内容，为高校的文化建设提供了理论上的指导，为高校文化的健康发展指明了方向；另一方面，高校文化中也包含着世界观、人生观、价值观、集体主义、爱国主义等内容。

高校思想政治教育和文化在过程上具有内在关联。从本质上看，实施思想政治教育就是"文化化人"的过程，也是文化价值的判断与选择、传承与创新的过程。从一定意义上说，高校思想政治教育源于现实文化，并超越和重构着现实文化。文化本身就蕴含着高校思想政治教育的内容。

高校思想政治教育与文化在作用上具有内在关联。从建设企业和谐文化与思想政治教育的关系角度来看，建设企业和谐文化对创建和谐企业具有重要作用，企业和谐文化与企业思想政治工作在企业发展中的作用是对应的，是同心圆的关系。同样，在高校思想政治教育中，建设和谐文化对于创建和谐校园也具有重要作用。

四、高校思想政治教育与文化的互动性研究

高校思想政治教育与文化是两个相对独立的体系，但彼此之间的相互关联性又决定了它们之间的相互联系、相互促进、相互融入，从而形成双向建构。文化与高校思想政治教育的"双向建构"具有应然性。先进文化是高校思想政治教育的理论内容的重要来源，同时，高校思想政治教育的稳健发展又极大地丰富了文化的内涵。"文化'介入'思想政治教育'发生—发展—转化'的整个运行境域，同时思想政治教育具有'文化选择—文化激活—文化创新'的实践反哺力，二者形成应然意义上的'双向建构'。"

（一）高校思想政治教育与文化之间的双向建构

1. 从高校思想政治教育的文化本质、文化价值、文化功能出发，实现高校思想政治教育对文化的建构

高校思想政治教育是一种尊重、满足、丰富和提升人的需要，促进人的全面发展的实践活动。它与文化有着天然的、本体意义上的内在关联，并在文化建设中肩负着重要责任。一是用社会主义核心价值体系引领多元化的社会文化，在全社会形成社会主义核心价值观占主导地位的和谐文化。二是培育社会成员的"文化自觉"和"文化自信"意识，使其形成建设先进文化的

能力。三是彰显高校思想政治教育"激发人的自由自觉本性"的本源性价值，通过培养德才兼备的具有文化创造力的人才促进社会主义文化事业的大发展、大繁荣。

实现高校思想政治教育对文化的建构，应主动发挥思想政治教育的文化功能以及对文化建设的积极作用，根据新的时代特征，紧密结合现实，促进"思想政治教育为文化发展服务"。笔者通过对校园文化建设的研究，提出文化建构应把握时代性、方向性与批判性；把握主导性、适应性与主体性；把握开放性、民族性与包容性。

所谓高校思想政治教育的文化功能，是指高校思想政治教育作为一个系统对文化环境的功能和价值，反映了高校思想政治教育对文化的积极作用。高校思想政治教育不仅有传统的复制、再造功能，还有文化孕育、文化整合和文化预测功能。高校思想政治教育的文化整合功能，具体表现在能动选择、传承变异、渗透创造三个方面。高校思想政治教育在文化领域中处于价值主导地位，发挥主导作用，能够引导人们的价值选择，在维护文化主导地位、引导文化选择方向、继承和弘扬民族文化等方面发挥着重要作用。

2. 从文化的意识形态功能出发，实现对高校思想政治教育的建构

一般来说，文化在高校思想政治教育中发挥着重要作用，是促进高校思想政治教育与时俱进的重要推动力量。实现文化对高校思想政治教育的建构，应充分发挥文化的意识形态功能，为高校思想政治教育活动的开展提供有效载体和重要途径。在高校思想政治教育过程中，文化自觉显示出巨大的力量和价值，体现为一种"文化信念、文化境界、精神支柱和内在力量"。

关于文化的思想政治教育功能，笔者通过对校园文化的分析，认为校园文化活动具有陶冶、凝聚、导向、激励、娱乐、审美等功能，这些教育功能可以通过校园文化建设的有机网络、学校文化活动的愉悦功能、大学生第二课堂活动的拓展等来实现。

（二）高校思想政治教育与文化相互融入的方式和途径

1. 高校思想政治教育融入文化建设的方式和途径

高校思想政治教育融入文化建设，就是要充分发挥思想政治教育的文化功能，在文化建设中彰显思想政治教育的元素。高大洪在总结思想政治教育

融入企业文化建设的途径时,提出了培育企业价值观、塑造企业精神、建设企业道德、开展目标教育、宣传企业形象、抓好休闲文化等途径。周文昭提出了思想政治教育融入企业文化建设的切入点,即在"物质文化"层面的切入点是"塑造品牌",在"行为文化"层面的切入点是"强化观念",在"制度文化"层面的切入点是"优化规则",在"精神文化"层面的切入点是"团队再造"。左云飞、谭振亚分析了思想政治教育融入校园文化建设的切入点,认为思想政治教育在物质文化层面的切入点是"营造氛围",在行为文化层面的切入点是"强化观念",在制度文化层面的切入点是"优化规则",在精神文化层面的切入点是"塑造精神"。

2. 文化融入思想政治教育的方式和途径

在高校思想政治教育运行过程中实现文化的有效融入,就是将文学、艺术、音乐、科技等文化形态作为高校思想政治教育的重要内容,"使文化行为成为高校思想政治教育的基本行为"。文化环境应积极"介入"到高校思想政治教育的内化、外化和反馈的全部运行过程。它既是高校思想政治教育运行的外部环境,又直接参与到高校思想政治教育的运行过程中,使高校思想政治教育呈现为以一定的文化形态为中介的互动过程。同时,高校思想政治教育主动进行文化选择和创新,从而生成新的文化环境。笔者从文化传播的角度为高校思想政治教育探寻了有效途径,通过运用文化传播的次第规律和变异机制,提高了高校思想政治教育的"灌输"实效。

第二节 多元文化对高校思想政治教育的影响

一、文化冲突和交融带来的影响及其应对

在经济全球化发展的今天,多元文化成为社会发展的必然。罗兰·罗伯森用"文化多元主义"来描述文化全球化,并认为"坚持在日趋全球化的世界中的异质性和多样性是全球化理论不可缺少的部分"。当前,高校思想政治

教育面临多样文化相互交错、相互激荡的复杂局面。在这种情况下，我们应正确处理弘扬主旋律与尊重多样化的关系。

多元文化的发展产生了广泛的影响。在多元文化冲突和西方"文化入侵"的过程中，当代中国青年在思想信念上受到强烈冲击，出现了一定程度的精神信仰的危机与分裂、冷淡与漠然、困惑与彷徨、盲目与浮躁，思想的不稳定性、无中心、多样化等现象。文化多样性是当代社会的显著特征，它带来了思想政治教育文化环境的多样性、虚拟性、开放性和自发性，带来了价值观选择的多样性和现实性，以及价值观教育载体的多样性。这要求高校思想政治教育的话语方式、话语体系、话语表述实现现代转型。当前我国文化多样性表现为多种异质文化的冲突、碰撞、共生、交融、争锋，引起了大学生价值选择的困惑，导致了大学生理性精神的缺失，冲击了社会主导价值观，削弱了高校思想政治教育主体的话语权。在这一情况下，高校思想政治教育应正确对待文化多样性的现实，坚持树立"浓厚的问题意识、鲜明的阵地意识、积极的主动意识、深切的忧患意识"，积极应对文化多样性的挑战，引导人们选择正确价值，树立正确的价值观。

针对多元文化冲突带来的影响，高校思想政治教育应采取多种措施，进行积极应对。多样的文化和价值观必须以相对统一或社会公认的核心价值体系作为引导，高校思想政治教育应主导文化发展，保障文化安全，培养人们的文化自觉和文化自信。在多元文化冲突中培养"文化自信"，应正视信仰危机、强化主流意识、打造兼容机制、整合传统文化、扬弃"欧风美雨"。

二、多元文化的各种形态及其表现

社会文化形态多种多样，当前主要表现为网络信息文化、手机短信文化、大众文化等。

（一）网络信息文化与高校思想政治教育

网络信息文化是在数字、网络、通信等技术的发展过程中形成的一种文化形态。计算机是一种文化载体，传递着各种文化信息。计算机文化将为思想政治教育创造一个全新的环境，造就出一代新人，开辟一条新的思想政治教育途径。随着计算机网络的进一步发展，网络日益成为人们生活中不可或缺的一部分，并呈现出许多与原有文化不同的特点。网络文化的特点可以概括为开放性、平等性、快捷性、广泛性、多样性、非控性、多元性等。网络文化有内容丰富、传播快捷、环境开放、覆盖面广、难以监控等特点。

网络文化的发展，对人类社会生活的影响是多方面的，对高校思想政治教育的影响也是巨大的，它是一把"双刃剑"，既丰富了高校思想政治教育的内容和形式，又在不断改变着高校思想政治教育的理念和模式。

对新机遇，网络文化有利于观念现代化，强化自主终身学习观；有利于手段现代化，增强高校思想政治工作时效；有利于信息资源运用，增强高校思想政治工作实效。网络文化内容的丰富性提高了学生的综合素质；网上信息交流的快捷性增强了高校思想政治教育的及时性；网民参与的平等性增强了高校思想政治教育的针对性；网络文化传播的世界性与大众性扩大了高校思想政治教育的覆盖面，其生动性和趣味性增强了高校思想政治教育的吸引力和感染力。

对新挑战，网络文化造成了人际关系疏离、黄色风暴席卷、文化冲突毕现、经济犯罪日增、贫富差距和知识鸿沟加大、信息焦虑等情况的出现。网络文化容易造成价值冲突、文化渗透、网络污染、心理受害。

针对互联网时代出现的新情况新问题，当前的网络思想政治教育工作呈现出"一哄而起、流于形式，概念混乱、论域模糊，底气不足、缺乏综合"三大弊端。因此，应注重研究和解决网络中的实际问题，避免仅通过简单技术手段来解决文化问题，同时应注重加强网络思想政治教育的基础理论研究。在信息时代做好高校思想政治教育，应从多个方面入手：坚定马克思主义立场，坚持马克思主义的观点和方法；确立现代信息观念；注意联系实际，充分利用网络信息；积极开发信息资源；实现网上网下的联动；寓教育于管理之中，造就网络思想政治工作的行家里手；形成网络管理组织；倡导信息伦理；形成和完善信息法规制度；加强国际交流与合作。

（二）手机短信文化与高校思想政治教育

对手机短信文化与高校思想政治教育关系的研究，主要体现在手机短信文化的含义和特征、手机短信文化的功能、手机短信文化对思想政治教育的影响等方面。很多学者将手机短信文化称为"拇指文化"，认为拇指文化具有广泛的思想政治教育功能,它搭建了与学生互动交流的新平台,有利于提升学生精神境界,引导学生身心健康发展,营造良好思想政治教育氛围,促进学生个体社会化进程。新时期的高校思想政治教育,应努力建设并运用好拇指文化载体,积极传播与我国社会发展要求相一致的思想观念、价值观点、道德规范及其他先进文化。

手机文化的出现和发展,已经全方位地渗透到了人们的生活之中,并影响和改变着人们的生活和交往方式、思维观念、精神生活、行为方式等。因此,我们应充分掌握和运用手机短信文化,通过教育引导、技术引导、管理控制,让手机短信文化成为高校思想政治教育的新领域和新手段。

(三)大众文化与高校思想政治教育

所谓"大众文化",是一种以大众传媒为主体的消费性文化,是一种新的文化形态,人们称为"媒介文化"或"消费文化"。随着群众性文化的发展,大众文化在"参与塑造、改造教育对象"中的作用越来越大,已然成为新时期高校思想政治教育必须关注并能够有效利用的重要部分。

大众文化的兴起,对社会产生了广泛的影响,对高校思想政治教育也产生了正反两方面的影响。关于大众文化的研究,国外已有很多的成果,如《文化帝国主义》(约翰·汤林森)、《认识媒介文化——社会理论与大众传播》(尼克史蒂·文森)等。关于大众文化对思想政治教育的影响,笔者认为,大众文化推动了人们思想观念的转变和进步,为思想政治教育提供了重要的社会渠道;有助于社会大众统一价值观的形成。大众文化容易产生的三大困境——存在理由、话语权、有效性,这给高校思想政治教育带来严峻挑战。大众文化的迅速发展和广泛传播,改变了高校思想政治教育环境,对大学生思想政治教育的主导理论形态、人格塑造任务以及传统理念和模式都产生了比较严重的影响。

针对大众文化引起的消极影响,学者们提出了许多应对措施。我们应有选择地吸收积极因素,创新高校思想政治教育的内容、方式、载体和机制,构建与大众文化相适应的高校思想政治教育新格局。具体来说,内容上应体现时代感、突显高品位、强化亲和力;方式上应增强互动性、把握规律性、强化影响力;载体上应转向媒体化、增强适应性、强化辐射力;机制上应实现长效化、立足有效性、强化内动力。化解大众文化的消极影响，应坚持马克思主义理论教育，注重教育方法的创新；坚持核心价值体系建设，体现主导性与多样性的统一；坚持以人为本，确立现代思想政治教育的理念和方法。

三、中国传统文化、西方文化与高校思想政治教育的关系

关于中国传统文化与思想政治教育的关系问题，大多学者都认为，中国传统文化是高校思想政治教育的重要内容。高校思想政治教育要增强实效性，必须植根于中国传统文化的深厚土壤，实现与中国传统文化的有机融合。中国传统文化已经深深融入了中国人的思想观念、行为习惯、社会活动当中，已成为我们整个民族心理思想结构中不可抹杀的一部分。中国传统文化具有塑造人、培养人的功能，是高校思想政治教育不可或缺的重要内容。它与马克思主义，与现代化并不冲突，而且可以相互融合。高校思想政治教育与中国传统文化相融合是必要的，也是可行的。中国传统文化与马克思主义、社会主义及现代大学教育具有契合性。

对待中国传统文化，应采取科学辩证的态度。中国传统文化是中国民族几千年的历史积淀，难免会带有历史的烙印，具有一定的时代局限性。随着社会的发展和时代的变迁，传统文化有合理和积极的一面，但也有不合理和消极的内容。高校思想政治教育的发展必须植根于中国民族文化精神的土壤中，对民族文化传统进行创造性的价值吸收和开发利用，进行重新开掘、认识和评价，不断丰富、发展和充实，创造性地转化中国文化传统，使之成为社会主义精神文明和先进文化的重要组成部分。中国传统文化具有过程渗透性、方法内省性、效果实践性等特点，对提高个人思想道德素质和国家软实力具有重要作用。

因此，应科学、全面地认识中国传统文化，坚持古为今用、推陈出新，坚持取其精华、去其糟粕，运用马克思主义的立场、观点和方法对中国传统文化进行挖掘和梳理，去除中国传统文化中的消极成分，继承和发扬中国传统文化中的积极成分。同时，应该将弘扬传统文化与培育社会主义核心价值观结合起来。

此外，有些学者还就中国传统文化与思想政治教育的融合问题提出了自己的思路。实现大学生思想政治教育与传统文化的融合，应加强制度建设，加大传统文化教育比重，组织以传统文化教育为中心的校园文化活动，注重人格垂范等。

第三节 高校思想政治教育的文化底蕴

高校思想政治教育无论是作为一门学科，还是作为一项实践活动，都与文化存在着天然的联系。文化性作为思想政治教育的一个根本属性一直存在，只是在不同的历史发展时期表现出来的明显程度不同罢了。在社会主义文化大发展大繁荣的今天，高校思想政治教育的文化性愈发彰显。

一、高校思想政治教育的文化性

对高校思想政治教育文化性的认识，需要我们从高校思想政治教育和文化的各自概念入手，对高校思想政治教育和文化的含义与特征有一个清晰的认识。

（一）高校思想政治教育与文化

1. 思想政治教育的含义

思想政治教育作为一个科学概念，具有丰富的内涵。从马克思、恩格斯提出"宣传工作"，到列宁提出"政治工作"，再到中国共产党对这一概念进行发展和完善，最终确立了"思想政治工作""思想政治教育"等概念。党的十一届三中全会后，中国共产党在大部分情况下都使用"思想政治工作"这个概念；在高等院校基本上使用"思想政治教育"这个概念；在思想文化领域基本上使用"宣传思想工作"这个概念。这三个概念虽然名称不同，所使用的领域也有所不同，但基本含义是相同的。目前，"思想政治工作""思想政治教育""宣传思想工作"成为三个并列使用的、含义基本相同的概念。

思想政治教育作为中国共产党在历史发展过程中形成的实践经验和科学

理论，其主体和内容都与党的建设密切相关。所谓思想政治教育，就是在党的领导下，教育者对受教育者实施一定内容的教育，从而使受教育者树立正确的世界观、人生观和价值观，调动起受教育者的积极主动性的过程。这里的教育者和受教育者都是相对概念，是从思想传播的角度来看的，社会思想从一个组织或个人传播给另一个组织或个人的过程，就是教育的过程。教育的内容具有政治性和意识形态性，是党的思想主张和社会意识形态的贯彻落实。思想政治教育的特征主要体现在政治性、文化性、社会性、实践性、群众性、渗透性等方面。

2. 文化的含义

文化是一个大的范畴，对其定义，不同学者有不同的界定。据统计，到现在为止学界关于文化的定义已有200多种，但尚未形成完全一致的意见。不过，从这些定义所包含的要素以及文化的特征来看，都大同小异。在马克思那里，文化是一个含义宽泛的概念，与文明、文学、艺术、观念、思想、精神、意识形态等词语关系密切。

所谓文化，是指在经济社会全面发展中形成的全体社会成员共有的价值观念和行为准则。文化是由具有一定地域特色的思想观念、社会宗旨、精神价值等构成的思想形式和行为模式，是经济社会发展的灵魂。对文化的含义，可以从以下方面来理解：在一般情况下，文化主要用作名词使用，主要是指观念形态的文化，即精神文化，这是文化的狭义概念。从广义上来说，文化则指物质和精神等一切财富的总和，体现在物质、制度、行为、观念等各个方面。文化用作动词时，主要是指文治教化，多用于中国传统社会的教育之中。

文化的性质表现在：一是文化是通过人们的学习得到的；二是文化具有一定的形态并负载着某些意义，体现在不同的载体上，就会产生不同的形态，比如器物、制度、管理等；三是文化的核心是价值观，价值观主导着文化的发展方向和作用力大小。文化具有政治性、传承性和民族性、时代性和创新性、主导性和多样性、渗透性和持久性等方面的特征。依据不同的标准，文化可以分为不同的类型，例如可以分为物质文化、制度文化、行为文化、精神文化；也可以分为主文化、亚文化、反文化等。

3. 中国特色社会主义文化建设

早在新民主主义革命时期，毛泽东同志就对文化的概念以及文化与政治、经济之间的关系进行了系统论述，这也是中国共产党对文化的第一次全面系统的认识。毛泽东同志指出："一定的文化（当作观念形态的文化）是一定社会的政治和经济的反映，又给予伟大影响和作用于一定社会的政治和经济；而经济是基础，政治则是经济的集中的表现。这是我们对于文化和政治、经济的关系及政治和经济的关系的基本观点。"

中国共产党自改革开放之初提出物质文明和精神文明"两手抓"，到党的十六大提出物质文明、精神文明、政治文明协调发展，到党的十七大提出加强社会主义经济建设、政治建设、文化建设、社会建设"四位一体"的总体布局，再到党的十八大提出加强中国特色社会主义经济建设、政治建设、文化建设、社会建设、生态建设"五位一体"的总体布局，对文化和文化建设都是从狭义的文化概念上去理解和阐述的，进入新时代，以习近平同志为核心的党中央把文化建设提升到一个新的历史高度，把文化自信和道路自信、理论自信、制度自信并列为中国特色社会主义"四个自信"，把坚持马克思主义在意识形态领域指导地位的制度确立为中国特色社会主义制度体系的一项根本制度，把坚持社会主义核心价值体系纳入新时代坚持和发展中国特色社会主义的基本方略。在新的历史起点上推进文化强国建设，加快建设与我国深厚文化底蕴和丰富文化资源相匹配、与新时代中国特色社会主义事业总体布局和战略布局相适应、与建设富强民主文明和谐美丽的社会主义现代化强国相承接的社会主义文化强国。这里的文化，主要是指精神层面的文化，是观念形态的文化。

由此可见，中国共产党所说的文化建设，主要局限于精神文化的领域，主要指的是"教育、科学、文学艺术、新闻出版、广播电视、图书馆、博物馆等各项文化事业的发展和人民群众知识水平的提高"。当然，教育应培养什么样的人，科学应为什么人服务，文学艺术、新闻出版、广播电视应坚持什么样的舆论导向等都需要一定的指导思想，这个指导思想仅仅依靠文化建设本身是无法完成的，必须依靠思想建设来完成。文化建设区别于思想建设，但是，它同思想建设一起构成了社会主义精神文明建设的主体内容。与文化建设不同，思想建设主要是社会主义意识形态的建设，主要指的是马克思主义理论教育、共产主义理想信念教育、中国特色社会主义教育等。社会主义精神文明建设的性质和内容主要是由思想建设来决定的，而精神文明建设的推进和落实主要是由文化建设来完成的。在整个精神文明建设过程中，思想建设和文化建设相辅相成、相互融合，共同推动社会主义精神文明建设。

我们所说的中国特色社会主义文化建设也是从狭义的精神文化层面去说的，内在地包含了马克思主义的思想建设和文化建设的内容，其核心内容就是社会主义核心价值体系的建设和社会主义核心价值观的培育。不过，在研究狭义文化时，决不能忽视经济基础和政治上层建筑的最终决定和直接影响作用，决不能忽视物质文化、制度文化、行为文化对精神文化的重大影响。

（二）教育的文化性

教育作为一项社会活动，具有典型的文化特征。它是文化的一部分，构成了教育的背景因素和主要内容，同时，文化也具有潜在的教育力量。

第一，教育是文化的一部分。经济社会的发展和人们之间的交往，从根本上影响着社会文化的发展和变迁。随着社会主义市场经济的发展，教育与社会、与生活之间的关系越来越密切。从一定程度上说，教育已然成为社会文化的一部分。教育是以社会存在的各种文化为基础的，是通过各种文化的积淀而形成的，同时，教育的这种文化积淀也深深地影响着人们的精神文化生活。

第二，文化构成了教育的背景因素和主要内容。教育的目的是为了向人们传输一定社会的文化知识和价值观念，而这些内容原本就是一定社会精神层面的文化，主要包括一定社会的价值观、态度、信念等。其中，社会价值观在文化中占据主导地位、发挥核心作用。

第三，文化具有潜在的教育力量。文化，尤其是存在于一个社会中的先进文化，在大部分情况下都会以一种无形的、潜在的力量影响着人们的思想和情感，并且这种影响是深刻的、广泛的、持久的。在这种先进文化的无形熏陶下，人们自觉不自觉地接受着社会所要求的各种规范，无意识地形成了社会所要求的价值观念、道德品质、行为方式等。这个无形过程及其良好效果，正是教育应该追求的。马克思主义认为，文化的价值是谋求超出对人的自然存在直接需要的发展……发展不追求任何直接实践目的的人的能力和社会的潜力（艺术等科学）。

通过文化建设来提升人们的思想文化素质，满足人们的精神文化生活需要，要求人们充分发挥主观能动性。教育尤其是思想政治教育在这个过程中承担着重要角色，发挥着重要作用。从教育的本质来看，"教育过程实质上就是文化化人的过程，是将人类已经发展起来的先进文化成果转化为个体内在本质力量、促进人的精神生活全面发展的过程，是引导个体能够驾驭外部世界对个人才能的实际发展所起的推动作用的过程"。可见，教育的本质就是育人，就是对人们的心灵的"唤醒"。教育通过传承社会文化，实现人的社会化，进而反作用于一定的社会实践。

第四，教育受到文化的巨大影响。事实表明，同一种教育方式，在不同的国家和地区或者在不同的组织当中与不同的文化背景相结合，就会产生完全不同的教育效果，甚至在具体的教育方法上也会形成不同的特点。这表明教育与文化之间存在着密不可分的联系，教育不可能离开文化而单独实施。也就是说，教育在本质上受到文化的广泛制约，教育因文化的不同而有所不同。因此，教育具有很强的文化性。

（三）思想政治教育的政治性与文化性

政治性和文化性是思想政治教育的两个根本属性。思想政治教育在发挥重要政治价值的同时，也发挥着巨大的文化价值。在人类历史上，德育与智育之间存在着密切的联系，两者作为独立性的存在，彼此间却无法分离。也就是说，人的智力不可能仅通过智育就可以得到提升，而人的道德也不可能仅通过德育就得到提升。人的智力和道德的提升，都离不开智育和德育的相互作用。中国古代思想中关于"诚"与"明"之间的关系，也清晰地说明了智育与德育之间的内在交融和共生。我国古代有"诗教""乐教""文以载道"等教化传统，这些都从不同角度反映和表达了"教化"对文化的倚重以及文化性与政治性的互动。

从思想政治教育的发展目标来看，思想政治教育的主要目标是提高人们的思想政治素质，实现人的全面发展。思想政治教育在提升人们思想政治素质的同时，也无形中提升了人们的科学文化素质。它既表现出政治的一面，又表现出文化的一面。正如列宁所说："政治教育务必要能提高文化水平。"这是人们对思想政治教育内在本性和客观规律的深刻把握。因此，"思想政治教育应该同时肩负文化目标与政治目标，同时兼用文化资源与政治资源，同时兼循文化逻辑与政治逻辑。"

从思想政治教育的教育过程来看，思想政治教育教育人的过程，是人们由"自然人"转变为"政治人"的过程，充分显示了思想政治教育的政治性特征。同时，思想政治教育教育人的过程，也是一个使人们由"自然人"转变成"文化人"的过程，是一个"文化化人"的过程，充分显示了思想政治教育的文化性特征。需要注意的是，在这两个基本属性之中，思想政治教育的政治性更带有根本性，思想政治教育最终还是为社会政治目标服务的。也正因为政治性的存在，思想政治教育才与我们平时所说的智育、美育、德育等有着明显的差别。

二、高校思想政治教育的文化互动

高校思想政治教育和文化之间存在一定程度的互动，这种互动关系体现在高校思想政治教育和文化发展的整个过程之中，在两者的相互作用、相互影响中促进思想政治教育的改进创新和社会主义文化的发展繁荣。

（一）高校思想政治教育与文化的互动

所谓"互动"，就是指两个主体之间的相互影响、相互作用。高校思想政治教育与文化的互动，是指高校思想政治教育和文化相互影响、相互作用、相互协调、共同发展的过程，是高校思想政治教育和文化之间存在的一个动态的平衡状态。

高校思想政治教育与文化的互动，具体体现在两个方面：一是高校思想政治教育对文化的促进作用；二是文化对高校思想政治教育的促进作用。

高校思想政治教育同文化有着不可分割的内在联系，一方面，一定社会的思想政治教育理论、内容以及人们所达到的思想政治素质，是该社会文化含量的重要组成部分，高校思想政治教育的发展，必将把该社会的文化含量推向新的水平；另一方面，一定的文化环境，又为高校思想政治教育的发展创造条件，离开了特定的文化环境，高校思想政治教育就失去了最主要的载体及特定支撑。

第一，高校思想政治教育对文化的促进作用。有人形象地拿风筝做比喻，将文化比作是风筝，而将高校思想政治教育比作是风筝的线。这样就不难理解，高校思想政治教育控制文化的发展方向，其内容决定着文化建设的指导思想和基本原则,发挥着基础性的政治保证作用。如果失去高校思想政治教育对文化建设的引导和配合,文化建设就会失去正确方向。

第二,文化对高校思想政治教育的促进作用。随着经济全球化的发展和不同文化之间的碰撞交融,各种文化对高校思想政治教育的影响越来越大。实践表明,高校思想政治教育获得成功,都必须依托本国内在的文化和传统。即使是对国外教育内容和教育方式的吸收与借鉴,也必须将其融于本国的文化环境和现实情况之中,才能切实发挥作用。因此,从客观上看,除社会制度不同和生产力水平不同之外,造成高校思想政治教育模式不同的根本原因在于各国文化的不同,在于各种文化类型的不同。无论是本国文化,还是外来文化,都可以而且必须为本国的高校思想政治教育服务,进而拓展高校思想政治教育的新领域,成为高校思想政治教育与现代经济社会发展相结合的有效形式,成为推动高校思想政治教育改革创新的有效途径和重要载体。

(二)高校思想政治教育与文化互动的实质

高校思想政治教育与文化的"双向互动",实质上是一个"平衡发展"的问题。也就是说,高校思想政治教育与文化建设应保持同步发展、均衡发展、和谐发展,而不能一个发展得快一个发展得慢,更不能一个发展另一个不发展。如果高校思想政治教育和文化建设的发展失去同步性、均衡性,则会直接影响到高校思想政治教育和文化的融合效果。

当高校思想政治教育滞后于文化建设时,将高校思想政治教育的理念融入文化建设当中,不仅不会促进社会主义文化的发展和繁荣,还有可能阻碍先进文化的发展。同样,当文化建设滞后于高校思想政治教育的发展时,将文化理念融入高校思想政治教育的运行过程当中,也有可能产生负面效果,无法推动高校思想政治教育的改进和创新。因此,促进高校思想政治教育和文化建设的平衡发展,是双方自身发展的客观需要,也是促进彼此融合的客观要求。

当然,我们应该看到高校思想政治教育与文化相互促进的一面。当高校思想政治教育滞后于文化的发展时,将文化融入高校思想政治教育过程之中,有利于推动高校思想政治教育的发展;当文化建设滞后于高校思想政治教育的发展时,将高校思想政治教育融入文化建设之中,也有利于促进社会主义文化的发展和繁荣。在双向融合过程中，利用这些先进的方面带动落后方面的发展，是我们应该努力去做的。

高校思想政治教育和文化建设的双向融合，其本身就是一个相互制约、相互促进的过程，存在着一个自我调节、保持一致的自觉机制。它们在相互交融的过程中，不断地调整自己，以适应对方的需要，从而促进双方的协调发展。因此，在推动高校思想政治教育和文化建设的发展过程中，我们应该尊重高校思想政治教育和文化建设的协调发展规律，而不能一味地强调一方面而忽略了另一方面。

三、高校思想政治教育的文化融入

对高校思想政治教育文化融入的理解，首先需要我们正确认识和区分融入与融合的概念，并且对高校思想政治教育的文化融入与"融合教育"有一个清醒的认识。在此基础上，从活动的层面、过程的层面、理念和精神的层面正确认识文化融入。

（一）融入与融合的概念

融合的概念最初体现在融合教育活动中。"融合教育"最早产生于西方，属于西方人本主义的教育范式。在早期，"融合教育"主要应用在儿童特殊教育领域，是指让弱听、弱视等儿童进入到普通的小学，与普通学生一起接受同等的教育。"融合教育"实质上就是实现普通教育与特殊教育的融合，目的是提高学生的素质，促进学生的健康成长和全面发展。实施"融合教育"，将弱听、弱视等儿童处在普通学生的生活、学习环境之中，有利于营造良好的沟通和交流环境，增强儿童的自信心，极大地促进他们的健康成长。随着学科的发展和理论的进步，"融合"逐渐成为一个重要的理念进入到其他领域，目前已被广泛地应用到了政治领域和文化领域。

对融入与融合的概念，可以从多个角度进行分析。从词性上说，融入作为一个动词使用；而融合更多地作为一个名词使用。从主体的角度看，所谓"融入"，是指一个事物进入另一个事物之中，成为另一个事物的一部分或者分散在另一个事物之中；所谓"融合"，是指"几种不同的事物合成一体"，体现在心理、情感、结构、行为等方面的融合。也有学者从群体关系维持的角度指出了"融合"的含义，认为融合是一种能够使成员留在所在群体中的力量或者结果。

融合与融入具有许多不同点。第一，主体地位不同。相互融合的两个主体地位相同，两者并重；而融入的两个主体地位不同，有主有次。在相互融合过程中，思想政治教育与文化的地位相同，思想政治教育和文化在整个过程中的重要性一样；而在思想政治教育的文化融入过程中，思想政治教育占据主体地位。在融入过程中，文化作为一个要素、一种环境渗透到思想政治教育的系统之中。第二，交融后的结果不同。两个不同的事物，在相互融合之后，产生的可能是另外的新事物，具有区别于原来事物的新特征，可以用公式"A+B=C"来表示，比如宽带通信网、数字电视网、下一代互联网的"三网融合"。当思想政治教育与文化融合之后，可能也会产生新的事物，形成新的思想政治教育文化学等交叉学科。在这个理论中，思想政治教育所占的内容多一些，还是文化的内容多一些，我们无法做出准确评估，但一定会是一个新的理论内容。而将一个事物融入另一个事物之中，只会增强另一个事物，而不会改变另一个事物的根本属性。当文化融入思想政治教育当中时，只是在一定程度上丰富了思想政治教育的内容和方法，改善了思想政治教育的环境，而没有从根本上改变思想政治教育的性质，更没有产生新的理论甚至新的学科。

融合或融入作为一个单独概念，必须与一定的具体事物相结合，才能体现出具体的特征和功能，例如社会融合、文化融合、交流融合等。文化融合是当今社会发展的一个典型特征。世界上的各种文化丰富多彩，并能够兼容并包。任何一个国家和民族的文化，首先来自本民族的传统文化，同时也借鉴着世界各国的优秀文化，是一元文化与多元文化的并存与交融。文化的融合过程是吸收各种文化的优点和长处，这一过程需要一个相当长的时间。文化所处的环境变化越大，文化融合的速度也就越快。

（二）高校思想政治教育和文化的融入与融合

从系统角度分析，高校思想政治教育和文化作为社会的两项重要的实践活动，具有共同性，也有差异性。高校思想政治教育系统与文化系统是两个相交的圆，它们之间既有彼此渗透影响的共同部分，又有本质不同的独特之处。这种共同性为高校思想政治教育与文化的融合提供了前提，它们的独特性又为促进两者融合，发挥各自长处并相互借鉴、取长补短奠定了基础。

高校思想政治教育与文化不存在相互排斥，也不可能相互代替。在建设中国特色社会主义过程中，应实现两者的有机结合，促进两者的融合与互补。我们应该更加自觉地把高校思想政治工作与文化建设融合起来，一方面将高校思想政治教育融入社会主义文化建设之中，为文化建设保证方向、提供动力，促进社会主义文化的大发展大繁荣；另一方面将文化融入高校思想政治教育的全过程，增强高校思想政治教育的文化性，实现春风化雨、润物无声，促进高校思想政治教育的改革创新。

高校思想政治教育与文化的融合具体体现在两个方面：一是指将高校思想政治教育融入文化的发展之中，融入文化建设当中。在这里，文化建设是主体，高校思想政治教育作为一个元素、一种理念的形式被纳入文化建设的范畴中。其目的是通过发挥高校思想政治教育在文化建设中的动力和保证作用，更好地促进社会主义文化的大发展大繁荣。二是指将文化融入高校思想政治教育的发展过程当中。在这里，高校思想政治教育是主体，而文化是作为社会的一个元素、一种理念或者一种环境等形式被纳入高校思想政治教育的范畴之中。其目的是通过发挥文化在高校思想政治教育过程中的熏陶感染作用，进一步增强高校思想政治教育的实效性，提高高校思想政治教育的科学化水平。

高校思想政治教育的文化融入，是高校思想政治教育与文化的融合中的一个方面，主要是指将文化融入高校思想政治教育之中的过程。高校思想政治教育的文化融入，其主体是高校思想政治教育，其目的是为了增强高校思想政治教育的实效性。在这个过程中，文化作为一种元素、一种载体、一种理念的形式存在，采取各种形式将文化纳入高校思想政治教育的方方面面，进而提高高校思想政治教育的文化含量，增强高校思想政治教育的实效性。

（三）高校思想政治教育文化融入的体现

高校思想政治教育和文化作为两个独立但又密切联系的系统，两者是辩证统一的。一方面，高校思想政治教育具有一定的文化性；另一方面，文化也具有一定的政治性和教育性。高校思想政治教育的核心内容是一定的社会核心价值观，这种价值观的传播离不开一定的载体，这种载体就是文化。无论哪种价值观都需要通过一定的文化形式表现出来，都需要通过一定的文化载体进行传播。同时，文化的存在和发展也离不开核心价值观，世界各种各样的文化都不可避免地承载着人类的价值观念和价值选择。离开了一定的价值观念，人类将无法创造文化，也就无所谓文化。从这个意义上看，人类生活的世界无时无刻不在进行着一定的文化价值观的传播，进行着思想政治教育活动，人类也无时无刻不受到文化的熏陶和价值观的影响。因此，高校思想政治教育的文化融入，实质上是教育者主动地、自觉地将文化融入高校思想政治教育之中，使其发挥正能量的过程。

高校思想政治教育的文化融入，是一项社会实践活动，也是一个发展过程，更体现为一种理念和精神。

第一，高校思想政治教育的文化融入，是一种社会实践活动。所谓活动，主要是指人的活动，是人的生存和发展的主要方式。活动是人的存在和发展的方式，是作为主体的人在自身需要的推动下与相互联系的客体发生相互作用，并实现与客体双向对象化的过程。高校思想政治教育不仅是一门学科，而且是一项社会实践活动，是人类的一项重要的主体性活动，具有很强的实践性。高校思想政治教育的文化融入作为高校思想政治教育发展的一个重要方面，同样也是高校思想政治教育实践的重要体现，是人们在从事高校思想政治教育工作中的一项重要的社会实践活动。

第二，高校思想政治教育的文化融入，是一个发展过程。将文化理念融入进高校思想政治教育的运行之中，是一个渐进的过程，不可能一蹴而就。高校思想政治教育文化融入的过程，就是将事物中的文化因素或者文化本身渗透进高校思想政治教育的理论研究和教育实践的整个过程。

目前来看，高校思想政治教育文化融入的研究和实践还处在起步阶段。我们在高校思想政治教育的文化载体、文化活动形式等方面已经做出了巨大努力，并取得了良好的成绩，促进了高校思想政治教育文化含量的提高。这些都是在促进高校思想政治教育文化融入中取得的宝贵经验，也是提高高校思想政治教育科学化水平的有效措施，需要进一步坚持和改进。但从另一方面看，高校思想政治教育的文化融入在其他方面仍有很多不足之处，如高校思想政治教育的文化理念、文化理论、文化融入的推进策略和模式等，这些方面都需要在推进高校思想政治教育的发展过程中进一步探索和总结。

第三，高校思想政治教育的文化融入，是一种理念和精神。高校思想政治教育的文化融入，不仅是一种活动、一个过程，而且是一种理念和精神，体现在高校思想政治教育发展的整个过程之中。文化在高校思想政治教育中的存在形式更多地体现为一种理念、一种精神，能够有效地提高高校思想政治教育的文化含量。树立高校思想政治教育的文化融入理念，应该将文化理念和文化精神融入整个高校思想政治教育的发展过程之中，体现在高校思想政治教育的方方面面。文化不是作为高校思想政治教育的单独的一部分存在，而是与高校思想政治教育交融在一起，作为一种理念和精神体现在高校思想政治教育的运行、发展的全过程之中。

第四节 高校思想政治教育中文化融入的依据

从系统的角度看，高校思想政治教育和文化可以被看成是两个相互独立但又密切联系的系统。虽然高校思想政治教育与文化是两个不同的概念，各有特定的含义和内容，但是在具体的实践中，它们是互相联系、密不可分的，在许多方面都是相同、相通或相融的。比如，从目的上看，高校思想政治教育与文化建设的任务相同，都是为了调动广大学生的积极主动性，促进经济社会的发展。从内容上看，文化建设的核心是培育社会精神，形成社会共同的价值观，激励人们奋发向上；而高校思想政治教育主要是进行马克思主义、党的路线方针政策及各项规章制度等的教育，进而使人们树立正确的价值观，激励人们共同奋斗。它们的关联性为高校思想政治教育的文化融入提供了依据。

一、主客体的关联性

关于高校思想政治教育主体和客体的研究，学界还存在不同的观点。有的学者认为，高校思想政治教育的主体和客体就是高校思想政治教育的教育者和受教育者。还有的学者认为，高校思想政治教育中的教育者和受教育者都应该是主体，其客体是指高校思想政治教育的目标、内容等要素。为方便进一步阐述，本书采用第一种观点，即高校思想政治教育的主客体就是高校思想政治教育中的教育者和受教育者，也就是人们常说的高校思想政治教育中的人的要素。

（一）高校思想政治教育与文化建设的主客体具有内在一致性

高校思想政治教育与文化建设在对主体和客体的要求方面具有一致性，它们都对主客体的素质提出了一定的要求；它们的工作对象都是人，都集中在教育和改变人的思想；它们都坚持以人为本、提高人的素质；它们的工作队伍是互通的。

1. 主客体都需要有一定的文化素养

高校思想政治教育的主体，也就是教育者，在高校思想政治教育中扮演着组织者和实施者的角色。高校思想政治教育主体在实施教育活动时，通常以自身的思想政治素质、理论能力水平以及人格道德魅力等影响和引导思想政治教育客体，以理服人、以情感人，最终实现教育人的目的。高校思想政治教育主体的这一育人过程，离不开主体自身思想政治素质和道德水平的提升，这就为高校思想政治教育主体的文化素养提出了一定的要求。高校思想政治教育主体应该自觉学习文化知识、增强理论修养、提升文化品位、增加真情实感、提升人格魅力，以自身的强大理论武装和人格魅力吸引人、熏陶人、影响人、教育人。正如马克思所指出的："如果你想得到艺术的享受，那你就必须是一个有艺术修养的人。如果你想感化别人，那你就必须是一个实际上能鼓舞和推动别人前进的人。"

高校思想政治教育的客体，也就是受教育者，同样需要具备一定的文化素质，拥有一定的文化素养。高校思想政治教育客体在接受教育的过程中，需要对主体所传输的思想和观点有一定的理解能力，并且以乐观的态度、积极的精神去接受它、消化它。这就要求高校思想政治教育客体有一定的文化水平和文化素养，有一定的理解能力和思维能力，并不断丰富自身的知识储备、提升自身的文化素质，并能够与教育者在思想上、语言上保持契合与一致。

同样，社会主义文化建设的主体和客体也需要具备一定的政治素质和文化素质，以推动社会主义文化建设的顺利进行。从这一角度看，高校思想政治教育和文化建设都应具有一定的人文精神，高校思想政治教育和文化建设的主客体都应具有一定的知识能力、政治素质和文化素养。社会主义文化的大发展大繁荣正好满足了这一需求，为提高高校思想政治教育和文化建设主客体的文化素养，提升教育者和受教育者的文化品位提供了条件、打下了基础、提供了平台。

2. 工作对象具有一致性

一般来讲，高校思想政治教育和文化建设的工作对象是一致的。它们的对象都是"人"，都集中在改造人们的思想，使人们树立正确的立场、观点和方法，从而以正确的思想和积极的心态去认识世界、改造世界。这里的"人"，是指具有一定的思想、理想、信仰的"社会人"或"政治人"，而不是单纯的"自然人"。

高校思想政治教育着重解决人们的思想认识问题、观点和立场问题，坚持以育人为业，以培育价值观为本，用中国特色社会主义的理论、道路和制度培养"有理想、有道德、有文化、有纪律"的社会主义现代化建设人才。文化建设从培育人们的共同价值取向出发，注重焕发人们的精神，塑造人们的灵魂，注重倡导社会的优良作风和优秀传统，注重强化自我激励的作用。可见，高校思想政治教育和文化建设在培养人们的良好品质、塑造人们的美好灵魂等方面具有根本的一致性。

社会主义文化建设坚持以社会人为工作对象，把社会人作为文化创造的组织者和实践者，倡导人的主体价值和主体意识，通过采取广泛开展各种文化活动、建设各种文化娱乐设施等方式，激发社会创造活力，满足人们的各种需要，为实现人的全面发展创造良好的文化环境和文化氛围。

高校思想政治教育坚持以社会人为工作对象，同样是为实现人的全面发展这个总目标服务的，同样是为了提升人们的素质，增强人们的能力。只不过高校思想政治教育要引导着受教育者走向更高的层次，更加注重政治性的灌输和教育，更加明显和直接地用马克思列宁主义、毛泽东思想，尤其是中国特色社会主义理论体系去教育人、武装人，从而重点提高人们的思想政治素质和道德文化素质。

3. 都坚持以人为本，强调人文关怀

人是社会活动的主要行动者，在解放和发展生产力、促进经济社会全面发展中发挥着越来越重要的作用。现代社会中的每一个发展领域，都把发挥人的作用放在一个重要的位置，都强调坚持以人为本。高校思想政治教育和文化建设都是做人的工作，做人的思想工作，它们的出发点和落脚点都与人的思想有关。在实施过程中，两者都强调坚持以人为本，注重人文关怀。这种以人为本的理念体现在高校思想政治教育和文化建设的对象、目标、任务、内容、方法、载体等各个方面，渗透在高校思想政治教育和文化建设的全过程之中。

高校思想政治教育和文化建设强调坚持以人为本，注重人文关怀，就是在实践过程中坚持理解人、尊重人、关心人、爱护人、激励人、提高人，营造和谐的人际关系氛围，培养人们的强烈的爱国主义、集体主义和社会主义意识，提升人们的思想道德素质和文化素质，在最大程度上调动起人们的积极性、主动性和创造性，从而为促进社会生产力的发展和经济社会效益的提高服务。

高校思想政治教育和文化建设都强调人、重视人，注重发挥人在推动高校思想政治教育和文化建设中的作用和价值。这对高校思想政治工作者和文化工作者提出了较高的要求，要求人们具有良好的政治文化素质、政治文化修养和政治文化意识。这是人们实施高校思想政治教育活动，推动社会主义文化建设的内在前提。一个不具备良好的政治素质和文化素养的人，不可能真正地认识到如何用文化的力量推动高校思想政治教育的发展，也不可能真正认识到如何用高校思想政治教育引导文化的发展，这对高校思想政治教育和文化建设都会形成潜在的制约。

4. 工作队伍具有互通性

加强高校思想政治教育和社会主义文化建设，需要有一支精干的工作队伍。同时，一定要有一支专门从事精神文明建设的高素质的宏大队伍。这支队伍包括宣传工作者、思想政治工作者、教育工作者、文化艺术工作者、新闻出版工作者、哲学社会科学工作者、科技工作者等。

中国共产党在长期的革命、建设和改革的过程中，逐渐形成了一套完整的、自成体系的思想政治工作专门机构和专兼职相结合的高素质的专业队伍，并形成了重视宣传文化教育的优良传统，形成了一套有效的理论和工作方法。与高校思想政治教育一样，文化建设要做好，同样需要有一个强大的组织网络和工作队伍。高校思想政治工作者队伍的发展壮大,在很大程度上弥补了文化建设的人力不足,满足了文化建设的人才需要,为社会主义文化建设提供了一支强大的生力军和建设者。

(二) 高校思想政治教育与文化建设在主客体的范围上有所不同

高校思想政治教育与文化建设的主客体都是从事社会实践活动的人,在这一方面是相同的,并且这两者都必须依靠党的坚强领导,依靠高校思想政治工作者队伍和文化工作者队伍的具体推动。但高校思想政治教育与文化建设在主客体的范围上也有些不同的地方。

文化建设倾向于把主客体看作是一个群体中的人,更加强调群体意识、塑造群体形象、提高群体素质,强调将个人融入群体中发挥作用。文化建设注重文化环境的建设和文化氛围的营造,注重在全社会形成正确的理想信念、价值观点、道德品行、社会精神等,以社会共同的价值取向和行为规范要求个体的行为,从而使个人的行为与社会的要求自觉地达成一致。这是一个从一般到个别的过程。

与文化建设相比,高校思想政治教育则更倾向于重视对个人的教育和引导,注重个人思想观念的转变和行为规范的养成。当然并不是说高校思想政治教育就不重视群体意识了,高校思想政治教育同样重视集体主义,并将其视为人们必须遵守的一种社会精神和社会规范。高校思想政治教育在培养人们的群体意识和集体主义精神的基础上,更加重视对群体中的个人的教育,针对个人的不同状况有针对性地开展工作,做到"一把钥匙开一把锁",进而提高个人的思想政治素质和文化素质,使人们养成符合社会要求的行为习惯。这是一个从个别到一般的过程。

二、目标的共同性

高校思想政治教育和文化建设都属于意识形态的范畴,都为经济基础服务,它们的根本目标和发展方向是一致的。无论是高校思想政治教育还是文化建设都必须坚持中国共产党的领导,必须坚持社会主义的发展方向,必须为实现社会主义现代化和中国民族伟大复兴的"中国梦"而奋斗。

高校思想政治教育的主要目标和任务是向广大学生灌输一定社会所要求

的政治思想、价值观念和道德规范。它以文化为主要的载体和渠道，将各种政治信息通过多种形式传播给学生，以获得人们的接受、认同、拥护和支持，从而提高高校思想政治素质和道德文化素质，促进人的全面发展和社会的全面进步。文化也存在着这种潜在的、巨大的教育力量，具有深刻的、持久的渗透能力，从而影响着人们的思想观念和行为习惯，实现着社会所要求的目标。因此，高校思想政治教育和文化建设的最终目标都是相通的，甚至是相同的、一致的。它们的最终目的都是为了提高人们的综合素质，提高经济社会发展效益，实现经济社会全面发展和人的全面发展。在这一目标的指导下，它们通过组织各种文化生产和文化活动，创造出大量的精神产品和文化作品，以满足人民群众日益增长的精神文化生活的需要，在建设社会主义物质文明的同时加强社会主义精神文明建设，努力培养和造就中国特色社会主义事业的建设人才。

高校思想政治教育和文化建设的具体目标集中体现在以下几个方面。

第一，保证党的路线、方针、政策以及党的文件和会议精神的贯彻落实。高校思想政治教育的一个主要目标和任务，就是向广大学生传输党的思想理论，传播党的路线方针政策，使广大高校学生自觉加强对马克思列宁主义、毛泽东思想，特别是中国特色社会主义理论、道路和制度的学习，进而将党的思想意志、党的路线方针政策贯彻落实到经济社会发展的各个方面之中。当前，高校思想政治教育的主要任务就是紧密结合社会主义初级阶段的基本国情和经济社会全面发展的实际情况，重点解决好广大学生在工作、学习和生活中容易产生的、比较突出的思想问题和生活问题，调动起全社会的一切积极因素，努力获得最大的经济效益和社会效益。

文化建设也同样承担着这一重要任务。说到底，文化主要是一种精神文化，属于社会意识形态的范畴。它源于生活，是社会历史的反映，它综合反映了某个历史阶段的意识形态和精神风貌。我们要建设的社会主义文化，必然要反映社会主义的意识形态性，反映社会主义制度体制、思想观念、文化精神等。社会主义文化本身就蕴含着马克思列宁主义、毛泽东思想，特别是中国特色社会主义理论体系的内容，加强文化建设本身也是贯彻党的路线方针政策的具体表现。可以说，党的指导思想为文化建设指明了方向，党的路线方针政策为文化建设提供了行动的指南。因此，文化建设与思想政治教育

第四章 高校思想政治教育中文化融入的客观基础

一样,都承担着保证党的路线、方针、政策的贯彻落实的重要任务。

第二,充分调动人们的积极主动性,促进经济社会全面发展。文化中体现出来的精神是文化的核心和精髓,也是高校思想政治教育的核心内容。建设社会主义文化,就是通过强化"软管理"激发人们的工作热情,从而提高经济社会的发展效益,进而促进社会生产力的发展。高校思想政治教育的重要目的,是通过对人们进行马克思主义的理论教育和社会主义、爱国主义、集体主义等的思想教育,充分调动人们的积极主动性,最终达到提高经济效益和社会效益的目的。可见,高校思想政治教育和文化建设的一个共同目标,就是为提高经济效益和社会效益,促进生产力的发展服务。

高校思想政治教育和文化建设都能够有效地通过培养文明精神、发扬文明作风、树立社会主义道德、树立社会主义良好风尚等方式提高人们的积极主动性,从而为经济社会发展提供强大的精神动力、智力支持和思想保证。具体来说,就是用社会统一的价值观念和文化精神凝聚全体社会成员的思想意识,充分调动起广大人民群众的积极性、主动性和创造性,激发起人们的精神动力和工作热情,推动社会主义物质文明、精神文明、政治文明、生态文明的同步发展,进而促进经济社会的又好又快发展和人的全面发展。

第三,实现人的全面发展。高校思想政治教育和文化建设的目的并不是简单地为了完成任务,也不是简单地使人们在思想观念和行为规范等方面与党中央保持一致,而是为了教育人、培养人、发展人,实现人的全面发展。实现人的全面发展,是促进经济社会发展的最终目标,同样也是高校思想政治教育和文化建设的最终目标。高校思想政治教育的重要任务就是提高学生的思想政治素质和道德文化素质,使学生形成良好的品质和人格,符合社会主义现代化建设的人才标准。这是高校思想政治教育始终坚持的目标,也是高校思想政治教育的宗旨所在。同样,这也是文化建设追求的重要目标。文化建设同样促进人们的素质的提高,实现人的全面发展。人的思想文化素质提高和全面发展进步,从某种意义上说是整个文化建设和文化创造活动的最终指向和最高表现形式。从这层意义上说,社会主义文化建设的目标与思想政治教育的目标是一致的。

三、内容的交叉性

高校思想政治教育和文化建设在工作重心和主要内容等方面有所不同，但彼此之间的内容又是紧密相连、相互渗透、相生相长的。高校思想政治教育的内容与文化建设的内容存在着许多共同点，尤其体现在精神文化层面。可以说，具有意识形态性的文化本身就是高校思想政治教育的一项核心内容。但也要看到，高校思想政治教育与文化建设是两个独立的活动，不存在谁高谁低、谁包含谁的问题，也不能因为内容交叉和功能等同就可以相互替代。高校思想政治教育和文化建设在内容方面的关系可以比作是两个相交的圆，其中有很大一部分内容是相同的，当然也有不同的方面。可以说，它们在内容上既相互交叉，又彼此独立。

（一）内容的相同点

高校思想政治教育和文化建设之间存在着千丝万缕的联系，甚至从一定意义上说，高校思想政治教育本身就是社会主义文化建设的一部分。文化，作为一种具有意识形态性的精神文化或观念文化，其核心内容是由社会的价值观念、信仰信念、社会精神、心理智能等组成的。从这一角度看，文化本身包含着大量的思想政治教育的内容。作为文化的核心内容的价值观，也是高校思想政治教育的重要内容，能够潜移默化地影响着人们的思想观念和行为方式。

高校思想政治教育与文化建设在内容上的共同点集中体现在以下四个方面。

第一，体现在对人们的行为影响和形象塑造方面。高校思想政治教育和文化建设都要求人们自觉遵守国家的各项法律法规，自觉遵守社会的基本行为准则和基本道德规范，自觉维护和塑造国家和社会的良好形象。高校思想政治教育在教育和引导人们自觉遵守党的路线方针政策和国家的法律法规等方面发挥着重要作用，而文化建设中也包含着教育和引导人们自觉遵守各项规章制度的要求，有利于促进全社会形成遵纪守法的良好氛围。

第二，体现在培育正确的价值观方面。高校思想政治教育要求人们自觉学习社会主义核心价值体系，自觉培育社会主义核心价值观，自觉加强爱国主义、集体主义和社会主义教育，正确处理国家、集体、个人的关系。这些内容与文化建设的价值观念和工作内容具有一致性。如，如何正确处理国家、社会和个人这三者之间的关系，是思想政治教育在长期教育实践过程中需要不断研究、不断探索的重要课题；而文化建设中所包含的价值观念、道德规范、社会责任等内容，也包含着国家、社会和个人三者关系这一重要内容。

第三，体现在激发社会活力、增强人们的积极进取精神方面。高校思想政治教育和文化建设都强调通过一定的方式增强社会的凝聚力和向心力，激发人们保持旺盛的斗志和积极进取的精神。高校思想政治教育和文化建设能够共同激发起全社会的活力，从而充分调动起人们的积极主动性。

第四，体现在加强高校思想政治素质和道德文化素质教育方面。高校思想政治教育和文化建设都强调通过加强高校思想理论教育和党性教育，加强社会主义核心价值体系和社会主义核心价值观的学习和教育，使社会全体成员自觉地接受社会共同的价值观，以进一步提高学生的思想政治素质和道德文化素质，实现人的全面发展。

（二）内容的不同点

高校思想政治教育对人们的影响，"事实上也就是文化对人的影响"。文化对人们的影响既包括科学知识、专业技能等的影响，也包括价值观念、道德规范等的影响。而高校思想政治教育对人们的影响集中体现在价值观念、道德规范等方面。

高校思想政治教育和文化建设在内容构成和内容范围上存在着一定的差别。从广义上来说，文化包括物质文化、制度文化、行为文化、精神文化等，具体体现在物质设施、生活环境、管理技术、社会规范、社会行为、社会精神、价值观念、道德作风等多个方面，内容纷繁复杂。而高校思想政治教育则只涉及精神文化或思想观念层面，体现为具有意识形态性的政治思想、价值观念、道德情操等，这与狭义文化的内容范围基本相同。因此，可以说，文化建设的内容范围远远大于思想政治教育的内容范围，或者说，高校思想政治教育是文化建设的内容的一部分。

从狭义文化的角度看，高校思想政治教育和文化建设在内容的侧重点上也有所不同。文化建设的重点在于强调个人的社会精神的养成和社会文化氛围的塑造，是属于高校思想建设的范畴。文化的核心在于哲学和社会价值观。加强社会主义文化建设，就是充分利用培养社会精神、营造文化氛围、美化文化环境、建设文化设施等方式，尤其是通过社会主义核心价值体系的建设和社会主义核心价值观的培育，来确定共同愿景、明确社会使命、塑造人文精神、提高思想素质，让人们认同和接受社会所要求的价值观念和主流思想，引导人们明确对社会主流价值观念的认同，明确人们获得成功的努力方向。

高校思想政治教育的核心是通过"以科学的理论武装人、以正确的舆论引导人、以高尚的情操塑造人、以优秀的作品鼓舞人"，培养符合中国特色社会主义建设要求的现代化人才。高校思想政治教育的重点就在于如何对人们的思想观念、政治态度、生活方式和工作方式等施加影响，如何引导人们不断发展变化的思想观念，如何教育和引导人们正确处理好人、社会、自然三者的关系，以最终实现人们的精神力量向现实物质成果的转化的目的。

四、方法的互鉴性

高校思想政治教育和文化建设在工作的方式方法上有许多共同之处，也有一些不同的地方。这些共同的工作方法可以广泛地应用于文化建设和思想政治教育的过程中。那些具有一定区别的方法也可以在两者之间相互借鉴。

（一）方式方法的共同点

高校思想政治教育和文化建设虽然是两个不同的系统和领域，但它们在工作的方式方法上具有很多共同点，总体上是相统一的。高校思想政治教育和文化都不直接作用于人们的外在行为，而是通过影响人们的思想观念，使人们树立正确的世界观、人生观和价值观，进而由社会所要求的思想观念来指导个人的行为。从宏观上说，高校思想政治教育和文化建设都作用于人们的思想和行为，都要按照人们的思想行为规律进行活动。例如，我们经常提到的以真情感染人、以理性说服人、以行为引导人、以规范约束人、以环境影响人等，都是用来教育人、影响人的方法，都是高校思想政治教育和文化建设的共同的工作方法。这些方法综合起来加以运用，可以有效地促进两者的发展。

在实施手段上，高校思想政治教育和文化建设具有许多共同之处。文化建设需要借助于经济、行政、教育、道德等社会的一切手段，采用各种方式方法进行活动。这些手段和方式，高校思想政治教育活动也同样需要。高校思想政治教育的传统手段和方法有听报告、学文件、开座谈会、谈话等，这些传统的方法仍发挥着重要的作用，但已经无法满足时代发展的要求。在开展文化建设和文化活动中，采用的演讲、竞赛、表演、观摩、参观等丰富多彩，灵活多样，吸引力强的各种方法，为高校思想政治教育提供了借鉴，这些方法也同样都能适用于思想政治教育。同时，文化建设和高校思想政治教育也都可以通过广泛利用报纸杂志、广播电视、网络、手机等现代传媒工具，传播主流思想，促进文化交流。

在开展各项文化活动中，高校思想政治教育和文化建设也有许多共同之处。人们广泛开展的文化活动，一般都内容繁多、形式多样、生动活泼、丰富多彩，具有形象、生动、直观等特点，可以使人们在各种娱乐性活动中自觉接受思想政治教育的内容，也就是"寓教于乐"。也就是说，在开展多种多样的文化活动中，人们就可以顺利地实现高校思想政治教育的目的。但也要看到，并不是所有的文化活动都对推进高校思想政治教育活动有利。只有实现高校思想政治教育与文化的融合，将文化有效地融入高校思想政治教育之中，也将高校思想政治教育的内容内在地融入进文化建设和各种文化活动之中，才能保证社会主义文化建设的顺利推进和各种文化活动的有益开展，才能广泛发挥文化对思想政治教育的作用。

（二）方式方法的互补性

高校思想政治教育和文化建设在具体的工作方式方法上有所不同。文化具有一定的自发性、内在性、非强制性、隐性渗透性，而高校思想政治教育具有一定的自觉性、外在性、强制性、显性灌输性。这些不同但相对应的特征可以实现思想政治教育和文化在方式方法上的互补。

1. 自发性与自觉性

文化具有一定的自发性。它可以在一定的经济社会发展环境中自发地形成，并自发地对人们的思想和行为产生影响。文化建设虽然是一种自觉性的行为，但这种自觉性是建立在文化的自发性基础上的，因此，文化建设也具有一定的自发性特点。而思想政治教育是一种自觉性的行为，不具有自发性的特点。它作为党的一项思想教育活动，必须经过教育者的精心设计、思想传输和教育引导以及受教育者的思想认同和接受才能完成。这个过程是一个自觉的过程，而绝不是自发产生的。

2. 内在性与外在性

文化存在于经济社会发展的整个过程中，贯穿在社会生活的方方面面，人类生活无不渗透着文化的影子。因此，文化是内在的。文化内在性地存在于人类生活之中，内在性地对人们的思想和行为产生影响。当然，这种影响是潜在性的、整体性的、长期性的，而不是只在一时一事一人中发挥作用。文化对人们的思想和行为的影响无形地存在于文化发展的整个过程之中，它更加重视社会中的传统、习惯、习俗等非正式规则和精神力量的作用，注重发挥社会群体意识的作用。同时也要看到，社会中存在的各种规章制度和行为规范等"硬件"也是文化建设和文化发展所必不可少的。这些规章制度和行为规范不仅内在地体现了社会的传统、习俗、价值观等文化精神，而且这些"硬件"也存在于经济社会发展的整个过程中，成为保证经济、政治、文化、社会发展的强制性手段。因此，文化的工作方式不是外在灌输的，而是内在渗透的，是依靠自身的精神力量和制度规范发挥作用的。

高校思想政治教育的工作方式是外在的，是一个外在灌输的过程。它主要通过一定的主体将一定的外在思想灌输给群众，进而影响或改变人们的价值观念和思想观点。思想政治教育的方式方法，是根据人们的思想行为规律和思想变化的实际情况，有针对性地宣传党的理论和主张，将党的基本理论和最新理论灌输到学生当中。这种思想灌输和说服教育，充分体现了高校思想政治教育的外在性。这种外在的思想灌输，在教育和引导人们的思想和行为中同样发挥着重要的作用。

3. 强制性与非强制性

高校思想政治教育带有一定的强制性。它将一定的政治主张和思想观念灌输给学生。高校思想政治教育所灌输的思想观念代表了社会发展的前进方向，代表了社会的主流价值，只有这些思想才能帮助人们提高思想觉悟、分清是非黑白、知荣辱懂廉耻，进而引导学生发展进步。如果不接受这些思想，只能走入误区。因此，这种思想灌输体现出了思想政治教育的强制性。当然，在开展高校思想政治教育活动过程中，我们应更加重视行政、管理、法律以及其他手段的辅助作用,更加体现非强制性手段对人们的影响和渗透。但这一过程最终仍然是让人们接受社会所要求的思想,仍是一种"间接性"的强制。而文化建设虽然也需要用一定的制度和机制来约束,但从总体上来看,文化建设的氛围是宽松的,它更加重视文化精神对人们思想的渗透以及个体行为的养成,较少带有强制性。

4. 渗透与灌输

高校思想政治教育比较侧重于"情""理""行",而文化建设则比较侧重于"利""情""境"。也就是说,高校思想政治教育比较重视灌输和教化,而文化建设则更加重视熏陶和感染。它们各有特点和优势,可以起到相互补充和相互借鉴的作用。比如,在加强社会主义精神文明建设的过程中始终贯穿着高校思想政治教育的内容,日常进行的党的路线方针政策教育,世界观、人生观、价值观、爱国主义、集体主义、社会主义,社会公德、职业道德、家庭美德、个人品德等一系列的教育活动既是高校思想政治教育活动,又是文化建设活动。它们的方式互补、方法互鉴。

文化建设的主要方式是通过加强社会主义精神文明建设创造一定的文化环境,营造一定的文化氛围,通过营造的这种良好的文化氛围使人们形成一定的群体文化意识,以此来影响个人的价值观念和思想品德,从而影响和约束人们的行为。文化建设的这种方式,丰富了高校思想政治教育的内容,拓宽了高校思想政治教育的方式和方法,并且随着经济社会的发展,这种方法的作用力和影响力将会越来越大。

但是,这种方式并不能覆盖和替代高校思想政治教育的更加直接的灌输方式。思想灌输是高校思想政治教育的根本原则和主要方法,是高校思想政治教育存在和发展的根本保证,任何时候都不能忽视。高校思想政治教育将党的意志和社会的要求通过宣传、教育、疏导的方式直接灌输给广大学生,要求广大学生认同和接受这些思想观念,从而树立起正确的世界观、人生观和价值观,形成正确的行为方式和行为习惯,有利于提高学生的思想政治素质和道德素质,充分调动起人们的积极主动性。在这一过程中,文化建设的无形熏陶和高校思想政治教育的直接灌输都非常重要,并且可以相互借鉴、相互补充,而不存在孰优孰劣、相互替代的问题。

五、功能的一致性

高校思想政治教育与文化的功能是相容的,是相互促进的。它们的社会功能存在许多共同性,都共同服务于中国特色社会主义建设,共同服务于实现中国民族伟大复兴的事业。但同时,高校思想政治教育和文化具有各自的侧重点。高校思想政治教育侧重于引导和保证,而文化则更侧重于建设和管理。当文化作为一种社会主导文化,成为高校思想政治教育的内容时,它们在功能上具有一致性。而当文化作为一种非主导文化,成为一种社会亚文化的形式存在时,它们的教育引导功能就存在一定的差异性。这些差异具体表现在教育引导的对象、范围、目标等方面。

(一)高校思想政治教育与文化的共同功能

高校思想政治教育与文化在很多功能上是相对应的、是一致的,它们共同对经济社会发展起着重要的作用。

1.教育引导功能

高校思想政治教育和文化都具有一定的教育引导功能。所谓教育引导功能,就是通过采取教育、动员、监督等方式方法,将人们的思想和行为引导到正确发展方向上来,就是对人们的思想和行为进行符合国家或社会预定目标的引导以及对偏离预设目标的思想和行为的纠正。

从古至今,文化与教育之间都存在着密切的联系。可以说,文化在人与人之间传播的过程,其实就是一个教育的过程。因此,教育是文化的重要功能之一。同时,有教育就有一个教育方向的问题,就有一个对人们进行引导的问题。一个社会中的文化的先进部分,往往代表了这个社会的先进生产力和生产关系,预示着社会的发展趋势,引领着社会的发展潮流,发挥着社会导向的功能。文化,尤其是社会的主导文化,集中体现着社会的核心价值观,体现着人们的共同追求和目标,能够把人们引导到社会共同发展目标上来,激励人们为实现共同目标而努力奋斗。

高校思想政治教育和文化的教育引导功能具体体现在目标(宗旨)引导、价值引导、行为引导等方面。此外,还包括政策引导、舆论引导、自主引导等。

所谓目标(宗旨)引导,就是指在社会共同奋斗目标或社会宗旨上的引导。

第四章 高校思想政治教育中文化融入的客观基础

这里的目标或宗旨，是指一个社会中的人们的共同发展目标，它体现了社会的核心精神，融入了社会文化发展之中，规定着一个社会的基本性质、发展任务、实践活动、社会发展方向等，同时也影响着人们的价值观念和思想方式。高校思想政治教育进行目标引导的内容十分丰富，不仅包括中国共产党的奋斗目标和中心任务，而且包括促进人们形成正确的世界观、人生观、价值观，还包括实现高校思想政治教育的自身发展目标和经济社会的发展目标。

所谓价值引导，不是指高校思想政治教育和文化建设自身的价值，而是指它们在经济社会发展中所起的引导作用和教育意义。它们实现价值引导的主要依据和内容是社会主流文化或社会意识形态。价值导向功能是高校思想政治教育和文化建设的核心功能之一。在实现价值引导，推动人们形成正确的价值观过程中，高校思想政治教育和文化都发挥着不可替代的作用。但是，由于人们的成长历程和所处的生活环境有所不同，他们的思想观念、价值取向、心理素质等都有所不同，对政治和文化的需求点和需求方式上也存在很大的不同。从文化和高校思想政治教育自身的影响方式上来看，它们也有所不同，文化是在潜移默化的过程中发挥着正面或负面的影响，而高校思想政治教育的价值引导功能是显性的，而且是正面的。此外，各个国家具有不同的文化系统和文化标准，它们在教育引导的要求上也有所不同，由此得到的教育和引导效果也大有不同。

当代中国文化建设必须坚持以社会主义核心价值体系和社会主义核心价值观为基本的价值取向，并结合中国民族优秀传统文化和国外先进文化成果，对广大人民群众进行教育和灌输。在这个过程中，高校思想政治教育既要发挥因势利导的功能，又要促进个人价值与社会价值的统一。高校思想政治教育价值引导的内容主要体现在社会主义核心价值观中，即"倡导富强、民主、文明、和谐，倡导自由、平等、公正、法治，倡导爱国、敬业、诚信、友善"。

所谓行为引导，主要是指对人们的道德和人格的引导，是通过学习和效仿一定的典型或榜样，从而对人们的思想、心理、精神、行为等方面加以引导。一般来说，行为引导可以分为人格引导、行为方式引导、行为导向等。其中，人格引导是指通过典型或榜样的人格魅力而产生的吸引力和感召力；行为方式引导是指引导人们学习和效仿某些社会所要求的固定行为；行为导向是指引导人们产生某些良好行为。

在对人们的行为进行引导的过程中，应注意将高校思想政治教育和文化结合起来，根据人们的思想实际和身心特点，循序渐进、循循善诱地予以引导。高校思想政治教育应注重在良好的文化氛围中引导人们产生良好的行为，培养良好的行为方式，形成良好的行为习惯。同时，应加强对榜样的宣传，不仅要宣传革命先烈、英雄模范的先进事迹，还要善于在现实生活中发现典型、树立先进，从而树立道德标杆，以榜样的力量影响人们的思想和行为，并努力将榜样的道德和人格转化为群众的道德与人格，从而提升社会整体的道德水平。

2. 凝聚激励功能

人类共同创造的文化，反映着人们的共同思想和心声，尤其是那些积极向上的优秀文化和思想观念，对人们具有很强的凝聚和激励作用。高校思想政治教育和文化建设都具有一定的凝聚激励功能，都在凝聚人心、激励斗志中发挥着重要的作用。所谓凝聚激励功能，就是指人们在拥有共同的价值理念和奋斗目标的前提下，有效地激发出人们从事各项活动的积极情感，使人们产生强大的内聚力和向心力，从而能够较大限度地发挥出人们的积极能动性和主观创造性，充分挖掘出人们的内在潜能。

在文化中，真正起到巨大的凝聚和激励作用的是作为文化的核心和灵魂的精神文化，它体现为一种社会共同认同的价值观，表现为一股强大的精神力量，发挥着巨大的向心作用和凝聚作用。作为文化的核心的意识形态或价值观念，对人们的思想观念、思维方式、行为习惯等都有很大的影响。共同生活在某种社会环境下的人们，在相同的文化背景和文化氛围中，很容易形成共同的价值观念和行为模式，彼此之间在行为习惯、思想观念、信仰信念等方面产生很大程度上的认同，并产生极强的凝聚力。

文化的凝聚力和向心力的大小，受到一定因素的影响，其中的一个重要因素就是社会主文化与亚文化所包含的价值观的"重合度"。当主文化的价值观与亚文化的价值观保持一致时，文化的凝聚作用最大；当主文化的价值观与亚文化的价值观之间的"重合度"越来越小时，文化的凝聚力就会越来越小。文化凝聚力的大小，还与人们的共同价值观念和共同利益密切相关。当人们具有更多的共同利益，具有共同的价值观念，并为着共同的奋斗目标而努力拼搏、团结奋进时，人们的凝聚力就会越强；反之，当人们的共同利益、共同价值观念、共同奋斗目标越来越少时，凝聚力就会越来越弱。此外，文化的凝聚力还与排他性有关。当文化的排他性越强时，其内聚力就会越强，但与此同时，也可能会造成文化的自我封闭。

文化的凝聚激励功能的发挥，也需要通过一定的方式、采用一定的方法进行。这些方式方法包括学习马克思主义理论特别是中国特色社会主义理论体系、发扬爱国主义精神、坚持中国共产党的领导、确立中国特色社会主义共同理想、树立社会主义核心价值观、组织文化活动、营造文化氛围、创设文化环境等。广泛开展各种融思想性、知识性、趣味性于一体的文化活动，寓教于乐，有利于创造良好的社会环境，形成良好的文化氛围，从而激发人们产生认同感、内聚力，形成奋发向上、积极进取的精神，有利于在一定程度上将人们的积极性、主动性和创造性充分调动起来，为着共同的理想信念和奋斗目标而努力。

高校思想政治教育的一项重要任务就是充分认识文化的这种凝聚和激励作用，积极地、主动地、合理地引导和营造正确、和谐的文化氛围，使人们的凝聚力得到更大程度的增强，能够激励人们更加努力奋斗。高校思想政治教育主要是使人们产生共同目标上的认同，并激励人们为实现这一共同目标而努力奋斗。高校思想政治教育所要求的这一共同目标是建立在一定的共同信仰和理想信念的基础上的。在这一过程中，文化要发挥凝聚激励作用，就必须深入到人们的信仰信念的层次，树立起共同的价值观，也就是社会主义核心价值观，使人们在价值、信仰、信念的层面上产生认同。从这一角度看，文化的凝聚激励作用与思想政治教育的凝聚激励作用有所不同，其作用范围更广一些。文化的作用范围涉及人们的行为习惯、思想观念、信仰信念等方面，有可能在这些方面都发挥作用，也有可能仅在某个层面上发挥作用，而思想政治教育直指人们的信仰信念的最深层次，在信仰信念方面发挥有效作用。

3. 调节转化功能

高校思想政治教育和文化都具有调节转化的功能。所谓文化的调节转化功能，是指人们在一定的文化环境和文化氛围中接受感染和熏陶，在不知不觉中接受教育，从而实现向社会所要求的方面的转化。高校思想政治教育的调节转化功能，与文化具有一致性，其内容更加具体。所谓高校思想政治教育的调节转化功能，是指在实施高校思想政治教育活动过程中，共产党通过各种方式方法，用马克思主义基本理论及其中国化的最新成果教育党员干部和广大群众，从而将马克思主义的社会主导思想转化为群众的思想和行为，纠正他们的错误的思想和行为，将他们引导到社会所要求的轨道上来。

文化的调节转化功能，主要体现在心理调适、情绪调控、人际关系调整、共同利益调节、能力发展调节等方面。这些功能的发挥，对高校思想政治教育也具有极大的借鉴意义。充分发挥高校思想政治教育的调节转化功能，能够有效地帮助人们对中国特色社会主义进行全面、深刻的认识，实现人们的知识和素质的转化，提高人们的马克思主义理论水平。

在调节转化过程中，高校思想政治教育和文化可以相辅相成、相得益彰，通过民主的、说服教育的、相互沟通的、情感熏染的方式，对人们的情感和情绪进行调控，对人们的心理进行调适，对人们之间的关系进行调整，对人们的利益关系进行调节，积极帮助人们改造思想，从而提高人们的思想觉悟，促进社会的和谐、稳定发展。

4. 约束规范功能

高校思想政治教育和文化建设都是为了使人们形成一定的价值观念和行为习惯，都要求人们自觉遵守社会所要求的各种规范。因此，高校思想政治教育和文化都具有约束规范功能。

文化的约束规范功能主要通过两种方式实现，即社会制度约束和社会舆论约束。所谓社会制度约束，是指一定的社会文化形成的纪律规范、行为规则等对人们产生的约束力。文化是一种无形的约束力量，是人们在自发的基础上形成的一种意识规范，包括宗旨、性质、任务、内容、风气、氛围等，是一种"软约束"。但文化最终都要以各种制度或规范的形式表现出来，需要人们的共同创造、共同认可和自觉遵守。这些制度约束和规范着每一个人的行为，从而对正确的思想和行为进行有效的引导，对不良的思想和行为进行抑制和转化。当正确的行为变成良好的习惯之后，外在的制度约束也就变成了内在的自觉要求。

所谓社会舆论约束，是指一定社会文化所形成的社会舆论、"约定俗成"等对人们产生的约束力。这种舆论约束主要依赖于人们的观念内化和自律意识。社会舆论主要通过报纸杂志、广播电视、计算机网络、手机短信、微博等形式进行传播，对人们进行有针对性的宣传和教育，从而帮助人们分清是非、扬善抑恶，使人们自觉遵守各种社会规范和道德规范，进而约束人们的思想，规范人们的行为。

高校思想政治教育的约束规范功能主要是通过"软性"的教育手段实现的。这里的教育手段与社会舆论的约束有许多相似之处。除此之外，高校思想政治教育还依靠直接的灌输教育、道德内化、社会风俗习惯等对人们的思想形成一定的指引和导向，从而发挥出对人们的思想约束和行为规范的功能。

（二）高校思想政治教育的文化新功能

高校思想政治教育除了与文化有许多相同功能之外，还有一些文化方面的新功能。这些新功能超越了文化自身功能所能触及的范围，在文化的发展演变和高校思想政治教育的改进创新过程中发挥着积极的导向作用。高校思想政治教育的文化新功能主要包括对文化的选择、对文化的孕育、对文化的整合、对文化的预测、对文化的创新等。

1. 文化选择功能

高校思想政治教育对文化的选择，是与高校思想政治教育的教育目的紧密联系在一起的。可以说，高校思想政治教育的教育目的是人们对文化进行选择的重要标准。当一种文化及其所包含的政治思想、价值观念、风俗习惯等文化因素与思想政治教育的目的保持一致时，高校思想政治教育就会对这种文化进行大力吸收，并努力将这种文化纳入教育的内容之中，融入教育的全过程，否则，就会将文化进行批判或摒弃。也就是说，高校思想政治教育对文化的选择，包括相对的两个方面，即肯定性选择和否定性选择。肯定性选择是人们对积极文化的一种选择，目的是使社会文化更有效地促进高校思想政治教育功能的实现。否定性选择是人们对社会消极文化的一种选择，目的是通过对消极文化的批判，将社会文化引导到社会主流价值的轨道上来。

2. 文化孕育功能

所谓高校思想政治教育的文化孕育功能，是指在促进经济社会发展和人的发展的过程中，适应外界环境不断变化的实际情况，营造良好的文化环境和氛围，从而为自然、社会和人的发展创设良好的外部条件。这是促进经济社会发展和人的全面发展的客观需要和必然要求。

改革开放以来，各种新事物新情况新变化不断出现，社会环境呈现出多样化的特点。这种多样化的环境给人们带来了文化选择的困惑。各种消极腐败的思想在吞噬着人们健康的心灵；激烈的社会竞争增加了人们之间的相互防范和斗争，改变着人际关系模式；思想封闭、情感淡漠、人际关系松散等情况不断影响着人们的思想生活和经济社会的发展。同时，随着人们思想观念多样化的进一步增强，传统的高校思想政治教育"灌输"模式受到严峻的挑战。这些问题的存在，对高校思想政治教育的改革创新提出了迫切的要求。高校思想政治教育不仅要逐渐改变自身的内容和方法，还要重视文化环境和文化氛围的营造，即通过充分运用大众传媒、互联网络、手机短信等新媒体，以及通过开展形式多样的精神文明创建活动，使社会形成良好的文化氛围，对人们进行潜移默化的教育，进而净化人的心灵、丰富人的精神、陶冶人的情操、完善人的品格、提升人的境界，充分发挥思想政治教育在文化孕育中的作用。

3. 文化整合功能

文化是一种无形的力量，它深深地融入进民族的生命力和凝聚力之中，通过价值观念、理想信念等方式影响人们的思想态度和行为方式。而高校思想政治教育就是整合社会文化，塑造社会精神，使社会文化成为一种推动社会发展的重要精神力量。这种精神力量在一定条件下也可以转化为社会的物质力量。

所谓高校思想政治教育的文化整合功能，就是指在社会主义发展的新时期，党和政府以及一些社会组织通过采取某种方式或手段，在多样化的文化发展过程中确立起具有主导性的文化或价值体系，并努力使其成为全体社会成员共同的价值观念甚至理想信念，使人们在保持一定的思想独立性的前提下，形成全社会的共同的价值观，增强社会的凝聚力。高校思想政治教育在对文化进行整合的过程中，充分体现出了高校思想政治教育的计划性、目的性和主导性。

高校思想政治教育文化整合功能的彰显，是世界经济全球化和我国经济社会发展的客观要求。经济全球化的加速发展带来了文化的多样化，使世界文化呈现出了多样、多变、多元的特征。这种多样性的文化特征在我国也非常明显。这是经济全球化条件下不同国家、不同民族之间的文化进行碰撞或融合的客观结果，也是科学技术迅速发展带来的信息传播速度加快、数量增多等特点所产生的必然结果。在这种情况下，我们应努力增强高校思想政治教育的文化整合功能，探索和优化高校思想政治教育文化整合功能的有效途径，将社会主流意识形态有效地传播给社会全体成员，使之内化为观念、外化为行为，并始终能够引领各种社会思潮有序发展。

4. 文化预测功能

所谓高校思想政治教育的文化预测功能，是指随着时代变迁，在日益复杂的多元化背景下，高校思想政治教育提高对未来文化发展的预测能力，提高对多元化社会思潮的引领能力，从而巩固和增强主流意识形态。

高校思想政治教育增强文化预测能力，一方面是历史经验的客观总结。东欧剧变、苏联解体的惨痛悲剧，很大程度上说是一场意识形态斗争的失败，是一场没有硝烟的文化战争的失败。其中，失败的一个很重要的原因，就是没有引领好社会主义文化的发展方向。另一方面也是时代变迁和现代经济社会发展的客观要求。改革开放以来，现代社会中的市场竞争更加激烈，社会的流动性不断增强，不确定性因素增多。对未来发展的预测成为社会发展的重要一环，并直接影响着当前的决策和规划，也直接影响着人们在未来竞争中的实力和成败。尽管对未来的预测本身存在着不确定性，这种预测的结果也可能会产生误差，但对未来进行预测变得越来越重要是毋庸置疑的。

高校思想政治教育发挥文化预测功能不仅是为了引领多样化的社会文化思潮，而且是为了巩固社会主义意识形态在社会文化领域中的主导地位。随着改革开放的深入推进和中国特色社会主义的发展，文化预测功能必将成为思想政治教育的一项重要功能，并在化解未来风险、把握未来机遇中发挥越来越重要的作用。因此，建立和完善思想政治教育的文化预测机制是思想政治教育的一项重要任务。

5. 文化创新功能

高校思想政治教育的文化功能不仅体现在文化的孕育、传播、选择等过程中，而且体现在文化创新的整个过程中。文化创新是高校思想政治教育的重要功能，在当代文化发展过程中，高校思想政治教育的这一功能越来越突显出来。可以说，高校思想政治教育已经成为推动文化创新的一个重要渠道和基本路径。

高校思想政治教育的文化创新功能，首先体现为观念的创新。在进行社会主义现代化建设的进程中，随着改革开放的深入发展和社会主义市场经济的健全完善，我国面临的新旧两种观念、体制、规范等方面之间的冲突和交锋更加激烈，尤其是传统观念与现代观念之间的矛盾，传统的思想观念由于其惯性仍深深地影响着现代人的思想和行为。因此，在建设社会主义现代化的过程中，必须克服陈旧、腐朽、落后的文化观念对人们的影响，促进人们增强社会主义现代化的思想观念，努力培养社会主义现代化建设人才。高校思想政治教育在这一过程中能够发挥出积极主动作用，能够紧密结合社会发展实际，分清是非黑白，引导人们树立正确的社会主义现代化观念，克服腐朽落后的思想观念对人们的影响，从而实现人们的思想观念的转变，促进现代文化的创新和发展。

高校思想政治教育的文化创新功能，其次体现为内容的创新。高校思想政治教育的主要任务和内容是提高学生的思想政治素质和道德素质，以适应经济社会发展的需要，这要求其内容随着时代的发展和社会的变迁而不断更新。它的内容是与社会的主要矛盾、发展目标和主要任务相一致的。高校思想政治教育作为社会主义文化的一个重要部分，其内容的更新必然会为文化增添新的内容，从而推动文化创新。这些新内容主要体现在改革开放以后我们在经济、政治、文化、社会等方面总结的改革创新的优秀成果。近年来，高校思想政治教育基础理论的迅速发展以及在实践中获得的众多研究成果，都是文化创新的表现。

高校思想政治教育的文化创新功能，最后体现为方法的创新。高校思想政治教育能够使人们产生一股强大的精神力量，能够激发人们的精神动力，充分调动起人们的积极主动性，为推动文化创新奠定基础。人们在这种精神的激发下，创造出的各种思想和观点，为文化发展添加了新的内容。比如，高校思想政治教育通过加强人们的理想信念教育、人生价值教育、道德教育等，能够激发起人们的远大理想和雄心抱负，使他们自觉认清所担负的责任，从而为建设中国特色社会主义而努力学习、全心工作，为实现中国民族伟大复兴而不断努力。另外，高校思想政治教育借鉴的其他学科的方法，以及在实践中不断总结出来的新方法，如社会调查、心理咨询等，也为文化的发展增添了新内容。

第五节 高校思想政治教育中文化融入的重要意义

经济社会发展带来的文化的繁荣发展，使"我们正进入一个文化比任何时候更重要的时期"。文化已成为高校思想政治教育研究中的一个无法回避的视域。高校思想政治教育所包含的政治思想、价值观念、道德规范等内容，都是文化的一部分，而且是文化的核心部分，这些内容体现在高校思想政治教育运行的全过程中。高校思想政治教育的目的、内容、方法、环境等要素无不受到文化的内在影响，同时，高校思想政治教育自身的发展，也是社会主义文化繁荣发展的一个重要表现。

一、有利于提高学生的思想道德素质和科学文化素质

全面提高人们的思想道德素质和科学文化素质，是高校思想政治教育的基本目标和重要任务。文化建设在这一目标的实现过程中发挥着重要的作用。可以说，文化建设是提高人们的思想道德素质和科学文化素质的有效途径。文化对人们的影响，既包括文化知识方面，又包括思想道德方面，并且这两个方面是紧密联系在一起的。文化在提高人们的科学知识水平和文化素质的过程中，无形中也在提高着人们的思想政治素质和道德素质。文化对人们的这两个方面的影响是不可分割的，是在同一个过程中进行的，从而实现对人的全面影响。在这一过程中，文化在不经意中发挥了思想政治教育的功能，潜移默化地教育人、影响人、感染人，促进人们无形中把社会的政治思想、价值观念、道德规范内化为个人的道德品质。

二、有利于推动高校思想政治教育的改革创新

随着经济社会发展形势的不断变化，传统的高校思想政治教育在很多方面都表现出不能完全适应新形势的要求，这就迫切需要寻找新的载体和途径。社会主义文化的发展和繁荣，为开阔高校思想政治教育视野、拓展高校思想

政治教育范围、充实高校思想政治教育内容、创新高校思想政治教育方法提供了便利条件，为推动高校思想政治教育的改进和创新提供了有效的途径和重要的载体。将文化融入高校思想政治教育之中，不仅丰富了高校思想政治教育的内涵和外延，增强了高校思想政治教育的时代感、主动性、针对性、实效性，而且进一步强化了高校思想政治教育的作用效果，促进了高校思想政治教育与经济工作及其他工作的有机结合，促进了高校思想政治教育由政治说教向文化自觉的转变，为开创高校思想政治教育的新局面提供了新的途径、新的手段，为高校思想政治教育带来了新的生机和新的活力。

三、有利于推动社会主义文化的大发展、大繁荣

建设中国特色社会主义文化，难免会出现这样或那样的问题，包括许多思想上的、认识上的问题。对这些问题和矛盾的解决，仅仅依靠经济手段、法律手段或行政手段是不够的，还必须利用思想手段、教育手段，充分发挥高校思想政治教育的优势。实现高校思想政治教育的文化融入，有利于推动高校思想政治教育的改进和创新，同时也有利于推动社会主义文化的大发展、大繁荣。

第五章 中国优秀传统文化和高校思想政治教育融合的可行性

第一节 中国优秀传统文化和高校思想政治教育融合的可能性

中国传统文化与思想政治教育在教育目标设置方面都直接指向人，指向人的思想道德素质的提高，同时它们在目标的最终指向属性上都回归到政治属性上，这体现了二者目标的一致性；除了在目标设置与指向属性有着一致性之外，中国传统文化与思想政治教育在内容方面也存在着许多相通相合之处；而二者在教育模式方面的不同，则使二者有了很强的互补性。这些都为中国传统文化与思想政治教育之间相融合创造了重要的可能性条件。

一、目标的最终指向一致

传统文化具有思想政治教育功能，同时，传统文化和思想政治教育在教育目标、共生性和形成机制方面有着跨越时间和空间的亲缘性，这些都为思想政治教育借鉴并应用传统文化提供了机遇和可能。

（一）文化的思想政治教育功能

文化具有重要的思想政治教育功能。文化是人类经过几千年的历史创造的，但文化反过来还有塑造人、培养人的功能。从根本上说，人类所受的教育，也就是文化的教育。中国传统文化也不例外。我国古代向来重视文化教人育人的功能，《论语》中就有"孔子指点孔鲤学诗学礼"的典故，由此形成了中国民族重视文化教育功能的传统。思想政治教育与宽广深厚的历史文化背景相联系，深受它所赖以存在和展开的民族文化传统的制约。大学生是中国传统文化的现实接受者，其思想无时无刻不受到传统文化的影响。在思想政治教育中，采取一定的文化方式，通过文化武装人的头脑，陶冶人的情操，从而提高人的素质的全面提高，达到人的"全面而自由"的发展，这就是文化的思想政治教育功能。

（二）思想政治教育与传统文化的一致性

1. 思想政治教育的目的性与传统文化传承的目标具有一致性

中国传统文化重在培养健康的人格，提高人们的思想道德修养，丰富人们的精神世界，增强人们的精神力量。这些都符合今天人们所追求的道德理想，而且和思想政治教育中培育有理想、有文化、有道德、有纪律的"四有新人"的目标是一致的。

2. 思想政治素质与文化素质的共生性

大学生的基本素质包括思想政治素质、文化素质、专业素质和身心素质，其中文化素质是基础，思想道德素质是根本、灵魂。每一种素质都不能独立存在，都和其他素质相辅相成，思想素质与文化素质更是密不可分，二者具有共生的特点。

3. 思想政治素质和文化素质形成机制的相似性

思想政治素质和文化素质形成机制基本相似，就是教育者根据一定的社会思想道德要求，对受教育者施加有目的、有计划、有组织的教育影响，通过将相关知识内化，形成学生的主观体验，进而形成社会所期望的思想政治品德的过程。

中国优秀传统文化光辉璀璨，是我国人民智慧的结晶，在我国的各个历史时期和阶段都发挥着不同的作用和价值，中国优秀传统文化与大学生思想政治教育结合的可能性，主要是由优秀传统文化中蕴含着丰富的教育资源和教育功能决定的。

二、内容具有相通之处

思想政治教育和中国传统文化各自所包含的内容，也存在着许多相通相

第五章　中国优秀传统文化和高校思想政治教育融合的可行性

合之处，二者之所以能相融合，与两者之间存在着的这种相通相合之处有着密切关系。

首先，思想政治教育中的理想教育与中国传统文化中的"大同思想"之间存在着相通相合关系。思想政治教育中的理想教育是以共产主义理想为核心的理想教育。在马克思所描绘的共产主义社会里，没有私有制，没有阶级，没有国家；财产社会公有，人人地位平等；大家各尽所能，各取所需；人性得以充分发展。而在中国传统文化中，早在中国第一部诗歌总集《诗经》中，人们就有追求公平、幸福的"乐土""乐国""乐郊"的期待；在《春秋公羊传》里，也有"衰乱世，升平世，太平世"的三世说，而两千多年前的孔子则在《礼记·礼运》中为我们描绘出了一个更为具体而美好的大同世界。在这个世界中，人人平等，亲密无间，人尽其才，物尽其用，个人与社会浑然一体。中国传统文化中的"大同理想"与思想政治教育内容中理想教育的共产主义理想之间存在着一定程度的相似之处。这种相似性的存在使中国先进的知识分子更容易理解和接受马克思主义的共产主义理想，从而促进了其在中国的传播。

其次，思想政治教育中最根本性的教育内容也即科学的世界观教育与中国传统文化中朴素的唯物辩证法思想之间亦有相通相合之处。思想政治教育中的世界观教育包括辩证唯物主义两个方面的内容。辩证唯物主义以世界的物质同一性为基础，以辩证法为方法论，以对立统一、质量互变与否定之否定三大规律为主干，坚持人类社会由简单到复杂、由低级到高级的螺旋式上升和波浪式前进的历史辩证法。历史唯物主义则揭示了人类社会发展变化的终极原因是经济因素，并由此强调了社会存在对社会意识的决定作用，物质生产对社会发展的基础作用，以及人的实践对社会发展的推动作用。而中国传统文化中则一贯重视"经世致用"，着眼于从物质生产条件以及民心向背的角度来思考历史的兴衰更替，着眼于从人民的物质生活出发来研究社会的道德与文明。春秋时期的管仲提出了"仓廪实则知礼节，衣食足则知荣辱"的观点，认为社会物质条件是人民群众精神生活的基础前提。孔子提出的"庶之、富之、教之"的思想则解释了人口的繁衍、社会财富的增加、人民生活的富足和道德教化取得成效之间的依次决定关系。由此可以看出，中国传统文化中的这些观点其实与历史唯物主义的观点有着相通相合之处。除此之外，中国传统文化中还蕴藏着朴素的辩证法思想。道家学派的创始人老子提出了

"万物负阴而抱阳,冲气以为和"的观点,意即任何事物都有对立的两个方面,即"阴""阳"二气,这两个方面在相互作用中实现统一之"和"。儒家经典《周易》中"一阴一阳谓之道""刚柔相推而生变化"等观点意在强调阴、阳和刚、柔对立面的相互作用对于事物发展变化的推动作用。宋明理学时期的张载亦认为"一物两体,气也。一故神,两故化,此天地之所以参也",意在强调矛盾双方对立统一的关系。基于以上分析,我们可以看出,中国传统文化中所蕴含着的朴素的唯物辩证法思想,与辩证唯物主义和历史唯物主义之间在价值定位和思想倾向上亦存在着相通相合之处。

再次,在政治思想方面,有"民为邦本"与"以人为本",整体主义与集体主义的契合。中国传统民本思想是"以人为本"思想的文化基因。传统民本思想,可追溯到殷商之际。春秋时期,周公提出"保民"的治国理念;孔子提出"节用而爱民,使民以时"(《论语》);孟子也提出"民为贵,社稷次之,君为轻"(《孟子》);荀子则把君民关系比喻为水和舟的关系,"君者,舟也,庶人者,水也,水则载舟,水则覆舟"(《荀子·王制》)。及至西汉,贾谊更明确地提出"民为国本"的观点(《贾谊·新书》)。这些历史文献充分说明,民本思想在中国源远流长、内涵丰富。尽管它们与社会主义的以人为本思想存在着本质上的区别,但中国共产党提出的"为人民服务""立党为公、执政为民"、坚持群众路线等主张,无疑是传统民本思想在新时代的复活,并被赋予了新的政治内涵。

中国传统的整体主义原则是社会主义集体主义的文化基因。整体主义原则是贯穿于中国封建社会的最重要的道德准则,其基本精神是封建统治集体整体的利益绝对高于个人的利益。表现在政治领域,它是春秋大一统、普天之下莫非王土的观念和王道;表现在社会领域,为家庭、宗族、国家不可分割的情感纽带和社会组织;表现在意识领域,为兼收并蓄、和而不同的宽容精神;表现在伦理领域,为顾全大局、牺牲个人或局部利益的价值取向。尽管它在很大程度上压抑了个性,维持了封建秩序,与科学社会主义提倡的集体主义相去甚远,但是,却与社会主义的集体主义原则有着天然的亲和关系,为中国人选择集体主义提供了肥沃的土壤。

复次,在经济观念方面,有"天下为公"与公有制,"均贫富"与平等观念的契合。中国传统的"天下为公"思想是社会主义公有制思想的文化基

第五章 中国优秀传统文化和高校思想政治教育融合的可行性

因。在数千年的历史长河中，"公"始终是中国民族的崇高追求和价值标准，是判断善恶的重要标尺。这里的"公"有公产、公利等几层含义。在公产方面，由于历史的局限，中国古代不可能提出生产资料公有制的理论体系，但是很多人认识到了私有制的众多弊端，强调财产公有。在公利方面，在中国历史上，统治者总是从自身的地位和利益出发，不约而同地反对"人不为己，天诛地灭"的极端自私言论，主张制私利而富公利，宣称为天下人谋福利。尽管这些公有主张与社会主义公有制之间有巨大的差别，但是，对于一般人来说，往往是等同而视之的，即使是文化程度较高的文人学者，在马克思主义传入初期，也是把社会主义公有制等同于中国古代的公有主张，甚至有人认为中国古代的井田制就是社会主义。把"公"作为最高的伦理道德，它不仅已经融入当代中国社会主义的道德建设之中，也融入了中国特色社会主义文化理论建设之中。

众所周知，平等是社会主义的基本原则和核心价值。而在《论语》中，孔子就主张："不患寡而患不均，不患寡而患不安。盖均无贫，和无寡，安无倾。"历史上，中国民间乃至许多知识分子最强烈的、最高的诉求就是均贫富，多次农民起义几乎都是以此为口号。中国人民共和国成立之后，改革开放以前，中国社会意识形态的基本取向仍然是反对收入差距，主张经济平等，分配平均。尽管古人不可能像今天的学者们那样准确、科学地界定平等，不可能认识到权利平等、机会平等、结果平等的系列平等观，但是，中国传统的平等观念，确实为中国人理解马克思主义，接受科学社会主义打下了坚实的基础。

最后，在文化理念方面，有"贵和思想""天人合一"与和谐文化的契合。追求和谐是中国民族传统文化的主题。传统文化中"贵和"思想理念和"求同存异"的宽容精神，形成了中国民族重要的价值取向，形成了严于律己、宽厚待人、与人为善，先人后己、舍己救人等民族精神。这种"天地与我并生，万物与我为一"的和谐思想，铸就了中国民族热爱和平、追求和谐的民族性格，教育引导着世世代代的中国儿女，是构建社会主义和谐社会的基本理念，是社会与自然和谐可持续发展思想的重要思想基因。

可以说，正是中国传统文化与思想道德教育内容之间的这种相通性，才使二者有了相融合的可能性,进而使思想政治教育得以在中国传统文化这一丰厚的历史土壤中不断获得新的发展。

三、教育模式具有互补性

思想政治教育的方法多种多样,有理论灌输法、实践锻炼法、自我教育法、榜样示范法、比较鉴别法、咨询辅导法等,其中理论灌输法是思想政治教育最主要、最基本的方法。作为一门意识形态色彩极为强烈的科学,思想政治教育自然需要通过理论灌输法来对受教育者进行马克思主义理论教育。不过我国以往的思想政治教育实践,长期以来对其德育功能尤其是意识形态功能过分强调而对其文化功能缺乏应有的关注,这就使得思想政治教育一直偏重于简单空洞的理论说教和意识形态的直接灌输;不仅如此,在思想政治教育过程中,思想政治教育工作者往往也不考虑受教育者的具体情况,不分层次,不问对象,经常采用"我讲你听""我说你做""我令你止"等居高临下、简单粗暴的教育方式,受教育者只是消极被动接受,而非积极主动去内化吸收这些科学理论,这就使思想政治教育工作显得呆板枯燥、索然无味,思想政治教育的实效性也大打折扣,思想政治教育亦难以适应新形势的发展要求。

思想政治教育对意识形态的过分强调使其自身的文化属性和人文精神受到遮蔽。中国传统文化的教育方式则正好弥补了现代思想政治教育模式的不足。首先,中国传统文化注重渗透而非灌输,强调"以文化人",受中国传统文化影响而形成的个性品质、思想观念、行为模式等一旦形成就会内化、积淀、渗透于社会成员的灵魂深处,很难改变。其次,中国传统文化注重引导人内心深处的自觉意识,引导人们通过"自省""内省""慎独"等内在自省的方式来反思自己的思想和行为中的不足与过错,进而使人们在认识上达到真正的"知",不断提升自身的道德修养,使自己不断接近圣人的道德境界。不过以自觉内省方式来提高自身道德修养最终是为了付诸道德实践。第三,中国传统文化注重"知行合一"的道德践履而非空洞说教,可以说"知行合一"正是我国传统文化经过长期的实践探索和理论总结所形成的极具特色的思想道德教育的方法论系统。《周易》曰:"履,德之基也。"先秦墨家学派代表人物墨子就对道德实践十分重视,他认为评价一个人是否真正为"仁","非以其名也,亦以其取也"。意即一个人是否真正为"仁",不是看他是否知道"仁"的含义，而是看他在行为上是否有真正"仁"的举动。明代思想家王阳明则更是明确提出了"知行合一"思想。可见，中国传统文化不仅注重道德教育中的自觉自省，更加注重在自觉自省基础上的道德践履，注重"知"与"行"的辩证统一。上述中国传统文化所倡导的种种教育模式弥补我国现代思想政治教育因过分重视和强调意识形态性而造成的思想政治教育单一、空洞以及枯燥的理论说教和灌输模式。当然，作为一门意识形态色彩极为强烈的科学，思想政治教育离不开理论灌输这种教育模式，只是当我们忽视了文化对思想政治教育的内在渗透力，忽视了受教育者对思想政治教育内在自觉自省意识，忽视了思想政治教育者与受教育者在思想政治教育过程中的道德实践，而过分强调这种理论灌输的教育模式时，灌输的力度再大，思想政治教育也难以取得理想效果，甚至会起反作用。因此，我国当代的思想政治教育应该借鉴和吸收中国传统文化所提倡和践行的这些潜移默化的渗透、自觉的内在自省以及"知行合一"等教育模式，来改变我国当前思想政治教育单一枯燥的教育模式，弥补我国当前思想政治教育模式的不足，引导全体社会成员积极主动、自觉地反思自身，不断提升自身的思想道德素质，培养自己良好的道德品质，从而提升当前思想政治教育的实效性。

第二节 中国优秀传统文化和高校思想政治教育融合的必然性

一、探索思想政治教育新路径的必然选择

思想政治教育具有文化属性，需要以文化为依托。中国传统文化与思想政治教育相融合，是应对目前思想政治教育存在的困境，探索思想政治教育新路径，提高思想政治教育实效性的必然选择。当前在全球化时代背景下，多元文化并存态势越来越明显，大学生的价值观念、思维方式和行为方式都较以前发生了剧烈变化，这对高校思想政治教育提出了严峻挑战。一方面，目前我国大部分高校的思想政治教育主要还是通过课堂教学来进行，而且在思想政治教育课堂教学过程中，教学内容单薄枯燥，授课模式单一简单，往

往采用社会学、心理学等学科方面的知识与技术,表面化和浅显化地临时解决问题,而对中国传统文化的挖掘和运用不够重视,即使运用中国传统文化为依托,也大多停留在"机械融合"或"单纯说教"式的灌输层面,没有深入考察中国传统文化的实质内涵、时代背景、阶级立场等因素,这些都使得中国传统文化在思想政治教育中的运用和渗透非但没有达到预期效果,甚至在某种程度上淡化了学生民族自信心与自豪感,削弱了中国传统文化在思想政治教育中的重要应用价值,思想政治教育的有效性也大打折扣。

另一方面,当前在全球化时代的背景下,多元文化交流频繁,并存态势日趋明显,各种价值观论调不可避免地对大学生的生活态度、思想观念产生严重影响。很多学生既没有真正了解外来文化、思想、观念之精髓,又没有深刻领会中国传统文化、思想、观念之精髓,加之对共产主义理想信仰的怀疑与不屑,因此,在多元文化的碰撞中,他们的价值观极容易走向偏激或急功近利:在学习上他们只重视能够谋生课程的学习,而忽视精神层面的储备,对思想政治教育课程亦不屑一顾;在生活上他们更愿意追求金钱与物质的利益;在精神上他们则只考虑自己,不考虑集体和他人,缺乏对共产主义的理想与信仰,缺乏对人生目标的冷静思考,缺乏对良好的道德品质和人格修养的追求等。我国以往惯常以说教和灌输为主的思想政治教育模式,无法及时对这些问题提出行之有效的解决方法,而中国传统文化中的优秀精华也因大学生对其了解与掌握甚少而无法发挥其在大学生思想政治教育中的积极作用。

二、马克思主义与传统文化发展的内在要求

以马克思主义为指导思想和核心内容的思想政治教育与传统文化的融合是两者发展的共同需要。首先,马克思主义是一个世界性学说。在马克思主义产生以前,民族性是文化的主要特征,像老子、孔子、康德、黑格尔等伟大的思想家,对其民族均产生过一定的影响,但由于历史的和阶级的局限性,他们的思想影响仍属于文化交流和传播的范围。而马克思主义揭示了人类社会发展的一般规律,是一种超越民族和地域局限的世界性革命学说。但是,马克思主义的世界性必须借助一个个具体的民族文化才能实现。黑格尔曾经

说过：只有当一个民族用自己的语言掌握了一门科学的时候，我们才能说这门科学属于这个民族了。这一点，对于哲学来说最有必要。就当代中国而言，要做到马克思主义与中国具体实践相结合，也必须使马克思主义取得中国民族的形式，使之在其每一表现中带有必须有的中国特性，取得为中国老百姓所喜闻乐见的中国作风和中国气派。也就是说，把马克思主义与中国革命的具体实践相结合的过程，同时也是把马克思主义同中国传统文化相结合的过程。

其次，自近代以来，各国文化都面临着如何实现从传统向现代转型的问题。本书所说的传统文化，是指中国民族从周秦到五四运动这三千多年之间形成的文化，它是中国民族对自然和人类社会认识的结晶。秦汉以后，中国大地上的各民族大致可以分为三个文化类型：北方草原游牧文化、南方山地游耕文化、中原定居农业文化。在长达三千年的历史进程中，上述三种文化类型以中原定居文化为中心，多方面交汇融合。正是在它们相互冲突又相互融合的过程中，传统文化得以最终形成。由于传统文化在相当长的历史时期内表现为建立在小农经济基础上的封建文化，很难直接开发和培养出适合现代社会和现代化需要的现代文化精神，而在20世纪初传来的建立在高度工业化基础上的马克思主义，本质上是一种具有现代性，乃至后现代性的文化，对传统文化来说，毫无疑问是一种具有极大互补性的优势文化。传统文化正是通过与马克思主义的有机结合，才发展和弘扬了自身的精华，抛弃了自身的糟粕，实现了自我提升与现代转型。

三、形成和发挥文化软实力的基本保证

文化软实力是指一个民族、国家或地区的文化影响力、凝聚力和感召力，是国家软实力的核心因素。这是因为，文化作为一个国家的灵魂或血脉，凝聚着这个民族对世界和生命的历史认知与现实感受，积淀着其最深层的精神追求和行为准则，并承载着整个民族自我认同的核心价值取向。就一个民族或国家自身的发展来说，文化软实力主要表现为一种精神上的整合力，它有利于国家凝聚力的形成和民族性格的养成，有利于促进民族团结、国家统一、政权巩固和文化自信。一个国家如果对本民族或本国的传统文化缺乏自信，

忽视自身文化软实力的开发和建设，那么就等于放弃了本民族或本国的文化主权，其结果自然会导致本民族或本国人民价值取向的混乱，以及精神家园的丧失，甚至民族的离散和国家的分裂。因此，作为一个由56个民族组成的统一的多民族国家，加强对五千年来绵延发展而从未中断过的中国传统文化软实力的开发和建设，充分发挥其对全国各族人民的思想教育和价值引导作用，就显得尤为重要。

中国传统文化和世界上其他民族的传统文化一样，植根于民族的土壤中，从总体上反映和代表着一个民族或社会的思维方式、价值观念、伦理道德，体现在人们的生活方式、风俗习惯、心理特征上，内化、积淀、渗透于每一代社会成员的心灵深处，往往凝聚为民族特有的国民性格和社会心理，作为一种注重道德教化的伦理型文化，中国传统文化自身就具有显而易见的能动的思想政治教育功能，而我国思想政治教育本身所具有的文化属性和民族属性也使其无法离开五千年来中国传统文化留下来的优秀精华。因此，中国传统文化软实力要最终实现其对外的亲和力、渗透力以及对内的凝聚力和塑造力，则必须通过思想教育和引导的方式来进行和完成，中国传统文化和思想政治教育的有机融合正是中国传统文化软实力得以形成和充分发挥的基本保证。

四、"文化自觉"与"文化自信"的要求

没有高度的文化自信，没有文化的繁荣兴盛，就没有中国民族伟大复兴。所谓"文化自信"，是指一个国家、一个民族、一个政党对其自身文化传统和内在价值的充分肯定，对其自身文化生命力的坚定信念。"文化自觉"是指"生活在一定文化中的人对其文化有自知之明，明白它的来历、形成过程、所具有的特色和它发展的趋向，不带任何文化回归的意思，不是要复旧，同时也不主张全盘西化或全盘他化"。换言之，即是文化的自我觉醒、自我反省、自我创建。

世界上任何民族的传统文化有积极的方面，同样也有消极的方面，"一个民族的文化能否实现自觉和自信，很大程度上取决于对传统文化扬弃的客观与科学态度"。可以说，对传统文化的理性批判、合理继承、勇于创新正

是"文化自觉"的本质要求。也就是说,一个民族能否对其自身的传统文化进行客观地评价和认识,关系着一个民族"文化自觉"的实现与否。中国传统文化是勤劳善良的中国人民在长达五千年的中国社会发展中创造出来且从未间断过的,这在世界文化上是独一无二的。它不仅标志着中国民族对人类文明和历史的卓越贡献,也是中国民族区别于世界上其他民族的鲜明文化身份和基本族群特征。只有认识、理解、接受并内化中国传统文化,我们才能理解自己民族身后的历史底蕴,也才能知晓我们是从哪里来,并对我们现在的生活和未来的美好图景进行规划。反之,如果失去对中国传统文化的认同与理解,我们必定会失去对自己民族文化身份的认同和归属感,进而导致我们思想文化上的无家可归。因此,对数千年来世代传下来的中国传统文化能否进行客观的评价、认识和科学合理的扬弃,关系着中国民族"文化自觉"的真正实现与否。那种轻率地对中国传统文化全盘否定或异化的态度与做法,无异于对我们自身文化血脉的莽撞割裂,很容易造成中国民族的文化断层或文化"无根"现象的产生。因此,当前我国思想政治教育的重要任务之一,就应该是在马克思主义的指导下,按照"取其精华,去其糟粕"的原则,充分肯定中国传统文化的内在价值,坚定中国传统文化的自信心,努力挖掘中国传统文化的当代价值,不断包容借鉴其他外来文化中的优秀精华,并将其吸收内化,使中国传统文化和现代思想政治教育优化整合,从而实现中国传统文化的现代转化和创新发展,进而真正实现"文化自觉"与"文化自信"。

第三节　中国优秀传统文化和高校思想政治教育融合的社会发展需要

一、践行社会主义核心价值观的动力源泉

国家领导人强调,培育和弘扬社会主义核心价值观必须立足中国优秀传统文化。社会主义核心价值观的提出是以中国传统文化为深厚根基的。比如国家层面的价值目标"富强、民主、文明、和谐"便具有深厚的传统文化内涵。

"富强"是国家发展的首要目标。《管子》中说:"凡治国之道,必先富民。民富则易治也,民贫则难治也;奚以知其然也?民富则安乡重家,安乡重家,则敬上畏罪;敬上畏罪,则易治也;民贫则危乡轻家;危乡轻家,则敢陵上犯禁;陵上犯禁,则难治也。故治国常富,而乱国常贫;是以善为国者,必先富民,然后治之。"只有国家富强,人民才能安居乐业,国家强大,才能抵御外敌。同时,这也充分说明了"民为邦本,本固邦宁"的"民本"思想。中国封建社会虽然是人治社会,但是也讲求"民为贵,社次之,君为轻"的民本思想。可见,民主作为现代文明社会的一大基本价值,也是有文化根基的。文明是社会发展水平高、有文化的状态。古代中国创造了光辉的东方文明,成为四大文明古国之一,今天,国家的发展目标也应该继承古代文明传统,创造出新的现代文明。和谐是从古至今向往的理想社会。《礼记·礼运》就描绘了一个和谐的大同社会:"大道之行也,天下为公,选贤与能,讲信修睦。故人不独亲其亲,不独子其子,使老有所终,壮有所用,幼有所长,矜、寡、孤、独、废疾者皆有所养,男有分,女有归。货,恶其弃于地也,不必藏于己;力,恶其不出于身也,不必为己。是故谋闭而不兴,盗窃乱贼而不作,故外户而不闭,是谓大同。"中国传统文化也强调天人合一,实现人与人、人与社会、人与自然之间的和谐。今天,构建和谐社会也必然是国家的价值目标。社会层面的"自由、平等、公正、法治",公民个人层面的"爱国、敬业、诚信、友善"同样是对中国优秀传统文化的彰显与继承。

二、解决现代社会精神迷失、道德失范的一剂良药

直至近代,中国传统文化一直是传统教育的重要手段,讲究因材施教、有教无类、尊师爱生等,同时也是传统教育的主要内容与材料,主要学习儒家经典。近代以来,在特殊的时代背景下,为了反抗压迫、抵御侵略、救亡图存,反对封建主义,启发民众思想,宣传科学民主,五四新文化运动的激烈反传统主义者全面肯定西学,对传统文化的传承造成了破坏性的影响。所谓"关乎人文,以化成天下",文化对社会的影响是长久而深远的。传统文化中精华与糟粕并存,但是近代以来诸多"泼脏水连同孩子一起泼掉"的做法造成的文化断层也给社会带来了诸多不良影响。

第五章 中国优秀传统文化和高校思想政治教育融合的可行性

首先,优秀传统文化教育的缺失造成社会群体精神迷失。传统文化教育重视塑造人的精神,将为学与做人、处事合为一体,求知的过程便是德行修养的过程。启蒙读物《三字经》就涵盖了天文、地理、历史、民间传说以及道德内容,这些内容融为一体,使读者在知晓天文地理知识、体味民间传说的同时明白做人的道理。同时,传统文化教育还强调"君子不器"的教育,所谓"形而上者谓之道,形而下者谓之器","君子不器"就是君子不能囿于学习一技之长,而应该志于"道"。儒家的道便是"修身齐家治国平天下",以天下为己任,达到"内圣外王"的境界。孔子说"志于道,据于德,依于仁,游于艺",意即首先要志存高远,心怀天下,其次在为人处世上要有德行,并在内心保有仁德,在此基础上,才能熟练学习礼、乐、射、御、书、数六艺。可见传统文化十分强调人精神的塑造与培养,强调教育要先塑造人的精神,再学习六艺等具体的技艺。而今天,现代教育学科划分得越来越细,知识传授得越来越多,却忽视了教育的根本——培养一个人格健全而有精神的人。《中国人民共和国教育法》中对教育目标的提法是,"教育必须为社会主义现代化建设服务,必须与生产劳动相结合,培养德、智、体等方面全面发展的社会主义事业的建设者和接班人"。这个提法虽然将德放在第一位,但是过于笼统,达到什么要求才叫有"德",没有给出明确的标准,最终的教育目的是培养社会主义事业的建设者和接班人,同样是较为笼统的提法,并且在这一提法中,看不出对人精神层面的要求。当今的教育,重知识学习,重技术训练,培养了一批批科技人才、技术人才,却培养不出人文大师;培养出了一批批文学史家,却难以造就有世界影响的杰出文学家。当今重"器"而轻"道"的教育,是导致学生精神与信仰缺失的主要原因。虽然绝大多数学生从小就被教导要树立远大崇高的共产主义理想,但是共产主义理想缺乏传统文化的根基,很难深入人心,往往只是流于口号。封建时代的士人信仰儒家思想,以建立大同社会为己任。近现代的仁人志士信仰民主与科学,要打破旧秩序,建立新中国。中国人民共和国成立后,中国人信仰马克思主义。马克思主义作为舶来品,虽然历经了中国革命的洗礼与考验,但是缺乏中国传统文化的深厚根基。而今天的教育中又缺乏实质的精神与理想教育,导致社会整体精神与信仰迷失,于是很多人都以追求金钱与物质享受为唯一人生目标,形成重享乐、好攀比、拜金等不良社会风气。

其次,优秀传统文化教育的缺失造成社会道德失范。传统文化特别强调道德教育，并将道德教育贯穿于学习的过程之中。子曰："小子何莫学夫《诗》，《诗》可以兴，可以观，可以群，可以怨。迩之事父，远之事君。多识于鸟兽草木之名。"通过学习《诗》，获得知识，修养品性。贯穿于学习过程中的道德教育是哪些内容呢？我们知道，传统文化中占主要部分的是儒家思想，而儒家强调的道德观主要是"仁、义、礼、智、信"，即"五常"，这是儒家提出的做人的基本道德准则。仁，即要有仁爱之心。"己欲立而立人，己欲达而达人。"要学会换位思考。义，即行事要公正合宜。礼，即行事要符合礼仪规范。礼是仁的外化。智，即要有是非之心，能明辨是非。信，即要诚实信用。"人而无信，不知其可。"孔子说："德之不修，学之不讲，闻义不能徙，不善不能改，是吾忧也。"讲究道德，修养品性，始终是传统文化教育的重点所在。《弟子规》言："首孝，次谨信，泛爱众，而亲仁，有余力，则学文。"我们今天的教育也提倡道德教育，始终将德育放在首位，但是几十年来，我们一直推行的是大而全的道德教育，言传多，身教少，并且由于一些历史原因，传统的道德观念、道德规则、道德价值被抛弃，新的道德体系因为没有传统道德的铺垫与基石，所以德育效果并不明显。

面对精神迷失与道德失范的社会问题，只有加强优秀传统文化教育，以全方位的优秀传统文化教育去加强学生人格塑造，增强学生人文素养，才能逐步驱邪扶正，形成良好的社会风气。

传统文化是重塑中国大学精神的思想源泉。从"兼容并包，思想自由"的北大精神到"自强不息，厚德载物"的清华精神，以至后来"允公允能"的南开精神，无不渗透了传统文化的思想精髓。在大学精神日渐式微的今天，中国传统的教育思想，如自由精神、独立精神、人文精神、道德精神等都闪烁着穿越时空的智慧之光，对重塑中国大学精神具有极其重要的借鉴意义。

三、面对多元文化增强中国民族文化认同的必要举措

就中国传统文化而言，文化多元并存与同化融合是文化发展史上始终存在的相互交织的两条主线。有春秋战国时期的百家争鸣，才有秦汉时期的大一统；有魏晋南北朝时期的文化大融合，才有隋唐时期的文化鼎盛与国家一体化；有辽金元少数民族文化入主中原的激荡与融合，才为中国文化增添了

第五章　中国优秀传统文化和高校思想政治教育融合的可行性

更多的少数民族文化成分。

"'多元'与'一体'犹如两条河，时显时隐，交互影响，相互制约，构成了中国民族多元一体格局中亘古不变的永恒主题。"21世纪的今天，全球一体化深入发展，传统的文化多元化也面临政治经济一体化带来的挑战与冲击。欧洲航海的大发现和殖民体系的瓦解，使多元文化之间的交流与冲突日渐显现，并呈现出两股强劲的势头：一是以西方现代化模式为参照的一体化在全球范围内的渗透与扩充；二是以反西方或反现代化为标榜的民族主义的复活。

在传统文化教育缺位的当今社会，面对西方现代化模式为参照的一体化在全球范围内的广泛渗透与扩充，我们的应对明显不足。今天的青少年热衷于圣诞节、情人节、光棍节，却冷落中国的传统节日，鲜有人清楚清明节、春节的文化渊源；热衷于学习英语，却难以用汉语写出一篇优秀的文章。在当今文化多元化的交融中，传统文化教育缺位，导致了青少年痴迷现代化的西方文化，而不了解中国的传统文化。我们需要学习西方民主、创新等优秀文化，但是我们更需要在立足于我国优秀传统文化的基础上去学习西方。"保持自己的良好基础，学习先进文化的最新成就，以促进自己民族文化的发展，不仅是必要而且是可能的。"只有立足于自己的优秀传统文化，广泛认同自己的优秀传统文化，我们才能抵御西方文化的强势冲击，树立文化自觉。因为，民族是一个主体，吸收外来文化要为民族服务，使我们这个民族更加发达兴旺，但是不能丧失民族文化的独立性，不能完全跟着人家学，应该发挥自己的主动精神和创造精神。在文化演变过程中，我们既要吸收外来文化，又要保持自己文化的独立性，这样文化才能健康地发展。

第六章 中国优秀传统文化和大学生思想政治教育的质量提升

第一节 中国优秀传统文化融入人文关怀和心理疏导

雅典是一个具有较强政治民主氛围的国家。古罗马时期，人文主义教育思想得以实现进一步的发展和成长。"人文"一词也是产生于这一时期，并普遍出现在雅典和罗马时期的各种著作中，体现着对人自身价值和尊严的尊重，是最早的人权主义。

由于受到西方民主主义的影响，中国传统文化中也出现了强调人的各种文学作品，这些文学作品主要对人的精神以及思想方面进行了关注。例如《诗》《书》《礼》《易》《乐》《春秋》等都体现了人与文化的融合。文化是一个民族或国家整体精神及价值观的具体表现。人文关怀是人与文化之间的相互融合，一般指社会发展中具有先进性、科学性、规律性的客观或主观的存在，其核心是先进的价值观，内容则是先进的规范。

一、人文关怀和心理疏导提出的意义

（一）人文关怀和心理疏导模式提出的必要性

人文指的是人类文化中具有引导性、价值性、文化性的精神、物体以及规范等。人文关怀指的是对人的整体精神、心理、身体、成长的关注。人文关怀始于西方国家，其重点是对人的价值、个性以及思想进行关注，强调的

第六章 中国优秀传统文化和大学生思想政治教育的质量提升

是人与人之间的民主化状态。我国思想政治教育所强调的人文关怀是指尊重人思维地位，满足个人的需求，实现个人的价值等。大学生思想政治教育所强调的人文关怀，指的是对本身个性、心理、权利、尊严、个人价值、社会价值的关怀，对学生需求以及成长教育的关切，是一种养成大学生正确人生观、世界观以及价值观的情感关注。我国大学生思想政治教育人文关怀的本质就是将学生作为教育的主体与核心，为学生提供帮助。

心理疏导是一种进行心理安慰的方法，能够对人的心理问题进行缓解，并帮助人们克服心理障碍。心理疏导的方式多种多样，一般来讲，与他人进行简单的沟通交流是心理疏导最简单的方法，这种方式主要是通过话语的表达来实现对他人的开导，达到排解心理问题，解除不良心理状态的目的。除此之外，找专业的心理学专家，通过心理治疗的方式，来实现对心理问题或人格障碍的缓解或消除，从而促进自身人格健康、协调地发展。目前的大学生普遍存在愕然、疑惑，心理常处于压抑、紧张的状态，这是由对未来社会和自身认识不充分导致的，这是各国学生都存在的现象。

大学生思想政治教育课程必须对大学生的思想状态进行及时有效的心理疏导，避免大学生产生偏激行为，影响大学生的健康成长与顺利成才。大学生群体处于塑造正确人生观、世界观以及价值观的关键时期，因此高校必须要注重对大学生进行心理疏导，在教育理论指导下，根据大学生思想政治教育的现状，从各个方面增加人文关怀和心理疏导的教学任务，把人文关怀和心理疏导的理念、内容、方法和手段相结合，始终贯穿于大学生思想政治教育工作中。

纵观分析我国教育界，涉及有关人文关怀和心理疏导的内容少之又少，以目前的状况来看，其无法满足人民的精神文化需求。大学生思想政治教育人文关怀和心理疏导模式的提出，符合时代的发展，是对大学生各种负面影响的一种应对机制，是党和国家教育工作的整体认知表现，更是大学生思想政治教育未来的研究方向。因此，如何能在具体的教育中，增加对人文关怀和心理疏导的关注，是提升大学生思想政治教育质量亟待解决的问题。

（二）大学生思想政治教育人文关怀和心理疏导模式的提出

思想政治教育工作是党的优良传统。它能够实现教育人民、净化心灵的作用，为党和国家、人民指引道路。思想政治教育工作与当代的教育工作一脉相承，但又进行了创新，必须始终保持与时俱进才能适应不断变化发展的世界环境。思想政治教育工作必须能够适应新经济形势的要求，具备创新思维意识，按照事物的一般发展规律，运用新的方法和机制，不断对大学教育工作进行改进。近年来，党中央关于思想政治工作的提法和要求呈现新的特点。我们可以看出思想教育工作逐渐转向人本身价值方面，体现了具体层面的要求，值得注意的是通过何种方法和途径来促进国民思想政治水平的提高。这其中的不断发展变化，是一个不断整合、完善、升华的过程，是党和国家领导人对思想政治工作的高度认识的具体体现。注重人文关怀和心理疏导，是党中央对思想政治工作的具体要求、工作重点以及创新指向。大学生思想政治教育工作中先进性的发展模式，体现了中国社会主义的不断发展。

我国教育界对学生思想政治素质的认识不够清晰，教育体制仍存在一定的弊端，人文关怀和心理疏导这一环节仍需进一步的改进和加强。我国每年召开的工作会议不断强调对思想政治教育的建设，正是我国这一环节较为薄弱的体现。这一环节的薄弱之处体现在，重视对专业课的学习以及学分的考核，还有教育内容的要求趋向于大众化，忽略个性的发展，在教育中重视教师的作用，忽略学生的作用。多年的研究发现，我国大学生思想政治教育始终在强调学生的社会服务和奉献意识，努力将学生培养为能够为国家做贡献的人才，这样的教育方法忽略了学生的心理和思想，使用统一的标准和模式培养学生，使学生成了没有个性和独立思想的机器。国家需要能将社会价值与个人价值相结合的人才，只符合国家的要求而不具备个人追求的人，无法真正为国家做贡献。在教学内容方面，我国大学往往强调对大学生进行共同理想信念、社会道德以及行为规范的教育，极少涉及与人性有关的内容，特别是对引发大学生思想问题的心理与情感、学习与就业、经济与交往等方面问题的解决相对薄弱。

主导性的思想政治教育方式是各种思想性的统一，主导性与多样性具有辩证统一的关系。主导性是对多样性进行主导，是在多样性的基础上发挥作用的。在进行思想政治教育时，要充分尊重教师和学生的主动性和创新性的发挥。实际中的思想教育工作过去强调教师的主导性和权威性，忽略了学生的主体性和选择性，没有尊重学生的个体需求，这样就容易导致大学生产生

第六章　中国优秀传统文化和大学生思想政治教育的质量提升

逆反心理。这种教学方法完全违背人文关怀的理念，制约了大学生思想政治教育质量的提升。这种方法无法得到学生发自内心地接受，更谈不上有效内化和付诸实践。因此探索一种新教学模式，是提升大学生思想政治教育质量的关键。

大学生思想政治教育要不断借鉴国际上的先进经验，以谦虚的姿态对国外先进的方法进行学习和借鉴，以开放的视野对大学生思想政治教育创新发展提出客观要求。

二、人文关怀和心理疏导模式的诉求

（一）思想政治教育的内在要求决定了必须对大学生进行人文关怀和心理疏导

人文关怀和心理疏导强调发挥学生的主观能动性，坚持以学生为本的理念，尊重每一位受教育者的地位和个体需求，遵循思想活动规律和思想教育规律，解决学生的心理与思想方面的问题。注重对学生进行人文关怀和心理疏导，是教育界的根本要求，也是大学生实现自身价值的基本诉求。

大学生思想政治教育的主体是教师和学生，教师和学生在教育过程中是一个统一的整体，教育也是实现各自人生价值的过程。教育应坚持以人为本的核心，将大学生作为教育的主角，体现其能动性。大学生思想政治教育不能盲目变化，要在教育学生过程中有依据地进行创新活动，具体问题具体分析，有针对性地解决个体心理问题，促进大学生思想政治素质的全面发展。导致大学生出现各种思想问题的根本原因就是心理不健全，所以，要重视对大学生心理健康的保护，对大学生进行专业的心理疏导，使用各种有益身心的方法去激励大学生提升自我价值，让其意识到自我价值的重要性。

提升大学生思想政治教育质量的现实需要也要求我们必须重视人文关怀和心理疏导。大学生承受来自就业、学习、生活、思想等方面的巨大压力，这些方面的压力都源自经济全球化的飞速发展和社会竞争的日益加剧。因此关心和帮助学生解决这些切身的问题，是实现大学生思想政治教育的基本需求。

（二）思想政治教育的方向性决定了必须对大学生进行人文关怀和心理疏导

大学生思想政治教育中的人文关怀和心理疏导是具有较强必要性的新课题。大学教育在教授专业课知识的同时，还要注重培养大学生的综合素质，确保大学生能够形成正确的人生观、价值观以及世界观。随着科学技术的发展和社会竞争的加剧，大学生遇到的问题与困惑也随之增加。因此，在教育中增加创新型人文关怀的理念，这既是实现创新型国家的需要，也是培养创新型人才的需要。国际国内环境的变化以及大学生的思想现状，都要求对大学生思想政治教育进行创新。

高等教育中的优秀合格的人才是我国实行中国特色社会主义现代化建设的关键。创新是一个人能够适应不断变化的社会环境的关键。大学生思想教育应遵循社会的发展和变化，运用创新思维方法，为社会主义现代化建设做出贡献。

三、如何加强大学生的人文关怀和心理疏导模式

大学生思想政治教育的人文关怀和心理疏导必定涉及各个方面，其中，政策的导向、坚持以人为本的理念、对民主化思想的学习等都能够促进大学生进行思想政治教育的学习。以人为本的理念要始终贯穿于大学生教育的全过程，始终将大学生置于思想政治教育的首位。

（一）坚持以人为本的教学理念

大学生思想政治教育必须以实现学生的自我价值为落脚点，其中包括对社会价值以及个人价值的实现。坚持以人为本，并将其落实于大学生思想政治教育的全过程中。大学生思想政治教育是为了实现学生与社会的有机统一，对学生的综合素质和能力进行培养，使其能够更好地适应社会，把大学生作为开展思想政治教育的依靠与动力。大学生思想政治教育的长期发展需要整合国内外的、校园内外的、传统与现代的思想政治资源，对大学生的心理问题进行综合分析，建立一种可以长期存在和发展的制度，提升大学生的自我教育能力。

（二）尊重个人自身价值

人的价值可以分为个人价值和社会价值。个人价值指的是一个人具有良好自身状态的表现，能够实现自我满足的一种状态。人的社会价值是指个人对社会的贡献。社会价值是人作为社会的一种自然存在，在实现自身价值的同时，也会为社会带来好的方面。尊重个人的自身价值，要求社会关注并承认一个人的正常利益和权力。

大学生思想政治教育必须充分体现以人为本的理念，尊重大学生的个人价值。一方面，要尊重大学生的个性发展，大学生社会价值与个体价值有机整合是建立科学合理的教育目标的出发点。课程的设置和实行上，要突出学生的主体地位，将大学生视为是一个具有社会形态的个人，使其各方面的素质与知识都能够满足社会发展的要求，进而使其成为合格的社会主义事业的建设者和接班人。另一方面，在进行教育目标和内容体系的设计时，必须将大学生作为独立的个体，完善其人格，使其成为既符合社会要求又具有鲜明个性的公民。

（三）实现平等化的思想政治教育模式

民主化的思想政治教育模式，重点要保护大学生受教育者的地位和受教育的权利。大学生是进行思想政治教育工作的对象，他们是鲜活的有思想的个体。大学生思想政治教育过程中选择权利与主体地位是进行对应的，包括教育目标、内容以及教育方式等。

在构建人文关怀和心理疏导模式时，必须尊重大学生的主体地位和权利，必须要保证教育双方处于平等的地位，促进教育双方双向互动的实现，除此之外，还要保证教育过程的和谐性，这样才能取得良好的教育成果。思学生所思，使大学生的权利得到实现，是对大学生主体性和选择性的尊重。教育者与受教育者双方心灵、情感交融，在问题的看法上能产生共鸣，大学生的自觉意识融入思想政治教育，在实际行动中得以实现。关于教育方面，应该是开放性、鲜活性、先进性和创新性的。大学生要始终把握话语权、主动权和主导权，以开放性视野、先进性的理念参与到思想政治教育活动中。大学生的选择权和教师的主导权在思想政治教育过程中相互促进。

（四）坚持务实型的思想政治工作作风

思想政治教育工作应求真务实，注重人文关怀和心理疏导，帮助大学生解决思想上遇到的问题。人的需求可分为生理上的、安全上的、情感上的、归属感上的，也包括对自我价值实现的需求。随着经济全球化的冲击，就业压力的增加，各种网络化思想和信息时代的冲击，使大学生面临多方面的压力，因此帮助大学生解决这些问题，就是对大学生进行人文关怀和心理疏导的具体体现，是思想政治教育工作者必须担负的责任。思想政治教育工作应当在具体工作中融入人文关怀和心理疏导的理念，帮助大学生解决实际问题，这是对大学生的价值诉求、现实需求等的深入思考。大学生思想政治教育的根本任务就是培育德才兼备的人才。大学生必须要遵守其思想活动规律、思想政治规律。由于实际问题会导致大学生的思想问题发生改变，因此解决实际问题是解决大学生心理问题的关键。

（五）专业化和常规化建设是思想政治教育开展的基础

有效的心理疏导方式必须以专业化和常态化的建设为基础。大学生的思想与心理相辅相成，因此思想政治教育与心理健康教育密不可分。国际与国内的研究表明，很多大学生因为家庭、社会、主观、客观等因素的影响，产生了各种不良情绪，甚至会产生极端的思想或行为。大学生思想政治教育工作就是要帮助有问题的大学生走出困境，培养良好的心理，这是提高教育质量的有效措施。

大学生心理疏导的重点是对教师队伍的优化和重建。其中包括建立一支专业与非专业相结合的教师队伍，即以专业教师为主，以辅导员为辅，实现保障咨询工作与专业性的有机结合。在常规化工作方面，建立一种测试大学生心理健康的档案制度，在学生入学前进行心理测试，开设专门的心理咨询中心，设置心理教育课，并对学生进行定期的心理疏导等，健全心理疏导机制。同时，对于个别经济困难学生和行为异常的学生进行实时的跟踪观察，及时化解心理危机，消除心理障碍。

（六）提高大学生自我成长的能力

教育就是将学习的方法传授给学生，而不只是简单地向学生传授知识。帮助解决大学生的思想问题，包括增强自觉性、自律能力以及自主解决问题的能力。教育意识和能力的提高具体表现在面对问题时的思考能力、解决问题的能力以及综合分析问题能力都有所提高。

在教学的过程中，在传授知识的同时，还要注重培养大学生的学习方法以及能力。对大学生发现和解决问题的能力进行考察，将大学生积极性和创造性的行为习惯作为大学生考核的内容。大学生思想政治教育的整体出发点是教给大学生应对问题、分析问题、解决问题的态度和方法，帮助他们形成创造性地解决问题的能力与习惯。

第二节　中国优秀传统文化融入文化型思想政治教育

中国特色社会主义文化内涵广泛，文化型思想政治教育的提升，主要是针对整个国家、民族乃至世界文化的发展，这是一种现代化、全球化的发展。大学生思想政治教育作为中国优秀传统文化的特殊形态，具有文化属性。适时根据我国社会和国家发展的新要求、提升大学生思想政治教育质量的要求，增强思想政治教育界的文化软实力，努力探索适合我国实际国情的教育模式。

一、对文化型的思想政治教育质量提升模式的解释

（一）文化型的大学生思想政治教育的内涵

思想政治教育具有一定的文化性。广义的中国传统优秀文化是指人类在具体的活动过程中所获得的物质类的、精神类的财富。文化性是一个国家、民族、个人在长期生产活动中形成的习惯，是文化素质的基本表现。

思想政治教育包括社会生活各个方面，它主要是涉及对意识形态进行教育，它是政府为了实现统治而开展的教育。思想政治教育的内涵决定了其具备一定的文化性。意识形态属文化范畴，是文化的组成部分，表达了阶级意志，这就决定了意识从属于文化，是文化的特殊形式。

文化性思想政治教育模式的特点是常态化、常规化。文化性思想政治教育模式存在一定的缺点，但也是思想政治教育的一般模式。大学生思想政治

教育的文化特性充分表现在：一是能够促进人的思想文化素质、思想水平的提高，能够促进人文集合；二是对中国优秀传统文化的内涵进行丰富，以及凝聚文化的力量；三是促进国民文化素质的提高，增强教育的共鸣性。思想政治教育本身属于文化范畴，因此其主要的表现形态通过各种行为得以体现，思想政治教育的内容包括意识形态、价值观、思想道德等，能够促进人们文化品位的提升。要不断赋予思想政治教育的渠道、主体以及形式文化内涵以满足大学生高层次的文化需求。

（二）文化型思想政治教育质量提升模式提出的必要性

建设中国特色社会主义文化就必须建立文化性思想政治教育模式。改革开放以来，随着市场经济的繁荣发展，坚持以市场为导向的经济体制改革使我国经济建设取得了巨大成就。与此同时，文化体制方面也提出新的要求，突破制度性障碍，促进文化生产力的发展，创造文化繁荣发展的新局面。在文化体制不断发展变化的过程中，我国在对社会主义文化建设方面进行了不断的探索，涉及文化的内容、本质、形式、基本发展规律等。

党的十七届六中全会首次将"文化建设"作为会议主题，这是一次对文化建设进行集中、全面讨论的大会，会议提出了必须始终坚持马克思主义基本原理，坚持中国特色社会主义文化，加强重点学科的建设，加强和改进思想政治教育。除此之外，也对组织和职能部门进行了规定，要将文化建设置于首要位置，对新的文化特点和问题进行研究，把握思想意识的主导权，掌握文化改革发展领导权。

思想政治教育具有一定的教化功能。建设社会主义文化强国，需要根据大学生的成长需求以及文化传播的形式，适度创新，构建一套文化型的大学生思想政治教育模式，这是促进思想政治教育质量提高的关键。

二、思想政治教育质量需要文化性的提升

（一）思想政治教育质量不可缺少文化性

思想政治教育必须具备文化性。中国优秀传统文化具备独特的魅力，要体现在思想政治教育的过程中，增加思想政治教育的吸引力。

第六章　中国优秀传统文化和大学生思想政治教育的质量提升

文化本身就具备一定的教育功能，思想政治教育的各方面都会受到传统文化的限制，比如在方式、过程和目标上。任何事物都是矛盾的集合体。任何事物都是一个运动发展的过程。思想政治教育也是主流思想与个体思想之间的矛盾集合体，思想政治教育实际上就是中国优秀传统文化对个体思想进行改造的过程，其赋予教育的内容、方式以及教育对象一定程度的文化意义，传承着时代文化的精髓，顺应时代的变迁和发展。思想政治教育无法脱离文化而单独存在。思想政治教育的重要任务就是对人们的价值观进行进一步的优化。因此，文化教育必须以价值观为导向，通过文化的影响，将主流意识和核心价值观转化为社会成员的认知和行动。

大学生作为拥有高层次文化水平的群体，存在各种思想问题，这些问题主要由文化冲突引起。人类社会也是一个矛盾体，其会呈现和谐与冲突两种表现形式。开放性是社会的基本特征，文化多元性是社会发展的趋势。在社会的大环境中，大学生会受到不同文化的冲击，在这种多元的文化环境中，大学生要学会对自己的思想进行调整，逐步养成完美人格。文化的冲突有利有弊，它能够开阔大学生的视野，促进大学生综合素质和能力的提高，但同时也会为大学生带来各种困惑。对于大学生来说，中国传统文化既有其一定的魅力，又需要大学生具备高层次的解决问题的方法，所以说，大学生的思想道德教育必须具备文化性，才能保证将大学生思想政治教育工作落实，文化教育才会具备吸引力和凝聚力，体现思想政治教育的价值和文化育人功能。

（二）思想政治教育质量内在要求文化性的回归

我国的大学生作为文化层次较高的社会群体，其本身的数量仍相对较少，虽然我国高等教育已经进入高等教育大众化的阶段，但与外国相比，入学率仍相对较低，这就导致我国后期发展缺乏人力资源。思想政治教育内容的文化内涵、教师队伍的文化素养、教学方式的各个方面都应该时刻体现传统文化的文化魅力和特征，这是提升大学生思想政治教育质量的内在要求。思想政治教育的文化性贯穿于大学生成长的各个方面。从当代中国基本经济发展方式和基本国情来看，中国优秀传统文化已经成为民族创新力和发展力的源泉，也成为中国与不同国家之间的竞争因素，成为经济发展的重要支柱，也体现了人民精神文化要求的提高。我们必须要对中国传统文化进行创新，学校在文化创新中担当重要的责任。高等学校在引领社会思潮、凝聚社会力量方面发挥着重要的带动作用。大学生思想政治教育的根本任务就是，在课堂学习中融入中国特色社会主义理论体系，顺应时代发展潮流，不断丰富新内容，探索新模式。

改革开放以来，党和政府制定了一整套的方针和政策来督促大学生思想政治教育工作的实施。从总体上来看，大学生思想政治教育运行情况良好，为我国社会主义现代化建设提供了优秀的建设者和接班人，在对他们思想和精神的培养方面起到了促进作用。但是，若想适应时代发展和人才需求的变化，还需要促进大学生思想政治教育质量的提升。这样讲的原因在于：首先是大学生的思想政治教育受国内外思想文化影响较为严重，对我国思想教育来讲是一项挑战。其次是大学生思想状况逐渐呈现出复杂性、选择性、多变性等特点，大学生的思想状况还存在一定的突出问题，这些问题都要求教育工作者认真对教育工作进行思考，并提出新的教育方法与模式，进一步为大学生思想政治教育质量提供新的空间。

（三）文化型思想政治教育质量提升的根本道路

在全面建成小康社会和构建文化强国的要求下，我们必须构建文化型思想政治教育模式，才能保证教学质量的提升。创新既是实践的问题，又是理论的问题。创新型的思想政治教育模式，即是文化型的教育模式。文化型的教育模式从理念到要素都体现了文化性。

1. 理念指导教育

理念是行动的先导。先进的理念指导是构建文化型思想政治教育模式的需求，它在展现文化魅力的同时，还能促进教育质量的提高。

对中国优秀传统文化的改革进行的部署，是指导我国文化发展的纲领性文件，它充分体现了党的准确判断和高度的文化自觉性。坚持以人为本的先进理念和结合思想政治教育的基本现状，是构建文化型的思想政治教育模式的内在要求。从构建文化型的大学生思想政治教育模式的视角来看，以文"化"人的内涵主要体现在：遵循教育规律，体现文化的特性，运用文化的方式，实现以文"化"人的教育。

大学生思想政治教育应坚持以人为本的教育理念：在实践上，应坚持促进思想政治素质的全面发展，将政治性与文化性进行有机统一；内容上，彰

第六章　中国优秀传统文化和大学生思想政治教育的质量提升

显内涵、品位，增强吸引力与凝聚力；在方式上，倡导渗透性教学；在队伍建设上，促进教育者文化素质的提高，构建以文化人的教育模式。

2. 提高教师综合的能力

师资队伍质量的提高是思想政治教育质量的基础。教师素养是综合性的具有高品质、全方位、立体化的特点。文化实力和魅力缺乏是导致大学生思想政治教育质量难以提升的重要因素。

思想政治教育工作者必须要有一定的知识基础和较强的求知欲，还要具备丰富的文化素养和良好的个人魅力，这样才能吸引学生，成为学生的良师益友。因此，高校领导和任课教师应是知识丰富、修养深厚，有坚定的立场和较高觉悟的人，只有这样才能充分展现政治理论成熟的魅力和文化艺术修养的魅力。

3. 寓教育于无形

隐性教育是潜移默化的教育，使受教育者受到潜移默化影响。隐性教育与显性教育适用的对象都是学生，两者教育方式有所差异，可以互为补充。大学生思想政治教育的隐性教育是通过在大学生的生活环境中找寻富有教育意义的内容和哲理，以学生可以接受的形式和方法，来达到无意识的教育熏陶，最终影响他们"三观"的形成及素质的提高。隐性教育在思想政治教育中的重要地位和作用，因其自身的特点而愈来愈受到人们的重视和利用。隐性教育具备渗透性、间接性、开放性以及持续性等特点。思想政治教育中有关传统文化的内容具备隐性教育的特点，因此更容易被大学生认同并接受。

高校思想政治理论课在进行课程设计时，要彰显其文化品位，将政治理论课视为进行思想政治教育的主途径，课程的内容要兼具政治功能和文化功能，同时借鉴我国优秀传统文化；课程的讲解过程中应该是以魅力为引导，而不是一味地说教。与此同时，应该在大学的各个学科中都融入思想政治教育，使大学生在任何学习段都能受到文化的教育，从而达到思想政治教育效果。大学的思想政治教育还能以各种校园文化活动作为载体，将娱乐性与文化性进行结合，使思想政治教育在活动中得以开展。

4. 以文化为载体的思想政治教育方式

文化载体是指各种文化产品。以文化为载体的思想政治教育方式能够增加文化的吸引力和渗透力，从而促进思想政治教育质量的提高。

精神是一种价值取向，它可以为人的日常活动提供指导、信念和准则。精神是无形的，大学精神文化的表现形式有办学理念、思想定位以及学风、教风等。大学生应重视精神文化的总结与提炼、传承和创新。

以物质文化为载体，形成大学生思想政治教育的文化氛围。大学物质文化能够进一步丰富大学生的精神世界，大学物质文化能够提高大学生的内在修养和审美水平。大学物质文化建设，要注重硬件设施与软件的有机结合，做好长远规划，重视建筑风格的内涵和价值，让大学校园的建筑都具备一定的文化。

大学生思想政治教育需以制度文化为正确导向。大学制度文化是一种激励环境与氛围，包括制度、准则、纪律以及组织。制度文化具有价值导向作用，大学的制度文化建设是思想政治教育的方式和途径，它与思想政治教育的目标趋于相同。文化制度的建设，要在保证其时代性和可行性的基础上，将社会主义核心价值观与制度内容建设相结合。在实践中应充分发挥制度文化的隐性教育功能，促进大学生思想政治教育质量的提升。

虚拟文化是近年来深受大学生欢迎的网络文化，它具有可塑性、生动性、丰富性、灵活性的特点。大学生思想政治教育工作者应该在心理上重视和接纳虚拟文化，紧跟时代潮流，了解科技发展新态势，把虚拟文化作为大学生思想政治教育的新课题。

5. 构建网络化的思想政治教育平台

人们可以对信息化时代加以支配，信息可以经过人的选择、运用和创造在量变和质变中，不断发展变化中引起新思想、新知识、新科技的层出不穷。信息是一把"双刃剑"，其中包含大量有利和有害信息，丰富多彩的信息也包含各种隐患。人类信息的异化是人类社会面临的崭新问题，这便使人们创造的信息成了奴役和支配人类的手段，违背了事物发展的一般规律。互联网中的负面影响就是信息异化的具体表现。

网络技术使信息体现不同的意识、信仰和价值观，它被人们所浏览和利用的时候加速了信息的交流、知识的创新，推动了经济的发展，但是，信息异化也造成了很多负面影响，其中最严重的当属对大学生"三观"的影响。网络信息技术的发展，能帮助大学生形成正确的世界观、人生观以及价值观，也会导致大学生在发展过程中面临很多种困难。信息恐慌、信息依赖、信息崇拜、信息毒害、信息犯罪都是大学生信息异化的具体表现。信息的多样性和丰富性，使得很多大学生在进行资料查询时，忽略了信息的重要性，养成了网络查询的习惯。大学时期是学生正确的世界观、人生观和价值观形成的重要时期，如果长期地依赖信息，缺乏信息辨别能力，就容易被有害信息诱惑，进而缺乏主见，在思想和价值观的养成方面没有了主见。

对大学生进行思想政治教育就是为了防止信息异化，我们要加强网络教育，使学生能够科学地获取和利用信息，从众多信息中发现对自己有利的信息，促进自身的全面、可持续发展，避免信息异化带来的危害。主体意识的加强可以使学生认识其在信息化社会中的地位。人们创造的信息是为人所用，人们应当主动地对信息进行选择和运用，让信息为人类的发展提供服务。大学生网络思想政治教育应把培养大学生的主体意识作为教学的主体目标，使其明白主体与客体的关系，掌握在信息社会中学习、发展和成才的主动权。

增强大学生明辨是非的能力，使大学生在享受网络信息快捷的同时，能够保证具备正确的认知态度。增加大学生法治知识的学习，才能促进大学生思想道德素质的提高。具备优良品格和高尚情操的大学生，自觉遵守相关法律制度，做遵纪守法的优秀"网民"。加强高校的网络化建设，通过先进的文化引导校园潮流，抵制文化垃圾。高校要加强校园网络建设，净化校园上网环境，防止信息异化，构建网络思想政治教育阵地。促进大学生信息技术水平的提高，对大学生信息使用能力进行培养，用法律的强制力来约束信息活动。

第三节 中国优秀传统文化融入开放式的思想政治教育

当今的社会具有较强的开放性和融合性，大学生的思想政治教育工作也面临着巨大的挑战。大学生的思想政治教育不仅关系到个人的成才成功，还关系到祖国的现代化建设。因此，大学生的思想政治教育必须与经济、文化的发展相适应，与社会进步保持一致步调，坚持开放式教育理念和教育模式，为社会主义现代化建设培养优秀的接班人。

一、开放式思想政治教育质量提升模式的解释

（一）开放式的大学生思想政治教育质量提升模式的含义

美国是最早开始实行开放式思想政治教育的国家，随后在世界范围内流行。开放式的教育是以学生为中心，利用教育资源和社会环境，借助社会力量通过自由民主、和谐互动的教育方法来实现学生的全面发展。

思想政治教育的最终目的就是帮助人们正确认识自身和教育，它是涉及对学生的世界观、人生观以及价值观的教育。开放式的思想政治教育模式就是指在开放多元的社会环境中，通过建立开放、包容的教育理念，利用各种教育资源，促进个人和社会的全面发展。

大学生思想政治教育的包容性是大学生思想政治教育开放性的一个重要特征。思想政治教育的开放性具体表现是应该做到传统与现代、隐性与显性、纵向与横向、课内与课外的教育相结合。除此之外，思想政治教育环境的复杂性与选择性，教育目标的先进性与层次性，内容的主导性与丰富性，都要求教育必须有开放性的特征。

富强、民主、文明、自由的社会主义现代化建设决定了大学生思想政治教育必须走民主性和自主性的路线。民主性和自主性决定了大学生在思想政治教育中主体作用的发挥，建立良好的师生关系，促进师生之间共同学习、共同进步。在这种环境中，学生的能动性、积极性、创造性才可以充分发挥出来，自主性的学习是大学生为提高自己对课程价值的整体认知，在老师的指导下和在教学目标的引导下，自由地通过目标、内容、方法的选择来完成自己学习的过程。建设民主性和自主性的思想政治教育是大学生思想政治教育改革的重点内容。

开放式的思想政治教育是与传统大学生思想政治教育相比而言的，创新型的大学生思想政治教育应该是开放性的、多元性的、变化性的。当今社会全球化现象日益加剧，经济飞速发展，文化交融复杂，大学生时刻受到这一复杂环境的影响，只有立足时代，放眼未来，通过创新思维方法，才能保证思想政治教育的持续发展。

（二）开放式的大学生思想政治教育质量提升模式的提出必要性

政治多极化、经济全球化、文化多样化的特点决定了当今的世界具备开放性的特点。开放性是一个国家发展的推动力。纵观美国、英国、日本的历史发展状态，横观我国的发展过程，我们可以发现开放性可以为国家获得发展的资源和信息。

思想政治教育是开放性的教育。开放是强国、富民之路，开放的姿态、思想境界、观念、方法等都是大学生思想政治教育质量提升的关键。开放性的教育应该在教学过程中培养学生开放性的视野、开放性的理念、开放性的学习方法等，这也是提升大学生思想政治教育质量的必然要求。

二、开放式的大学生思想政治教育质量构建模式的诉求

（一）对传统教育的深刻反思

我国大学生思想政治教育为社会主义现代化建设培养了许多优秀的人才，但是，对思想政治教育观点、方法和内容进行仔细研究，就会发现仍存在一定的片面性，导致这一问题的原因就是教育的封闭性。首先，不同国家之间缺乏沟通与交流，导致教育沟通欠缺，造成这一问题的原因是思想不够解放，视野不够开放，过分地强调国情和意识，最重要的是教师缺乏学习的机会，不注重对国外的前沿信息、经验的学习和借鉴，以至于与世界脱轨。其次，在教育的内容方面，过度强调社会需要和社会价值，忽略了大学生的个性发展，通过唯一的标准对大学生进行教育、要求与衡量；过度地批判和否定外来的思潮；内容表现形式较为单一，往往是进行理论分析与口号式的教育宣传，不能就社会热点问题进行深入的剖析。最后，教育方法的封闭性。过分注重向学生们灌输结论性的理论，而忽略了指导学生进行实践式的推论。

闭塞的大学生思想政治教育，导致大学生在毕业后难以适应社会的需求，无法经受考验与打击，遇到问题就会感到手足无措，无所适从。我国的高等教育应该深刻分析教育体制，把开放式的大学生思想政治教育作为学校培养学生的立足点，用开放式的教育方法和内容来培养学生，让学生在校园中就能接受先进思想的熏陶，以至于后期走向社会可以更快地接受各种观念。

（二）时代对人才的需求

当今世界是一个开放共荣的世界，文化与思想也一定是开放与共荣的，当今世界呈现多样化的发展趋势，体现在政治、经济、文化、科技的各个方面。随着国际化的发展，中国与世界各国的各种利益之间存在一定的联系，呈现出一荣共荣、一损俱损的状况。

意识一直被认为是支配人的一切行动的先导。国内的高等学校是大学生培养各种先进的思想和意识的基地。当前，我国的整体国情正处于改革开放的重大发展时期，与社会的不断接轨和交流，使社会上下处在一个国内外各个方面相互交融的关键时期，其中包括各种矛盾的激化、经济发展方式和职业选择的多样化等。大学生在各种各样环境的影响下，自身的思想认识和价值取向也呈现出复杂多变的特点。

当今世界的发展呈现出开放和包容的特点，这也是世界各国发展的大趋势。世界各国都必须顺应时代发展的方向，找寻适合自己发展的道路。大学的思想政治教育也应该坚持开放与包容的特点，自觉地摸索适合本院校和学生的开放性教育方法，使大学生形成开放、包容、和谐共存的理念，为毕业后走向社会和国际化的大舞台做铺垫。

三、提升开放式的大学生思想政治教育质量的根本道路

（一）培养开放式的观念

观念是一个人对事与物的看法，也是行动的先导。开放式的教育观念主要针对人来讲，确切地说是针对当代大学生的思想政治教育的培养方面来讲的。建立开放式的大学生的思想政治教育必须首先建立一套开放式的育人观念。

开放式的育人观念，首先要树立顺应时代潮流的创新型教育理念。新的教育理念应该涉及民主、平等、公正、法制等理念。大学生思想政治教育应该坚持创新型的思想理念，突破以往循规蹈矩的教育理念，以开放和创新的思想观念，在顺应新的时代背景下，在知识点、创新思维、创新能力、综合素质等各个方面培养学生开放性的观念。

改革开放使我国的政治、经济、科技、文化等各方面有了跨越式的发展，

第六章 中国优秀传统文化和大学生思想政治教育的质量提升

大学生思想政治教育也必须坚持这条改革路线，用开放性的眼光和思维认真对待国内和国外的教育理念，寻找一条符合中国国情的思想政治教育的新模式。我国作为一个民主、平等的国家，教师与学生之间应当建立友好、平等的关系，在这种平等关系下进行交流探讨，才能促进大学生思想政治教育质量的提升。大学生的思想政治教育必须发挥大学生的主观能动性，将发挥大学生的个人价值作为教育目标，培养大学生的主人翁意识，使教育与大学生做到真正的统一。法治也是开放型教育模式构建应该遵循的，开放即是自由，自由不是绝对的，开放式的教育模式也应该尊重法律，在法律的范围内开展。

（二）明确开放式教育的方向

任何事物的发展都有一定的方向性，方向指引着人的一切行为，具有一定的指导性。党的思想政治教育工作是保持党的工作的先进性的前提。明确的教育方向也是大学生思想政治教育的基本前提。确定大学生思想政治教育方向的主要依据是国家的发展战略和大学生的思想实际。大学生思想政治教育模式的开放性决定了教育的方向也应该具备开放性。

方向具有一定的多样性和层次性。大学生思想政治教育方向具有层次性。大学生的思想政治教育方向必须符合党和国家的基本要求，必须符合党的政治教育的目标，既是实现共产主义的思想，同时还应该满足大学生思想政治教育的整体目标；又是培养德智体美劳全面发展的人才，必须将这两个方向进行有机结合。

大学生思想政治教育的方向性还决定了其必须始终保持与时俱进，发展目标必须具备时代特色。大学生思想政治教育是为了培养符合社会经济发展的合格社会主义建设者和接班人。开放式的大学生思想政治教育方向要保证与社会发展相适应。

（三）充实的内容

实现教育目标的重要依据是意识、价值观、品德等具有思想性的东西。思想政治教育的各个方面的要求主要表现在思想政治教育本身、目标的实现、对受教育者的要求等，它们共同地体现了思想政治教育内容具有逻辑性、多样性、时代感以及层次感等特点。我国大学生思想政治教育是坚持以思想性教育为核心，培养大学生具备正确的世界观、人生观和价值观。

大学生思想政治教育的一个重要特征就是具备开放性，改革开放的要求决定了思想政治教育内容必须是开放的、兼容并包的。

世界是开放、兼容并包的，大学生的思想政治教育也必须是开放兼容的，在继承和发展中国优秀传统文化的时候，对世界各国的先进文化进行吸收与借鉴。当今世界，呈现出文化交融、碰撞的特点，各种文化之间互相融合和吸收，这也就决定了大学生的思想政治教育内容也呈现出多种文化的交相呼应。大学生思想政治教育的内容除了应该遵循的事物发展的一般规律外，同时也还要与时俱进。教育的内容应该是变化的、创新的、发展的各种思想和理论的融合。

（四）开放式的教育方法

大学生思想政治教育的方法是指包含思想学习与授课的教育方法。教育的本质就是对思想进行教育。授之以鱼不如授之以渔的原理就是教育的原理。在对大学生进行思想政治教育时必须建立一套综合解决问题的方法，这样才能保证大学生在遇到问题的时候能够针对具体问题进行具体分析。

大学生的大学教育应该是理论和方法相统一的教育。大学生开放式的思想政治教育也应该坚持理论和方法的统一。大学生在进行思想政治教育学习的过程中会形成自己的一套方法，与此同时，也会形成一套认识、创造世界的方法论。大学生的思想政治教育工作，一是应该加强思想上面的理论学习；二是教给大学生具体解决问题的方法。理论与实践的有机统一，必须在大学生思想政治教育的授课过程中，积极与实践活动相结合，从根本上解决大学生思想政治教育与社会相脱节等问题。

（五）实现现代化的大学生思想政治教育

现代化是时代发展的目标。现代化目前已经体现在社会的各个方面。大学生的思想政治教育也应该坚持转变成现代化的教育。现代化不仅包括思想的，也包括制度、技术、物质、精神等方面的现代化。大学生思想政治教育现代化是与社会的现代化相适应的。教育的现代化，涉及教学方法的现代化、教学内容的现代化、教学思想的现代化、教学设备的现代化、教学目标的现代化等。

（六）构建和谐的师生关系

良好的师生关系是有序开展思想政治教育工作的关键所在。这里面包括地位的平等、态度的和谐。教育过程的有序开展需要教师和学生共同参与，师生在这一过程中以友好的姿态参与其中，可以为大学生思想政治教育起到事半功倍的效果，这也是开放式的大学生思想政治教育模式的内在要求，同时也是当今建立和谐社会的要求。和谐在师生关系中的具体体现是：一方面，师生之间友好相处，互相信任和尊重，彼此学习，彼此成就，在教育这一过程中使双方价值得到体现，一步步走向自己个性和人格的完善；另一方面，和谐的师生关系强调的是学生作为一个主体的地位应受到尊重。和谐的师生关系能够为教育提供良好的空间和氛围，这样的教育空间必定会对教育产生不一样的效果。

和谐的大学生思想政治教育师生关系也应该是互动性的，互动性教学课堂才能把思想政治教育做到最好。教师在课堂上应该做到与学生积极的互动。互动性教育应该体现在教育的方方面面，尤其是课堂教学方面。教育也是人与人沟通交流的过程，其中也应该坚持用情感化人的方法来实现教育的目标。高等教育要求思想政治教育坚持以学生为本，教育者与被教育者是主导与主体的关系，也是民主、平等的关系。当今的世界是一个资源大爆炸的时代，各种各样的信息以不同的形式来影响着众人，所以，信息复杂，方式也是复杂的，因此信息的传导方式也应该是多样式的，我们应该改变以往的直线式教育，将其变成循环式的、互动式的教育。

第四节　中国优秀传统文化融入和谐性思想政治教育

和谐社会的构建是党和人民一致追求的目标。和谐社会在符合世界大环境的同时，也符合我国国情，它在促进社会主义经济、政治、文化、科技等各方面发展的同时，也保障了社会的稳定和谐，为建立和平稳定的世界关系奠定了一定的基础。因此，以和谐的理念引领大学生思想政治教育，是大学生思想政治教育所要面临的首要选题。

一、和谐型思想政治教育质量提升模式

（一）和谐型思想政治教育模式的意义

在不断变化和发展过程中，应促进和谐思想与和谐文化的进一步发展和完善。人与人之间，国与国之间，事与事之间，和谐方能长久共生。

和谐的文化与思想是中国从古至今的追求目标，它强调的是人与人之间、人与自然之间的和谐共存。其中，人与人之间的和谐表现在能够良好地处理人际关系和促进身心健康发展。和谐文化和思想涉及许多方面，包括思考的方法、心理健康、价值的选择、伦理道德以及行为特征等。和谐要求不同事物之间能够相辅相成、相互促进，共同发展。

大学生思想政治教育的和谐型教育模式，能够促进教育质量的提升，使教育过程的各个环节和谐共存，共同发展，具体就是通过方式的和谐化、内容的和谐化、目标的和谐化、结构的和谐化来提高大学生思想政治教育的质量。

大学生思想政治教育的和谐性体现了师生地位的平等以及教学内容的柔和性。平等的师生地位指的是师生双方之间能够公平和民主地进行沟通与交流，双方地位平等，要互相平等地沟通交流，运用民主性的方式来完成教育目标。大学生思想政治教育的柔和性主要表现为审美观和互动性方面。教育学也是一个对事物的认识的过程，这其中就涉及个人审美的问题，不同的人对同一事物的理解存在一定的差异。审美水平高，对事物的想法和思考就比较完善和合理。互动性指的是在教育过程中师生之间时刻保持一种柔和的姿态，相互尊重，共同学习。除此之外，大学生的思想政治教育和谐性还表现在其他的方面，例如，大学生思想政治教育的层次性和协调性。

（二）和谐型思想政治教育提出的必要性

社会主义和谐社会涉及多方面，它要求的是具有全局性和立体化。和谐社会的构建，必须在和谐教育的辅助下才能实现。和谐型大学生思想政治教育要具备鲜明的时代色彩。和谐型大学生思想政治教育是在对中国传统文化进行深刻总结后提出的，在现代中国文化的基础上发展出来的符合中国大学生政治教学的教育。

第六章 中国优秀传统文化和大学生思想政治教育的质量提升

社会主义和谐社会的建立是符合时代发展旋律的，大学生的思想政治教育也应该不断创新、不断发展，和谐型大学生思想政治教育模式，不仅反映了时代变革的主题，还是自身创新发展的内在要求。构建社会主义和谐社会需要社会各界做出努力，因此，对大学生进行和谐思想的教育至关重要。社会主义的经济制度，决定了和谐社会不允许出现不公平和欺诈现象；社会主义的政治制度，也要求大学生的思想政治教育必须体现出和谐。

构建社会主义和谐社会是对中国传统文化中和谐观念的继承与发展。和谐是适应社会发展和大学思想政治教育的内在要求，和谐型的大学生思想政治教育是由教育的本质性决定的。一成不变不是教育，墨守成规不是教育，尔虞我诈更不是教育。根据我国的政治、经济、文化的现状，我国的大学生思想政治教育仍然有着很多不合理的地方。思想政治教育缺少目标性，没有内容，重点不突出，涉及的方面比较窄，缺少实践性，过多地强调知识的传授，而忽视了大学生主观能力的锻炼，这是教育普遍存在的现象，同样在思想政治教育中也存在。因此，必须构建和谐的思想政治教育来解决这些问题。

二、和谐型思想政治教育质量提出的诉求

（一）和谐社会的内在要求

建立社会主义和谐社会就必须要建设和谐型大学生思想政治教育。社会是由人组成的，大学生作为社会中的重要主体，和谐社会建设中的地位不容忽视。和谐社会的建立需要做到人与人之间、人与社会和自然之间的和谐共处，这三者之间建立和谐共存的关系。大学生思想政治教育的工作就是通过具体的方法和工作保证三者之间的和谐统一，人作为和谐教育的一个主体，面对人进行教育工作是十分重要的。对人的教育包括信念教育、道德教育和知识教育，通过这些教育培养符合社会要求的高素质人才，为构建和谐社会提供需要的人才。社会主义和谐社会是民主法治、公平正义、诚信友爱、充满活力、安定有序、人与自然和谐相处的社会。大学生思想政治教育应紧跟时代需求，自觉构建大学生的公平、民主、法治等观念。

我国的经济正处于一个飞速发展的阶段，经济的高速发展会使社会各层面出现财产不均衡的现象。这样就容易导致各种矛盾，生活方式、经济利益

等各种各样的关系都呈现出一个全新的势头。加强思想政治的教育，能确保社会稳定和谐发展。大学生作为一个主要群体，会因为各方面的压力产生心理问题，因此，必须加强对大学生进行思想政治教育。

（二）和谐社会新角度的要求

和谐社会的理念之一，是把人置于发展的中心位置。以人为本的发展理念决定了在进行思想政治教育时始终将大学生置于主体地位，时刻满足大学生的需求和要求，保证其自身利益在发展中得到保护。大学生的思想政治教育必须时刻关注大学生的各种需求，尊重其主体地位和独立人格，通过和谐化的教育方式促进师生和谐发展，引导他们实现自身价值与社会价值的和谐统一。

大学生思想政治教育坚持科学的、全面的、和谐的发展理念，在保证文化课学习的同时，也应该促进大学生思想政治素质的提高。

三、和谐型思想政治教育质量提升的道路

（一）在思想政治教育目标上坚持层次性的和谐

教育是一个循序渐进的过程，思想政治教育同样也不例外。教育的目标是具有复杂性和条理性。任何事物的目标都是有其自身发展规律的，同时其自身的发展规律也必须适应社会的发展规律。按照教育的一般规律来说，思想政治教育的目标顺序应该分为大与小、长远与眼前、个人与社会、主要与次要等，这也体现了教育的复杂性和条理性。

思想政治的教育目标应该是一个和谐统一的过程。实现小目标之后才能实现大目标，个人目标得以实现后才能实现社会价值；次要目标是可实现也可不实现的，主要目标必须得实现，这里又涉及主次的问题等，因此目标的实现存在一定的规律和条理性。和谐型的大学生思想政治教育必须遵循教育的一般规律。

大学生思想政治教育的最终目标为大学生具体目标的实现提供依据。这里的目标都具有和谐性的特点。目标的条理性是和谐性的关键。思想政治教育的最终目标在符合党的基本路线的同时，实现个人的价值，包括个人价值

第六章 中国优秀传统文化和大学生思想政治教育的质量提升

与社会价值,通过实现共产主义这一理想来指导大学生进行思想政治教育。我国大学生思想政治教育在本阶段的主要任务:首先就是培养大学生正确的人生观、世界观和价值观,这是他们进行一切生活和工作的核心;其次是进行爱国主义的教育,这是凝聚人心的关键;最后是进行道德教育,这是作为一个自然人必须遵守的规则。我国大学教育的整体目标是完成素质教育,在教育的过程中培养大学生的各种意识、思想、能力等,它是一个全面的、条理性的教育。大学生思想政治教育,涉及教育内容的各个方面,包括理论和技术的教育、思想和实际问题。除此之外,在教学方法上,应该是"软硬兼施",坚持教育与管理的和谐。

大学生思想政治教育不仅仅是一门独立的学科,还融入各科的学习当中,这是因为各学科之间存在互通性。同时,思想政治教育也不是简单的课堂教学,它涉及生活的任何时候。教学管理中也可融入思想政治教育,在管理中开展教育,在教育中加强管理。思想政治教育是一个发展中的教育,它应在学习优秀传统文化的同时,加以改进创新,从而形成新的教育理念和方法。大学生思想政治教育必须始终保证与时俱进,这样才能保证大学生思想政治教育始终充满活力与生命力。

(二)坚持创新性的和谐

大学生思想政治教育的内容具有一定的规律性和稳定性。大学生思想政治教育的目标也应该在坚持教育内容规律的情况下,对教育内容进行一定的创新,这是时代赋予的要求与责任。大学生思想政治教育的创新内容应该是在遵循一般规律的基础上所进行的创新。人的世界观、人生观、价值观是一个可变的过程。大学生思想政治教育必须要始终保持与时俱进,保证教育内容与时代同步。大学生思想政治教育内容的规律性和理论性,决定了其创新的过程不能缺少核心思想的指引,无所顾忌的创新只是没有根据的创新,实用性就会大大削弱。

科学地、合理地安排大学生思想政治教育必须保证内容的规律性与创新性的和谐。坚持个人理想和国家理想的相统一,坚持以爱国为重点,以基本道德规范教育为基础,以大学生全面发展为目标的和谐统一,实现人与国家的和谐发展。市场经济的基本国情,决定了大学生思想政治教育的内容必须符合市场经济发展规律,同时也应该分析社会实际,正确认识自己的行为。

（三）坚持教育方式的和谐

教育的真正原理是教会学生学习的方法，并不只是简单地进行知识的教授。大学生思想政治教育可以通过科学、合理的理论指导，从外面传输进去，也可以让大学生发挥主观的能动性去选择和确认，最终形成自己的行为理念。大学生思想政治教育是双向的活动，教师需要让大学生的主体地位得到和谐发挥。教师作为思想政治教育的主导者，学生作为被动者，教师要促进学生主动性的发挥，使其与教师主导性和谐统一，两者相辅相成。教育的内容上，主导的思想和多样化的思想是和谐统一的。教育过程中，坚持规律与特点的相融合，使大学生思想政治教育不偏薄。教育方法上，运用通识的方法，融合前沿的思想和意识，方便大学生接受思想政治教育。

（四）坚持传统与现代技术的和谐

传统教育创新发展的过程应坚持和谐的发展。传统的教育方法与现代的教育方法不能用统一的制度进行衡量。大学生的思想政治教育应在传统教育方法的基础上，结合现代技术进行创新和发展。

我们要不断对传统技术进行创新与改进，保证其与时俱进，适应新时代的要求。传统与现代技术的和谐统一需要顺应时代的潮流，以及大学生关注的方向，利用新的技术和方法对大学生进行思想政治教育，比如，定期举行法治宣传，参加具体的活动等。传统的教育方法有其好的地方，也有其不好的地方，我们可以在此基础上，去伪存真，创造新的教育方法。

大学生开展思想政治教育工作的一个有效手段是通过网络的途径，进行网络化的宣传和教育。关于创新的教育管理制度，我们可以建立创新型的学分管理制度，建立符合学生自身情况的课程模式。随着大学生思想政治教育的不断革新，其育人功能日益凸显；学生社团也是其中创新思想政治教育的一部分。当前大学生思想政治教育的主要内容就是促进大学生思想政治教育实现网络化和社团化，用先进的思想文化引导、影响、塑造大学生。

（五）坚持各类教育的和谐

课堂教学、课后实践、文化影响、网络渠道是大学生思想政治教育的新途径。大学生思想政治教育要坚持以教学为主导，开发多渠道结合的培养模式。

第六章　中国优秀传统文化和大学生思想政治教育的质量提升

课堂教学作为大学生思想政治教育的主要方式，必须始终坚持大学生的课堂主体地位，切实改革教学内容、方法，增强思想政治理论课的吸引力和说服力。大学生思想政治教育的途径具有多样性，这些方式会涉及社会、校园、网络等方式。大学生思想政治教育应坚持学校、家庭和社会三方相结合，大学生思想政治教育活动是一个复杂多变的活动，地位和职能的差异，导致它们发挥的作用也有所不同。但是，只有将学校、家庭与社会和谐统一才能有效开展思想政治教育活动。

第七章 中国优秀传统文化融入高校思想政治教育的途径

第一节 树立全员育人的意识

教育的核心是育人，而育人的核心又是德育，也就是说教育的根本任务是立德树人。"立德树人"是当今高等教育共同面对的重大时代命题。在现在这个信息网络发达的时代，新的形势对大学生的德育也提出了更高的要求。德育的内容包含了多个方面，例如培养大学生的健全人格、提高大学生的道德素养、树立正确的价值观等。将中国传统文化融入高校思想政治教育并不是一个简单的工作，而是一项系统的工程，需要多方人员齐抓共管，因此只有树立全员育人的观念才能使传统文化充分利用各种途径和渠道融入高校思想政治教育。

一、全员育人的内涵解读

我们所说的"育人"，不单单是传授知识，也包含启迪思想、养成道德传承文化等方面的内容。而"全员育人"，从字面上理解，说的是育人要具有全员性。"全员育人"分为狭义和广义的层面，狭义的层面仅指学校内部所有人员参与的育人观念，包括学校内的教职工、学生等，这种"全员性"包括管理育人、思想育人、文化育人、教书育人、服务育人等多个方面。这些方面的展开，需要学校所有人员的共同努力。而从广义上来讲，"全员育人"则从学校外延到了家庭、社会以及学生自己等层面，形成了一个更大的育人体系。

其实,育人不只是高校的工作重心,也是整个社会的工作重心。因此,高校有必要树立广义上的"全员育人"思想,以高校为中心,让整个社会都参与进来,例如家庭、社会机构,等等,大家齐心协力,从各个维度出发进行全员育人,构建科学的学校、家庭、社会一体化的全员育人格局,才能达到更好的效果。

二、全员育人的意义剖析

在这个社会上,一个人的思想和观念并不只是在学校中形成的,家庭和社会的影响也非常大。因此,学校的教育不是单独存在的,而是会受到家庭、社会以及学生自己的制约,单一的高校教育并不能取得很好的效果,因此有必要让家庭、社会以及学生自己都参与到育人过程中来。

(一)全员育人是高等教育大众化的需要

现在,我国的高等教育越来越走向了大众化的层面,这就使得高等教育出现了很多新的动态。例如,高校办学规模扩大,办学形式得到了丰富,办学形式和层次更加多样化,但与之相对的是,学生的道德素质和文化素养变得参差不齐,由此带来了高校的管理难题。再如,新形势下,学生对于学校各个方面的要求也提高了不少,特别是在教学水平、师资配备与软硬件服务等方面,高校的教师队伍和管理水平难以适应,使高等教育育人面临了很多新情况、新挑战。在高等教育过程中实行"全员育人",要对这些新情况和新问题认真对待,因此就要积极探索多条路径形式,形成科学多维的育人体系,开创更好的育人局面。

(二)全员育人是大学生社会化的要求

大学生毕业以后,就要进入社会,走上工作岗位,开启自己的职业发展生涯。因此,在高校期间,大学生就应该能有一定的适应社会的专业能力和基本素质。这些能力和素质既可以通过大学期间的学习从各类书本资料中习得,也可以从教师教书育人的言传身教中习得,还可以通过参加各类丰富多彩的专业实习实训、社会实践活动来习得。这就要求高校育人不能只靠学校单方面来完成,而是要结合家庭、社会一起来完成,在高等学校教育的基础之上充分挖掘家庭和社会资源的潜力与作用，形成正向合力，推动高校全员育人向社会纵深发展。

（三）全员育人是社会发展的必然趋势

现在，整个社会都处于快速发展之中，让高校的育人环境也处在不断发展之中。高校育人一定要适应新形势，与全球化、网络化、信息化、数据化的发展一致。这就要求高校能用开放的眼光去审视全员育人的问题。现在在全球范围内，各个国家都很重视在育人时强调学校与家庭、社会的共同参与，注重非学校因素对育人工作的影响，鼓励家庭、社区、媒体、社会机构更多地参与到高校的育人工作中来。

三、全员育人的策略构建

（一）学校教育

1. 教书育人

高校中，思想政治教育的教学部门是进行学生思想政治教育的主体，要提高思想政治教育的实效，就要注重改进教学方式方法，增强思想政治理论课教学对学生的正向引导与影响。在讲授思想政治理论知识时，不要只是呆板地说教，应该采用多种形象生动的方式，例如增加视频讨论、座谈辩论、社会实践分享等内容，这样可以使枯燥的思想政治理论更具有感染力，也能增强思想政治教育的实效。例如，在讲授毛泽东思想时，思想政治教师可以提出让学生们分析一首革命老歌，或是在毛泽东的诗词中领悟毛泽东的人格魅力、革命理想、胆识和追求，还可以让学生找一篇外国人或国外媒体描写毛泽东的文章来进行翻译，通过不同的视角来分析。这些教学方式都能有力地增加学生对于毛泽东思想的认识，也能激发学生的参与热情。其实不只是思想政治教师这样，其他专业课的教师也可以这样操作，比如利用课前三分钟时间，与同学们一起了解一下最新国内外时政要闻，将思想政治教育融入专业课课堂，同样能取得较好的教学效果。

2. 思想育人

在大学生的主题教育中，理想信念教育为其核心，爱国主义教育是重点，

第七章 中国优秀传统文化融入高校思想政治教育的途径

基本道德规范是基础。在思想政治主题教育中,不仅要坚持活动的规范性,也要保持活动的高质量和实效性。例如可以举办多种形式的主题教育活动,举办形势报告会,唱响主旋律,将学生的现实思想理论问题予以解决。此外,也要鼓励和支持学生组建理论学习社团,给予学生分类指导,将课下与课上结合起来、讨论和阅读结合起来、理论与实践结合起来,多方面开阔学生视野,启发学生思维,澄清学生在思想上的模糊认识,提高学生的理论水平。同时也可以通过专题讲述、情景体验、咨询解惑、节日纪念、经验访谈、专题讨论、实问实答等其他形式让学生们通过调查研究成为主题教育的设计者、实施者与总结者,在主题教育的推进落实中实现"知行合一"的体验与分享。

3. 文化育人

高校的校园文化活动是高校文化育人的主要形式。我国各个高校都应当引起重视,通过组织各级各类丰富多彩的活动,加强校园文化建设的内涵式发展,陶冶学生的情操,锻炼学生的能力,提升学生的修养。这可以从三个方面进行。

第一个方面是学术提升素质。将大学生学术科研、创新创业活动与高校思想政治教育结合起来,并且鼓励学生科研立项,参加各种学术科研竞赛,在专业教师的指导下,让科研活动成为提升大学生综合素质的重要途径。

第二个方面就是可以举办形式多样的高校文体活动。营造和谐的校园文化,利用文化活动的浸润作用,在潜移默化中引导学生树立正确的人生观、价值观和世界观。营造高雅校园文化,重视校园人文环境和自然环境建设,积极培育优秀原创校园文化品牌,使其成为涵养学生心智和价值观的重要载体。结合高校各专业学生实际,设计组织一些"文化节""艺术节"等,打造一批学生们喜闻乐见的文化艺术精品活动,使之成为提炼和展现高校自身文化特色的载体,让学生在参与多彩的校园文化活动中获得深刻的文化洗礼、艺术熏陶和思想教育。

第三个方面就是各个高校要重视学校的社团建设,社团是在高校党团组织的直接指导下由大学生自己成立的,有着共同的兴趣爱好或是奋斗目标的大学生自治组织。社团开展的活动都能够融趣味性、知识性和思想性为一体,在共同爱好和兴趣的纽带连接下,给大学生提供一个充分展示自己才华能力,培养团队精神和协作意识的舞台。这些丰富多彩的社团活动成为提高学生综合素质的桥梁，并以之为载体，为学生提供浓厚的校园文化氛围，从而实现文化育人的目标。

4. 管理育人

高校的管理活动，同样在提高学生的思想政治素养方面发挥着重要的作用。一方面，学校的各级管理人员和学生都有联系，管理机构的工作情况都会对学生的思想和行为造成影响。所以，高校的管理工作也要符合思想政治教育的规律，要公平公正，不能有所偏颇，工作作风要严谨，要做到一丝不苟，要树立起学校的各级管理工作都是为学校服务的工作意识，真正做到廉洁办事，管理育人。另个方面，各级管理者要认识到自己和学生处于平等的地位，在与学生交流的过程中，不能居高临下，要以平等的身份与学生沟通交流，想学生之所想，急学生之所急。管理人员自己有着良好的思想政治素养，便会影响到学生也形成良好的思想政治素养。另外，高校的管理者也要做好制度建设，制定合理的规章制度，并以此作为考核标准。高校的管理育人工作既要坚持立德树人，也要不断推进依法治校；既要严格落实制度管人，也要切实维护学生的合法权益；既要严明纪律，也要以理服人；坚持法德并举，既要强化法治教育，也要抓好道德教育，尤其是要努力实现法治教育与道德教育的双向融合，引导学生朝着更好的方向发展。

5. 服务育人

高等学校的服务育人，包括以下四个方面。第一，心理咨询服务。在当前的高校中，心理咨询显得尤为重要。高校在进行心理咨询服务时，要通过多种方式对不同年龄段、不同专业的学生进行心理健康教育与指导，打造新形式的对学生成长成才起到重要影响意义的心理咨询模式，从而提高大学生的心理素质和受挫能力；要最大化地把学生的各种心理问题解决掉或是转给其他机构，在服务中达到教育的目的。第二，就业指导。现在，高校毕业生逐年增多，就业压力加大，就业指导也就成了高校服务中一个重要的内容，在就业指导时，应该把其与思想政治教育结合起来，指导学生认知自我，了解职业世界，了解外部环境，引导学生把自身发展与国家期望和社会需求紧密结合起来，并凭此获得更好的发展。第三，学生资助服务。现在各个高校都有一些对贫困学生的资助服务，在对学生进行资助服务时，要制定出一个完善的制度，不能有偏颇，有失公允，该资助的一定要资助到，同时要覆盖广，

第七章　中国优秀传统文化融入高校思想政治教育的途径

把需要资助的贫困学生都覆盖到。还有，要将传统文化融入进来，在资助时给予学生相关的诚信教育，让学生提高自己的思想道德意识。第四，后勤服务。高校的后勤部门与学生的生活息息相关，高校在学生生活的各个方面都应提供细致周到的服务，及时听取学生的意见，并予以改进。在宿舍管理中，也要加强文化建设，让学生切身感受到学校这个大家庭的温暖。

6.环境育人

环境育人包括三个方面。第一，创造优美的生活环境。学校的环境也是思想政治教育的一种体现。现在有很多高校积极改善自己的校园环境，让校园变得美观整洁，加强学校文化景观建设，对于陶冶学生的思想情感都发挥了积极作用。第二，创造浓郁的学习环境。高校应该着力改进自己的教室、教学楼、自习室、图书馆等学习场所的环境，精心布置，营造一个强烈的学习和学术氛围，加强学风建设，突出学风引领，选树先优典型。这些对于激发学生的学习热情很有帮助。在公共场所，高校也可以适当布置一些绿植，可以烘托这种浓郁的学习环境。第三，创造优良的网络环境。现在网络化日趋普遍，网络为世界各地的人们搭建了一个立体化的全球交流平台，网络也成了学生们沟通的主要渠道。加强网络环境建设就是要使学生跳出原来的狭隘地域，不断扩大大学生思政教育的层面。高校能够有效地利用网络资源，为大学生提供一个优良的网络渠道，将思想政治工作融入网络渠道中去，创新开发与学生相关的网络适用板块，达到教育目的。

（二）家庭教育

1.转变家长对家庭教育文化传承的认识，拓展家长的家庭教育文化传承时空内容观

第一，不要再采用那种直线式的时间观。有很多家长可能有这样的认识，对于孩子的教育，家长只负责学前阶段就够了，至于之后的教育就交给学校，自己可以不用进行了，这是错误的看法。家庭教育应该贯穿于子女成长的每一个阶段。在中国传统文化中，家庭教育也是全程的，不只是启蒙教育，也包括成人教育、成长教育，是一种终身教育。随着孩子年龄的增大，家庭应该多引导孩子在生活和学习中自觉反思，提升自身，可谓"每日三省吾身"，在反思总结中，梳理自身的优点和缺点，在成长的过程中补短板、强弱项、

快成长。第二，要改变那种封闭式的空间观。有很多家长也有这样的认识，给孩子的教育只是在家里进行就可以了，在社会上，自己又不陪在孩子身边，就不能说是家庭教育了，这也是不对的。虽然中国传统文化中强调"父母在，不远游"，但实际上，子女在成长过程中和父母在一起的时间是有限的，父母有时虽与子女不在一起，也可以进行家庭教育。教育方式远不是只有面对面沟通才能达到，其他如电话、电邮、微信、微博、网络等都可以成为教育的途径，有的途径甚至比当面沟通还要有效。例如长久以来，书信就是很好的一种家庭教育方法，中国历史上的曾国藩家书等都对家庭教育产生了深远的影响。第三，要转变通才式内容观。同样有很多家长认为，家庭教育就是要教育孩子的各个方面，而不是只教育某一个方面。这就是一种通才式的内容观。而实际上，在家庭教育时，家长是应该有所侧重的，要将重点放在孩子的行为规范和思想观念上，让孩子从小就有很深刻的思想道德认识，而不应该面面俱到、事无巨细地做孩子保姆，要注意有侧重地引导和教育。

2. 细化家庭教育文化传承内容，锁定传统礼仪礼节及自立能力的养成

第一，要将传统文化中礼仪礼节的方面进行细化。首先是一些基本的礼仪礼节。"人无礼则不生，事无礼则不成，国无礼则不宁。"对于生活中需要用到的礼仪礼节，家长都应给孩子提出具体要求，并且分类出来，教育孩子在不同的场合要用不同的礼节和礼仪。其次要教育孩子有孝心，有孝道。家长应该加强对子女的孝道教育，让子女从小就能尊敬老人，孝敬家长，知道赡养父母是自己应尽的责任，培养孩子感恩尽孝、知恩图报、施恩不图回报的道德观和感恩意识。第二，要培养子女自食其力的意识和能力。首先是生活自理，要让子女有自己去完成自己力所能及事情的意识，在磨炼中增强孩子的独立意识和社会责任感、义务感。同时培养孩子的自理能力，还包括培养孩子的情绪情感控制能力、人际交往能力、目标管理能力和日常管理能力等。其次要让子女懂得自食其力，不管在哪个方面，理解付出与得到的逻辑关系，不能依靠自持门第，要尽量靠自己的能力去学习、工作和生活。最后是要培养子女拥有坚韧的品质和受挫能力。要让子女明白生活的艰难。"人生不如意十之八九"是常态，不能遭受挫折就灰心丧气，要理性、从容地对待压力和挫折，要敢于面对挑战，有承担失败的勇气和魄力，而且要从挫折中看到积极的一面，找到自己正确的人生路径。

3. 采用多种家庭教育文化传承方式,突出家长的言传身教和传统节庆日的熏陶

第一,家长要重视言传身教。首先,家长要将孩子遵守的礼仪礼节知识"传递"给孩子,要系统地讲解给子女听,并告诉他们这样做的重要意义,使子女从小就能形成一种知礼守礼的观念。其次,家长要有周期性,要能够反复地传。礼仪礼节的教育不是一次就能达到效果的,孩子也不是一次就能领悟的,只有慢慢地从实践中去习得,才能形成习惯,成为心中固有的意识,因此家长要反复地对子女进行教育,才会培养他们有定型的动力。最后,家长在平时的日常生活中,要给子女起到一个表率的作用。在对子女进行道德素质教育时,家长要以身作则,这样才能潜移默化地影响子女的言行。如果要求子女做到,家长自己却做不到,子女是不会形成习惯的,反而会产生抵触情绪。第二,家庭中也要进行各种活动来对子女进行熏陶。首先,是要告诫子女处理好他们和周围人群的关系,要尊敬老师,关爱同学,善对朋友,在走亲访友时,也要对子女现身说法,讲解礼仪礼节的重要性,让子女在真实的情境中得到教育,逐渐将良好的思想政治素质内化于心,形成自己的行动准则。其次,家长可以给子女安排一些与道德素质相关的任务。例如让子女养成储蓄理财的习惯,从中知道勤俭节约的好处,再如给子女安排一些家务劳动,让子女知道为父母分担一些家务劳动是自己的责任。在进行家务劳动时,他们也可以养成自己独立生活的能力,体验到自己是能够自立的。再次,在传统节庆活动中,可以带子女一同感受这些活动的魅力,例如清明节扫墓,可以让子女感受父母对先辈的谦虚和崇敬,从而知道自己也应该这样,重阳节时可以形成孝道和敬宗睦族的观念。还有是应当建立相应的家庭教育文化传承的机构,制定出合理的标准和方案,教育行政部门也应该引起重视,建立起一套规范制度,从国家到乡村,每个层级都有相应的对应机构,在此基础上,再组织一些专家学者进行取证研究,制定出适合家庭教育的内容规范、方法规范、管理规范,等等,让家庭教育在一定的框架上合理进行。当然,也不能忽视了家庭文化教育教材的编写,在家长进行教育时,这些教材可以成为很好的参考标准。在教材的编写中,需要注意两个问题。其一,内容要有依据,要做好分类,要根据子女成长的不同阶段来选择适宜的家庭教育内容。其二,形式最好是白话文对照文言文,让子女看得懂,又能意识到这些

都是中国优秀的传统文化，是传承下来的东西。最后，要实施家庭教育文化传承培训计划，周期性地开展家庭教育文化传承培训活动。

为此，各级教育机构要将家庭文化传承纳入考核范畴，要督促所属单位做好相关的工作，有机会也要对家长进行一些培训，最好是有一个周期性的时间安排，而不是随意进行。这样的方式，才能让家长熟悉家庭文化传承的相关教育内容。有一些好的家庭文化传承的案例也应进行宣扬，让家长从中吸取好的方法，学到好的经验，并合理运用在对自己子女的教育中来。

（三）社会教育

全社会都要关心大学生健康成长，支持大学生思想政治教育工作，宣传、理论、新闻、文艺、出版等方面都要坚持弘扬主旋律，为大学生思想政治教育营造良好的社会舆论氛围，为大学生提供丰富的精神食粮。

第一，要充分利用校友资源。高校的历届校友可以是社会教育的重要组成部分。高校可以举办多种和校友相关的活动形式，将校友的成绩和成长经历展示出来，让校友将对工作岗位、社会分工、职业行业、求职准备、入职培训、职业规划、职业积累与转型决策的认识与体悟与学生分享，让学生与校友一起分享奋斗的经验与启发，让学生在感叹校友的经历时，对自己选择的人生道路、职业生涯有一个清醒的认识，从而潜移默化地起到教育的作用。曾经，清华大学在校办杂志《清华校友通讯》和《清华人》上，刊登了上百名杰出清华校友的事迹，就受到了学生们的热烈关注。第二，可以开展多个层面的社会实践。让学生在实践中体会正确的思想政治意识。现在很多学校都开展了这方面的活动，并且也取得了一定的效果。在多层次的社会实践中，学生加强了思想认识，了解了社会分工，形成了工作体验，清楚了学习奋斗目标和职业规划方向，能够更好地实现自我认知和职业发展方向定位。我国的很多地区都可以成为学生实践活动的场所，一些农村、厂矿、军营更是对学生社会实践有着重要意义的地方，学生还可以参与支教，参与各种志愿者活动。随着网络媒体的迅速发展，网络招募也成为学生获得实践体验与经历的快捷方式，深受大学生的欢迎。网络实践招募把分布在各地的有着共同志向或是兴趣爱好的学生聚集起来，在实践中一起经历与成长，走进社会，在这些活动中认识社会现实，体察民情，在实践中增长才干，锻炼能力，培养品格，更能启发他们服务社会的意识。

（四）自我教育

苏联教育家苏霍姆林斯基说过："只有能够激发学生去进行自我教育的教育，才是真正的教育。"自我教育是德育的一种方法，教育者应该按照学生个体的发展进行指导，让学生把教育者的要求，变成自己的奋斗目标。在大学阶段，离开了父母的陪伴，相对独立的时空环境，让学生的主体意识空前增强，学生如果能够在这个阶段，自觉主动地投身于学习、生活、社会工作和人际交往中，自己行动起来，通过自身对周围环境和事物的独立思考，参与到教育中来，提升自身的自我设计选择的能力和自我负责的精神，才能真正地起到教育的作用。学生本人的积极参与也是全员育人的重要方面。高校也可以采用多种方式吸引学生自主地参与到学校和社会的各项活动中来，让学生在这些活动中获得自我教育、自我管理和自我服务的能力，逐步缩小所学知识与社会需求之间的差距，通过自我教育、自我评价、自我鞭策，最大限度地完善自我，提升素质，为将来走出校门、走向社会做好基础能力的储备与积累。

第二节 注重优秀传统文化的现代价值转换

中国传统文化源远流长，在几千年的历史中，对于文化的传承和发展发挥了重要的作用。这些丰富的文化资源，都是我们当代思想政治教育不可缺少的内容。随着近几年来国家对传统文化的重视，传统文化的继承取得了很好的成果，文化资源的转换利用也对高校思想政治教育带来了新的活力和促进作用，并且取得了实效。但与此同时，大学生及高校思想政治教师中也存在一些不懂甄别、整合、重铸和创新的情况，因此我们必须要赋予中国优秀传统文化以新的时代特征，重视中国传统文化的现代价值转换。

一、要有世界历史的眼光

所谓世界历史的眼光，是指我们在看待传统文化时眼界要开阔，不应只注重其中的某一个方面，或是只看到中国的方面，要站在一个更高的层次和角度上，不仅看到中国的历史和文化，也要看到世界的历史和文化。不然，我们是不可能理性地看待中国传统文化的，也不能理性地看到传统文化在现在社会中需要发挥一个怎样的作用。

用世界历史的眼光来看待传统文化，我们就会发现这个世界从 18 世纪以来发生了巨大的改变。18 世纪中叶，英国爆发了工业革命，机器生产取代了手工劳动，工厂制替代了家庭作坊和手工工场，这使得社会生产力出现了一次空前的飞跃。英国工业革命对世界各国经济的发展产生了巨大的影响。英国先进的科学技术迅速地传到欧洲大陆、北美和其他国家，极大地推动了这些国家的工业革命。而且，新的生产方式还促进了奥地利、俄国等国的社会革命，加速了封建主义在欧洲的彻底崩溃。也正是在这个工业革命的带动下，整个世界形成了一个整体，现在，整个世界则形成了一个地球村的全球化时代。

所以，如果我们以世界历史的眼光来审视历史的话就能够看到，世界历史的发展并不以某些人的意志为转移，而是由一些内在的原因触发的，技术的变革、商业资本的发展都会带来世界性的变革。而转过来看中国，在近现代以来，我们就能发现中国的变革或者说现代化，很多是从外来技术或变革的引领下掀起的，有一种被动性的特征。这就决定了中国传统文化在这个过程中会有不适应，会有纠结，也会有紧张关系，但是最重要的是中国传统文化有着强烈的自我革新能力，能够在不断地取精去糟的过程中丰富内涵，传承发展。中国传统文化不仅是中国民族的精神财富，也是世界文明的宝贵财富。知道了这些，我们就能知道近代以来中国为什么会出现那么多的中西之争了。世界的发展会影响中国，也会影响人们的选择。而实际上，这些中西之争都忽略了一个事实，中国不是要完全摒弃传统，也不是要完全保留传统，而是应该站在世界发展的角度，把传统和新的外来技术、变革结合起来，通过传统的调适和价值转换，参与到这个变革中来，以此化解传统和现代间的紧张关系，实现中国传统文化的古今之变。

二、继承什么样的传统

世界上所有的民族在现代化的进程中都不会完全照搬外来的文化，它必须根据自己固有的文化体系做出调适，中国文化也是一样。但是在中国文化适应现代化的调适中，我们也应该了解，我们该继承什么样的传统。中国传统文化内容极为丰富，要从这些浩如烟海的文化体系中甄别出来哪些是适合现代社会的，适应当下社会价值体系的，是可以存续发展的。这是一个很大的话题，但是要明白一点，那就是历史上也有过多次对传统文化的反思和批判，我们能够从中找到继承何种传统的基本脉络。

因此有两个方向是值得我们特别加以重视的。其中一个是儒学内部思想的流动，中国历史中，儒学一直以主流的形式存在，在各代的儒学大家对其进行传承的基础上，它也随着时代的发展，演变出了新的话语形态，所以儒学体系是一个极具生命力的开放性体系，在历史发展过程中不断地吐故纳新，自我完善；另一个是要重视社会上发生过的批判思潮，这些批判思潮绝非由来无因，我们要研究它们发生的具体情景和显现的具体结果，例如道家的冲击、法家的批判等，其他非正统的一些学术思想，如是有益的，也应汲取，并进行现代价值的转换。

如果我们抛开那些正统的思想和理论，就会发现，尽管儒学占据主流，但差不多每个朝代都有人抨击时政、批评政治，这正是因为他们发现了儒学中一些不符合当下社会发展的情况，并希望改变这种情况，其中必然有很多合理的部分。所以我们在研究传统文化时，着眼点不应只放在正统的思想和理论上，也应看到其他一些有益的成分，同时也应看到社会在变革的过程中也有一种对传统自查自纠的力量。

虽然在历史上，不同的时期在批判思潮中都有各自的侧重点，但其中有些思想主线是一样的。例如很多批判都围绕权力集中、腐败的官僚体制展开，批判思潮的背后是哲学家们对国计民生的关心，希望社会变得更好。明末清初时，一些批判思潮的代表如顾炎武、黄宗羲等，更是把矛头直接指向了统治阶级的最高权力者，即皇帝。他们说"为天下之大害者，君而已矣"，天下之所以出现了这么危险的局面，根本还是这种君主专制制度造成的，因此

"天下为主，君为客"，人民应该当家做主，而不应该是皇帝，这些都是早期比较典型的民主思想。

在几千年的人类历史发展过程中，世界上很多的国家和民族都消失了，很多文化和语言也消失了，但是我们中国传统文化却依然屹立不倒，经受住了各类严苛的时间考验，承受住了各类压力打击，体现了其独特的强大生命力。从这里我们就可以看出，在中国古代出现的一些批判思潮，其本质是想要解决出现的社会矛盾，是对社会痛疾的把脉，是想要推动社会前进。从这个意义上来讲，研究这些批判思潮也是非常有价值的，在今天，也是需要我们继承的一个传统。

三、寻找传统文化的生长点

当然，每一个具有悠久历史和文化的国家，在现代化的过程中都会打上自身烙印，也就是一种"身份认同"。但是，在现代化的过程中，传统文化发挥出来的作用，在于它能在多大程度上和现代化结合，并在结合的过程中满足现代化的需要。在一个国家的现代化过程中，传统文化相当于一幅图画的底色，它发挥的作用取决于现代化对它的调动。也就是说，传统文化是要被选择和被创造的，不能离开现代化的范畴。

传统文化是具有现代价值和意义的。在保护民众特别是弱势群体的利益时，儒家的民本思想就会发挥作用；做一个自觉维护群体权益的现代公民可以使用孟子的独立人格和舍我其谁的担当精神；道家的清静无为、尚俭理念，可以去遏制弥漫于世的腐败之风；同时提倡墨家的科学精神、法家的法治精神、名家注重名实之辩的分析方法，那我们的传统文化就一定能在现代化过程中发挥正面作用，真正成为经济和社会发展的文化助力。

基于上述，如果我们的传统文化在现代生活中能提供这样的资源，就是把传统文化和现代需求相结合了，会重新焕发传统文化的生命力，其中所使用的传统文化内容如儒家的民本、明公私之分、推己及人、内外兼修、知行合一等，都是具有现代价值和意义的精神财富，能够为现代化建设提供哲学和思想理念上的支撑。这就需要结合现实需求，深入挖掘传统文化的意义，提升传统文化的现代价值。

第三节 加强对大学生学习优秀传统文化的正确引导

在中国传统文化与高校思想政治教育的融合上,高校的思想政治教育工作者应该加强对大学生学习传统文化的正确引导,以让大学生树立起正确科学的文化观念;同时要发挥中国传统文化在高校思想政治教育中的重要作用,并达到引导大学生主动自觉学习中国传统文化的效果。

一、培养大学生的文化自信

大学生作为未来国家建设和发展的中坚力量,承托着国家和民族的希望。在人生旅途中,大学时期也是思维最活跃、受教育影响最大的时代。因此,高校在思想政治教育中,就要着力用传统文化来影响大学生,培养他们高度的文化自信,增强他们的民族自豪感。作为社会上的高知识群体,大学生的文化自信如何,对中国传统文化的接受和理解如何,也可以说一定程度上影响着整个社会对国家和民族的自尊心与自豪感,影响着社会大众对中国传统文化的关注情况。以前,我国应试教育和功利性学习,曾经使中国传统文化的重要性被忽视。但现在,我们需要大力拾起中国传统文化,为中国民族文化复兴打好基础。现在,全球化的浪潮使大学生更容易受到各种思潮的影响,因此做好中国传统文化与高校思想政治教育的融合不能有丝毫的松懈,要着力防止世界上其他强势文化在大学生意识中产生的对中国传统文化的冲击和占领,提高大学生对于中国民族和文化的认同感,使其能够主动地鉴别中国传统文化与外来文化的优劣,好的要吸收,但是中国传统文化和民族精神的本质不能变,做到不夜郎自大、故步自封,也不妄自菲薄、盲目仿效。总之,"文化自信"是国家和民族对于大学生的一个要求,大学生有理由走在社会大众的前面。

（一）引导和鼓励大学生学习优秀的传统文化，大力弘扬革命文化，重视马克思主义信仰教育

在将中国传统文化融入高校思想政治教育的过程中，各个高校应该根据自己的特点，挖掘中国传统文化中优秀的资源和宝贵的精神财富，并且在实践过程中予以创造性的转化，尤其是中国传统文化中的仁爱、诚信、正义、爱国这些思想，千百年来都有着重要的价值，而且在未来也会产生重要的价值，是一定要继承和发扬的。在教育的过程中，也要引导大学生在实际的生活和学习中去践行这些理念，做到中国传统文化优秀精神与现代社会的契合发展。同时，马克思主义已经被证明是中国社会发展最有力的保障，因此，大学生也必须要在马克思主义的指引下，树立自己的价值观、人生观和世界观，要坚定地信仰马克思主义，并且将马克思主义与中国传统文化的优秀思想结合起来，创新性地发展。

在这个过程中，高校要做的工作有很多。例如要努力营造中国传统文化的氛围，提供更好的传播中国传统文化和马克思主义的平台。在互联网大发展的前提下，可以多设计一些微课堂，通过快速便捷、短小精悍的形式把学生的注意力吸引过来，加深他们对于传统文化知识的学习和体悟。高校也可以组织一些有意义的传统文化活动，例如聘请知名传统文化专家来校举办讲座，如孔子学堂、孝文化讲座、家风讲座、茶文化讲座，在各种纪念日中进行纪念活动，让大学生形成强烈的爱国主义思想、爱护大众思想、为国出力的责任感和使命感。现在，我们欣喜地看到国家和政府也加强了对于传统节庆的保护，重大的传统节日都有假期安排，另外一些节日也重点营造了相应的氛围。高等学校也应该抓住传统节日这一平台，在传统节日中设计一些与之相关的文化教育活动，让学生充分认识到相应传统节日背后的思想和内涵。甚至有条件的，在活动的组织和策划过程中，也可以让学生参与进来，一起动手完成，大学生亲身体验得来的认识将比原来那种被动认识过程的效果要好得多。以此让更多人能深入了解中国优秀传统文化，增强大学生对传统文化的自信。

（二）培养学生"明辨"的能力

"明辨"对于大学生来讲极其重要，它的强弱直接关系到一个人思想境

界的高低。大学生在生活和学习中，都要善于思考和分析，并在思考和分析的基础上做出对的选择，处事做人要稳重、踏实，要谦虚又要自信，要有做学问做事业坚持不懈的意志和品格。当前，我国大学生的文化自信还需要加强，这就少不了锻炼大学生的明辨能力，如果没有好的明辨能力，大学生就不会意识到中国传统文化的重要性，反而不加甄别地吸收崇拜外来的文化。

培养大学生明辨的能力，学校首先要改革传统满堂灌的教学方法，老师应该组织和引导学生自我学习和相互讨论，要更多地采用讨论式和启发式的教学方法。真理是辩出来的，不是死记硬背地"学"出来的。其次，学校要高度重视"论辩"氛围的建设，给大学生创造充分的"论辩"环境。例如，高校可以组织各种和"论辩"相关的比赛，也可以利用现在互联网互动性强的特点，在线上开展一些相关的辩论和探讨，班级或专业也可以定期举行一些讨论交流活动，通过各种途径让大学生积极加入进来。在这样的"论辩"氛围中，大学生的思维和观点在与别人的思维和观点的碰撞中，会得到极大程度的开拓，自己辨析是非的能力也就会得到提升。

二、将传统文化教育纳入高校思想政治教育理论课体系

将传统文化教育纳入高校思想政治教育理论课体系，高校思想政治教育工作者是最主要的力量。工作者本身就应该有高度的文化自觉和文化自信，要大力推进二者的融合。在新的形势和时代要求下，高校思想政治教育工作者更要做出大量的工作，确保传授给大学生的中国传统文化知识都是符合当前社会发展要求的，要真正做到古为今用，使中国传统文化中优秀的资源和宝贵的财富被大学生吸收和利用。

（一）要改进高校思想政治的课程体系

中国传统文化已经成为高校思想政治教育的重要内容之一，因此，中国传统文化的内容应该系统地体现在思想政治理论课程的设置中。然而审视我国高校思想政治教育的课程设置发现，目前我国的思想政治理论包含必修课和选修课，但是并没有相应的中国传统文化必修课程。在由各校做出选择和安排的选修课中，中国传统文化的课程也并非每个高校都有设置，中国传统文化的课程多见于中国语言文学、外国语言文学专业，而理科、工科的专业

最多是有大学语文课程的设计，中国传统文化的课程基本上没有设计在专业课程和人才培养方案之内。可见，虽然中国传统文化与思想政治教育已成为我国思想政治教育学科的重要方向之一，但其相关内容并没有系统地体现在课程设置中，课程设置落后于学科方向的建设。比较客观地来看，中国传统文化作为通识教育内容和中国公民应了解的基本文化素质内容，没有在高等教育教学和国民素质提升工程中严谨落地落实。因此，在高校思想政治教育中，除了原来的课程，还应增加相应的中国传统文化必修课程，并将其作为高校思想政治教育的必要补充。

（二）要在教材中增加中国传统文化内容

现在我国很多高校的思想政治教育教材还没有过多将中国传统文化内容列入其中，更多的是政治理论知识的阐释和讲解，这是不利于传统文化与高校思想政治教育相融合的。虽然现在的高校思想政治教育理论课教材在统编时因其概论和纲要性决定了它很少有中国传统文化的内容，但教师在教学过程中应该根据学生的专业背景、文化素质背景和相应的切入点，将一些中国传统文化的内容作为素材添加到教学中去。这样的教学才会有血有肉和丰富多彩，学生也易于接受。在课程内容设计上，要加强思想政治教育与中国传统文化之间的交融性与一致性研究。一方面，中国民族优秀传统文化是马克思主义中国化的基础，马克思主义扎根于中国优秀传统文化的沃土上，才能实现其中国化进程，才能符合民族发展的需要，才具有了更强的生命力和传承性。另一方面，中国化的马克思主义内在地包含着中国优秀传统文化的精神财富。这才能让中国化的马克思主义融入中国民族发展的现实需要，才能把中国优秀传统文化和马克思主义进行全面的结合。因此，思想政治理论课教师应该全面推动和加强马克思主义理论与中国优秀传统文化的融合，为中国优秀传统文化有效融入思想政治理论课教学提供理论支撑和实践经验。同时，我们也要加强中国优秀传统文化的理论研究与价值挖掘，不断增强将中国优秀传统文化有效融入思想政治理论课教学的文化自觉和自信。

（三）要将中国传统文化引入思想政治教育的课堂教学中

无论从哪个方面来讲，课堂还是学生接受教育的主要地方。在课堂上进行好的教学，才能收到好的效果。在课堂教学中，教师不能纯粹地利用书本教学，也可以多利用其他一些好的教学手段，教师要能够深刻地洞悉大学生的学习需求和接受能力，驾驭庞杂而深邃的优秀传统文化内涵，并且合理设计教学内容，创新改进教学方法和切实提升教学效果，例如相应的视频播放、文化专题的讨论。将中国传统文化引入思想政治教育的课堂教学中，结合思想政治理论课的教学，围绕普及和弘扬中国传统文化知识，培养学生对中国传统文化的兴趣与爱好。教师也要做好观察和记录，对课堂运行情况进行数据采集，为数据分析和研究提供材料；并基于课堂教学的大数据研究，不断提升教育水平，改善学生课堂学习质量，全面推动课堂教学工作的有序开展。作为学生来看，大学生对传统文化已具备一定的自学能力和理性认识，教师在课堂教学中就不能仅仅停留在浅层次的知识灌输或貌似高深的理论讲解，这样不会达到增强文化自觉和文化自信的实际效果，更多的可能是会导致课堂教学的枯燥乏味。很多课堂教学存在着"重知识讲授，轻精神内涵阐释的现象"，完全侧重于考核评价为导向，只向学生进行知识点的灌输，单纯地让学生记忆一定的传统文化知识，相对缺少对传统文化蕴含的民族精神、道德情操、人文涵养的深入挖掘。教师应该创造条件，对课堂教学效果进行提升，对课堂学习潜力进行挖掘，可以通过启发式教学增进学生理解认同，以平等中肯的说理为学生答疑解惑，鼓励、组织和指导学生进行学习讨论，培养学生跨文化理解能力等。

（四）学校要多举办一些和中国传统文化相关的讲座

高等学校可以从大学生的实际出发，找到他们在中国传统文化中关心的重点难点以及相应的热点，在此基础上邀请社会上一些有名望的专家学者，或者模范人物来给大学生们作相应讲座。讲座可以说是高校思想政治教育课程教学的一种有益补充，办好了讲座，将是中国传统文化和思想政治教育双赢的局面。此外，高等学校也不能忽视了相关中国传统文化实践活动的设置。实践活动称得上是在课堂教学之外的第二课堂，例如举办一些和中国传统文化相关的知识竞赛、板报比赛，或是带领大学生参观文物古迹、瞻仰英雄人物事迹，都是有益的实践活动。这些活动对于提升大学生的传统文化知识，增强他们对传统文化的学习和传承都有着重要的意义。

三、综合运用多种思想政治教育载体

思想政治教育载体有很多,不只是文化载体,也包括活动载体、管理载体以及大众传媒载体。这些载体之间是可以并行共生、相互交叉和融合的。因此,在将中国传统文化融入高校思想政治教育的过程中,各高校也应综合利用多种载体,以期达到更好的效果。

(一)中国传统文化与活动载体

所谓活动载体,也就是以活动来作为载体的意思。教育者为了达到教育目的,可以举行各种形式的活动,将想要传授的思想政治教育内容融于这些活动之中。受教育者在活动的过程中,不知不觉地受到教育,提高自己的思想政治和道德素养。活动载体在中国传统文化融入高校思想政治教育的过程中能发挥很重要的作用,因此举办活动的形式需要引起各高校的重视。

首先,是以校园文化作为载体。高校要有意识地营造一个良好的学习中国优秀传统文化的氛围,以此作为思想政治教育课堂的有效补充。好的校园文化对大学生的影响力是显而易见的。从传统文化和思想政治教育的融合来说,校园文化是传统文化融入高校思想政治教育的重要介体。高校可以努力兴办一些和中国传统文化相关的以分享与交流为目的的文化沙龙,甚至是相关的知识竞赛或演讲比赛等。这些活动中大学生的参与积极性很高,因为有一定的娱乐性,大学生接受起来也比较快,可以达到寓教于乐的目的。此外,高校也可以多利用校内的一些传媒手段,例如校园网、学校的广播站、校报和学生社团的刊物等,开发相关的手机 App 等,通过多种方式,多渠道全方位地向大学生介绍中国的优秀传统文化知识,加强对大学生的家国情怀、社会关爱、人格修养等方面的教育引导,扩大中国优秀传统文化在大学生群体中的影响。可以说,如果能将传统文化的气息融入高校的各个角落,不断增强大学生对中国传统文化认知的主动性和践行的自觉性,这对于开展思想政治教育是十分有利的。

其次,以社会实践为平台,积极开展社会教育实践活动。对大学生进行中国传统文化教育,社会实践也是一个非常重要的组成部分。社会实践可以帮助大学生提升自己的人文素养,增强他们将学到的知识和实际联系起来的

第七章　中国优秀传统文化融入高校思想政治教育的途径

能力。因此,在高校思想政治教育中,要有意识地开展各类社会教育实践活动。高校可以把一些社会实践活动也纳入教学计划中来,并规定出学时和学分,使大学生不至于对其表现出忽视的态度,能够认真对待传统文化实践的内容;同时,如果有条件,还应该适时地带领大学生们走出课堂,参加社会上各种有意义的实践活动,例如支教、植树等,激发学生们的学习热情。高校也可以充分利用我国丰富的各类资源,举办各种参观或缅怀活动,将爱国主义与民族精神教育有效地融入大学生们的思想意识中去,让大学生更加生动深入地感受、体验和汲取中国传统文化中的养分与精髓,做到知与行的统一。

(二)中国传统文化与大众传媒载体

所谓的大众传媒载体,也就是以大众传播为思想政治教育载体的意思,它指的是思想政治教育主体通过各种大众传播工具向广大群众传递思想政治教育内容。其具体表现形式有报纸、期刊、广播、电视、网络等。高校思想政治教育工作者要利用大众传媒载体,借助网络扩大中国传统文化的覆盖面和影响力,进而提高大学生思想政治教育的实效性和科学性,发挥对大学生学习传统文化的引导功能。

1.传统文化的通俗化

中国传统文化是几千年来中国人的精神基因,也是中国民族生生不息的力量之源。在传统文化融入高校思想政治教育时,思想政治教育工作者要做到古为今用,要积极创新。虽然传统文化大多来源于历史,来源于古代人们凝结的思想知识,但在进行教育时,思想政治教育工作者也要注意将这些知识进行通俗化的解读,这样才能更容易被大学生们所接受,也才更利于中国传统文化的传播,让传统变得易流行,也传承得更久更远。

传统文化的通俗化,很好的一个例子是将它和一些有趣味的节目结合起来。现在,有很多类似的电视节目就比较火,例如《中国诗词大会》《中国成语大会》等,这些节目火起来以后,也一定程度地带动了诗词、成语等传统文化内容的传播。这样的节目形式,高校也可以作为参考,在校园中打造更有深度、更具广度、更能触动人心的传统文化活动或节目,如主题演讲、中国故事大家讲、中秋节诗词赏析大会、传统故事话剧比赛、经典诵读比赛等,将这些节目做到融知识性、趣味性、互动性于一体。这样可以让一些经典的传统文化变得活化,当一档节目极有观赏性又有趣味性,还兼具文化性时,它一定会受到大学生们的热爱。

传统文化的通俗化，还可以将中国传统文化和一些文化创意产品结合起来。现在我们在市面上能看到一些标上康熙微服私访或是故宫标记，或是兵马俑的仿古产品或文化衫等，这些产品颇受人们喜欢。先不说这些文创产品的好坏，单从传统文化和文创产品的结合来说就是一个很好的创意。因为这样一来，传统文化就不是只存在于字里行间的东西了，而是借助一些产品活化了起来，不仅增加了产品的观赏性、传播性、可视性，也展示了它的文化性和创新性。高校也可以借鉴这样的思路，在一些有校园特色的产品、海报、标识标牌上展示相应的传统文化内容，也可以鼓励学生根据自身对中国传统文化的了解与认识，组建团队，通过大学生创新创业项目的申请，开发更多深受大学生喜爱和使用的校园传统文化创意产品，让校园文化活动拥有更多传统文化的因素呈现和内涵解读。这可以算得上是一种别开生面的做法，学生接受起来也非常容易，记忆也会更加深刻，运用起来也会更加自如。

2. 传统文化的网络化应用

中国优秀的传统文化并不只是放在书斋中的，而是应该更大程度、更广范围地进行普及。网络作为新型的传播渠道，各个高校就应该充分地将其利用起来，拓宽网络教育的方式方法，充分发挥网络文化的教育引导作用。这是一种传统文化与现代手段结合的重要方式。首先，高校要在传统媒体和网络新媒体的互动中，注重网络技术应用和文化传播融合过程中的趣味性挖掘，不断地推进传统文化的传承、发展与创新。举例来说，有名的中国孔子网就是借助网络资源，把孔子和他的儒学思想传向了整个世界。因为互联网有着很强的互动性，在传播中国优秀传统文化时，传播者和接受者还可以适时地进行互动，就双方感兴趣的地方进行探讨，又或者是大家一起在网络中吟风弄月、吟诗作赋，共同感受古人那种生活方式。这些都是非常有意义的途径，可以提高人们对中国优秀传统文化的认识。其次，高校中国传统文化网络课程的开发也是传播传统文化很有效的快速通道，各高校可以结合学生专业课程设计的实际，通过线上网络课程，打破教室、图书馆的空间限制，在手机或电脑端实现传统文化课程的教学、考核与反馈，使传统文化的教与学更快捷更方便，也能够让优秀传统文化的教育拓展更多的网络育人阵地。

第四节　加强科研与教师队伍建设

中国传统文化与思想政治教育这一研究方向，要求教师与相关研究者必须至少具备两方面的专业学术能力。一是必须具备深厚的中国传统文化功底，能够恰当运用中国哲学的研究方法诠释传统典籍，并能够呈现中国古代文化思想的真实面目，避免当前的泛泛而论与牵强附会的现象；二是必须对思想政治教育原理有深入的了解，同时能够正确、及时地把握党的方针、政策与路线，坚持以马克思主义立场作为传统文化研究的指导。研究者只有同时具备这两个方面的素养，才有可能取得高质量的成果。然而目前在中国传统文化融入高校思想政治教育中，真正能同时达到这两方面要求的学者少之又少，这也是目前相关研究领域存在的一个重要问题。因此，我们必须加强这一研究领域的科研与教师队伍建设。

一、思想政治理论课教师在优秀传统文化教育活动中的作用

在高校思想政治教育的实践活动实施过程中，思想政治理论课教师发挥着不可取代的作用。

（一）思想政治理论课教师是优秀传统文化课堂教学活动的实施者

在课堂教学中，"以爱国主义教育为重点，深入进行弘扬和培育民族精神教育。深入开展中国民族优良传统和中国革命传统教育，是帮助大学生树立正确的世界观、人生观、价值观的主阵地"。当然，在这样的一个过程里，大学生并不是孤立的个体，毕竟就教育而言，是需要教师和学生一起来努力完成的。师生协同努力，才能建构起知识体系，形成良好的品德，教师在其中是主导者，是中国传统文化的梳理者和传授者。

关于教师在教学活动中的重要作用，联合国教科文组织提出过一个影响

教学质量的公式,即教学质量=(学生+教材+环境+教学方法)×教师。从这个公式中我们可以看出来,如果教师有好的能力和水平,他的教学效果也会很高。大学生思想政治教育的主要任务之一,应当"以为人民服务为核心、以集体主义为原则、以诚实守信为重点,广泛开展社会公德、职业道德和家庭美德教育,引导大学生自觉遵守爱国守法、明礼诚信、团结友善、勤俭自强、敬业奉献的基本道德规范。坚持知行合一,积极开展道德实践活动,把道德实践活动融入大学生学习生活之中"。由此可以看出,正确的知行合一是大学生思想政治教育和优秀传统文化所追求的理想目标,在此过程中,教师要充分体现出发展较成熟主体的主导和示范作用,以自身的言传身教来影响和教育学生,切忌照本宣科、循规蹈矩、固化保守,最终影响到课堂教育教学的效果。

(二)思想政治理论课教师是优秀传统文化教育方向的引领者

大学生思想政治教育的主要任务,是帮助大学生树立正确的世界观、人生观和价值观。因此,在高校思想政治教育中,开展优秀传统文化教育就有着它自己的特有使命,这是社会主义现代化建设的需要。在建设中国特色社会主义事业的过程中,如果没有对优秀传统文化的继承和弘扬,中国的社会主义现代化建设就会因失去历史的基础而难以更好地推进。有了教师对教学内容的选择和把握,中国传统文化教育的内容和方向才不会偏离高校思想政治教育的目标,才不会违背党和国家的教育方针与政策。优秀传统文化教育在方向性、思想性、政治性上的特殊性,要求教师在进行优秀传统文化教育时,要对大学生进行思想上的倡导与指引,让学生明白哪些是符合时代需要的部分,哪些是需要淘汰的部分。例如崇德利用思想,一方面,它非常注重个人的道德修养,重视社会的道德教化、以德治国以及崇尚道义节操等。在崇德利用思想的塑造下,人有可能成为一个全面发展的人,可能处理好各种人际关系,这也是它对个人全面发展的重大贡献。另一方面,崇德利用思想有着明显的缺陷和片面性,它夸大了个人的道德修养在社会发展中的作用,将德治和道德教化在治理国家和维持社会运转中的作用理想化,甚至把修身当作治理国家的首要原则,把治理国家和维持社会稳定的希望寄托在个人的道德修养上,这样,其消极性就暴露无遗。因此,在高校思想政治教育中进行优秀传统文化教育时，教师应让学生明白，进行优秀传统文化教育是培养大学生民族意识的需要，是大学生全面发展的需要。中国传统文化既是中国民族的根，又是每一个华夏儿女的根。对大学生进行优秀传统文化教育，一方面，可以强化大学生的中国民族身份认同，这对于大学生抵制西方堕落的资产阶级文化的影响有着非常重要的意义；另一方面，教师也要结合当今社会的特点，对优秀传统文化做出合乎社会需要的新的诠释，确保优秀传统文化教育的社会主义方向。

（三）思想政治理论课教师是校园优秀传统文化建设的引导者

如果说中国传统文化的教学是一座冰山，那课堂教学只是这个冰山的一部分。对于学生而言，大部分优秀的中国传统文化知识还是要通过课外的途径来获得。刚开始的时候，中国传统文化的相关知识或是其他知识都只是信息形式，还没有对学生的思想过程产生实质性的影响。但是，如果这些传统文化知识或其他知识与一定形式的背景结合起来，例如高校开展的各类讲座、实践活动，就能让参与的学生接受，在这种接受的过程中，大学生的认知就可能得到重新构建。也就是在这样的构建之后，原本那些以信息形式出现的知识才会内化为大学生脑海中的知识图像。这些知识图像一旦建立起来，就可能真正作用于每个大学生个体，对他们的思想、品德、意识形成影响。在这样的一个过程中，我们可以看到，原始的一些有用的信息，以及与之有联系的背景活动是让大学生认知图像形成的关键因素。所以，在校园内外开展传统文化活动是传统文化普及的重要途径，各个高校应该引起必要的重视，并形成新的教育方向。思想政治理论课教师更是其中的重要设计者，各种学术、科技体育、辩论赛都可以进行，将德智体美劳各项教育有机地结合起来，将教育寓于活动之中，主旨是让大学生们接受并热爱中国传统文化，形成符合中国社会主义建设的思想品德修养。

二、思想政治理论课教师应具备的基本素质与能力

（一）提高对思想政治教育的认识

高校思想政治教育肩负的任务就是树立大学生正确的人生观、世界观和

价值观，提高大学生们的道德修养、文化素养。它对于大学生将来走上工作岗位，成为国家和社会需要的人才极为重要。特别值得指出的是，我国当前高校中普遍存在重智育轻德育的特殊情况，高校思想政治教育更加突出的是对大学生正确的人生观、世界观和价值观的培养。

通过调查发现，我国现在的各个高校，有比较突出的重视理工科而轻视文科的现象，思想政治教育课也在很多学校中并不受到重视。思想政治教育中，也存在重视马克思主义理论而忽视思想品德修养的课程。在有些高校中，不仅是学校不重视这种情况，就是担任思想政治课的教师也不重视，只将其作为一般的教学任务来看待。

以上这些问题显然是各高校和思想政治课教师的认识不足造成的。更有甚者，甚至有体系的思想政治课程也没有，高校中没有专门的教室，配置的教师也特别少。有的高校由于找不到合适的教师，思想政治课不得不以大课的形式来上，一堂课中几个专业的学生坐在一起，甚至几个系的学生坐在一起。在这样的课堂中，一来学生不能有效地理解思想政治课的知识，二来也影响了教师和学生之间的互动交流，教师根本不可能了解到学生个体的思想政治需求，不能准确地制定授课策略，只能用大而全的方式进行授课，学生能不能接受基本不知道。同时，这样的大课形式，课堂秩序也很差，不愿意听讲的学生会通过各种小动作的方式排斥听课，教师也不能有效维持秩序。种种情况下，思想政治课就达不到本身的教育目的，而且它的威信也会受到很大的影响。还有的高校，在没有专门的思想政治课教师的情况下，仅用学校党委成员或各系总支书记来授课，这是很难做到理论联系实际的，效果自然就会大打折扣了。

（二）增强思想政治理论课程的实效性和针对性

中国共产党非常重视高校的思想政治课程建设，提出了一系列的指导方针和政策，这些对于高校思想政治课教师来说是很大的利好。新课程方案的实施，主要是教师。因此高校思想政治教育工作者要努力提高自己的思想认识，要以高尚的职业素养和人格精神，全心全意地投入高校思想政治教育工作中去，并结合学生的实际情况，进行有针对性的改善和创新，积极增强思想政治教育对学生的影响力。

第七章　中国优秀传统文化融入高校思想政治教育的途径

1. 要以高度的责任感、紧迫感和使命感，把加强和改进高校思想政治理论课作为一项重大而紧迫的政治任务，切实抓紧抓好

高校思想政治理论课的教师一定要有高度的责任意识，要把中央精神很好地贯彻下去，体现在自己的责任意识和职业素养上来，要和中央部署的高校思想政治理论课程设置新方案接轨，要认真研读中共中央对于教材编写和审定的精神，尽快熟悉和掌握新课程的教学目的和基本要求，在各方面让自己保证授课的质量，要有一种全身心投入的精神，绝不能马虎应对。高校思想政治理论课的教师要认识到，做好思想政治教育不仅是对学生负责，对自己负责，也是对整个国家和民族负责。

2. 要切实提高自身素质，真正成为大学生健康成长的指导者和引路人

思想政治理论课是为了提高大学生的思想素质和道德修养而开发的，思想政治理论课教师要让学生有一定的道德素养，那自己首先就必须成为一个有着高尚道德素养的人。思想政治理论课教师本身的言行、思想对大学生是有着很大影响的，本人有着高尚的道德素养，学生才可能产生同样高尚的道德素养。反之，思想政治课教师任何一点道德修养上的小缺陷，都可能会给学生造成不可估量的影响。因此，高校思想政治课教师一定要努力提高自己的思想道德素质，平时的实践活动要符合思想政治教育的精神和主旨，只要是要求学生要做到的，自己就要首先做到。"喊破嗓子，不如做出样子。"榜样的力量是无穷的。思想政治课教师以身作则，自己带好头，对学生中间形成良好的风气才会起到决定性的作用。思想政治课教师要知道，自己的一言一行、一举一动，都有着重要的示范和引导作用，因此必须做到真正有修养，讲道德，并且把这当成是一种责任，绝不违反。这在中国传统文化中的体现也颇深。早在西汉时期，思想家扬雄就说过："师者，人之模范也。模不模，范不范，为不少矣。"《后汉书》中也说："盖闻经师易遇，人师难遭。"清代著名思想家顾炎武也慨叹："海内人师少，中原世运屯。"（《赠孙徵君奇逢》）顾炎武认为，国家之所以出现了危难，同注重"言传身教"的教师很稀少是有直接关系的。所有这些都说明教师"言传身教"、教师"带头垂范"的重要性。高校思想政治课教师是大学生思想政治教育的领路人，只有自己的功夫做扎实了，才能在思想政治方面教育好学生。为此，总结了高校思想政治课教师应该具备的几项素质。

（1）要有过硬的思想政治素质

高校思想政治课教师的思想政治素质要是过硬的，要坚持党的基本路线和方针政策，自己要在言行和精神上同党中央的精神保持一致。教师还要经常关心国内国际的形势，并且知道运用马克思主义去对变化的形势做出分析和判断。教师只有自己具备过硬的思想政治素质，才能真正承担起大学生思想政治教育领路人的角色，帮助大学生从不正确的思想认识中解放出来，树立起正确的人生观、世界观和价值观。

（2）要有良好的职业道德素质

职业都需要一种态度，而态度端不端正是能直接影响一份职业能不能顺利完成的。高校思想政治课教师在任何时候都要想到：做好工作是你的责任，做不好工作是你的失职。同时，教师也要对工作充满信心，满怀激情地投入教育中去，用自己的激情去感染学生，让学生能够脚踏实地地做人做事。高校思想政治课教师除了是教师的身份以外，还应该和学生打成一片，成为学生的"益友"，在学生有困难时能够帮助学生，在学生迷茫时能够指导学生，在学生有疑惑时及时给予学生解答，成为学生成才的真正指路者。

（3）要有丰厚的理论业务素质

现在是一个知识经济的时代，高校思想政治课教师要教好学生，就要懂得"打铁还需自身硬"的道理，自己要做到与时俱进，紧跟这个时代，思维不能过于保守僵化，要随着事物的变化更新自己的观念。现在的大学生，他们的思想比以往任何时候都要开放，这就需要高校思想政治课教师更加注重对自己思想的解放，不能囿于传统的一些观念，要积极地去了解学生的新思维、新方法，并进行积极的应对，这样才能寻得和大学生们交流的共同语言，也才能更好地进行思想政治教学和实践活动的开展。同时，教师也必须学习新的思想理论、教育理念，用新的理论和理念来提高自己的教育功底，从而探索出新形势下适合的教育途径或方法，为高校思想政治课的新局面打下基础。

（4）要有与时俱进的创新素质

现在的社会发展很快，有些思想政治课的教师总是固守着传统的观念、传统的教法，而不知道创新，这是不行的。在实际的工作中，我们可以发现，平时我们不能创新，不敢创新，多半是因为我们从惯性思维出发，结果让自己顾虑重重。但如果我们把同样的问题换一个方向来考虑，就会发现有很多新的机会在等着我们去大显身手。所以爱因斯坦说："把一个旧的问题从新的角度来看，这完全是成就科学进步的主因。"所以，我们平时在思想政治教育中要注重创新，不要死板地去看一个问题，要懂得不停地变换思考的角度。在高校思想政治教育的创新中，我认为首先是要深入研究马克思主义的原理，要认真领会马克思主义的基本立场、观点和方法，同时又要结合当前我国发展的基本情况，两相结合，做出高校思想政治教育最新的阐释。遇到问题时，要经常问自己"为什么"，并且梳理出之前出问题的原因。这样做，不仅是给旧有的想法一个机会，也是一种重新思考、重新整理的过程。在这个过程中，你就可能勾勒出创造性的思想政治教育方法。

第五节　构建高校优秀传统文化教育的保障制度

《完善中国优秀传统文化教育指导纲要》指出，各级党委教育工作部门和教育行政部门要把加强对学生中国优秀传统文化教育作为一项战略任务，加强对中国优秀传统文化教育的组织领导，完善中国优秀传统文化教育的评价和督导机制，加强中国优秀传统文化教育教学研究等，为中国优秀传统文化教育的组织实施提供保障。就目前情况来看，将传统文化融入高校思想政治教育还并没有落地，只是停留在思想的范畴，而要推进其落地实施，我们可以依托高校思想政治教育的领导组织体系构建有效的保障机制，可以从组织领导、工作队伍、经济物质、环境支持、法规制度等几个方面来构建一套高效的保障机制。

一、组织领导保障

高校的思想政治教育组织领导直接关系到思想政治教育目标和任务的实现，关系到高校思想政治教育工作的开展。所以，必须建立一套有效的组织领导保障制度。

（一）坚持党组织在高校思想政治教育中的核心地位

高校思想政治教育在组织领导保障上，首先是要坚持党的领导。高校要将思想政治教育相关的各级领导的职责划分清楚，党委要发挥实质性的作用，教育过程中的所有事情都要有党委参与。此外，党委也要给高校思想政治教育工作提供正确的方向指导、决策指导，要做好各级部门的协调和监督工作，要随时听取各方面的反馈，并从中找到现实中的问题，并在此基础上解决好问题，切不能不闻不问，一意孤行。其次是坚持党委的统一领导，也要明确党委书记的责任。党委的领导是集体领导，在党委中，党委书记是核心，对整个党委的影响是巨大的。党委书记自己也要有强烈的责任意识，要知道哪些是自己应该做的，哪些是别人应该做的，这一点要区分清楚。党委书记要带好头，切实将高校思想政治教育的各项工作做好。党委书记要尽心尽力地去保障高校思想政治工作的建设，把自己的全部身心都投入工作中去；要在工作中竭尽全力，发挥出自己的全部才能，就算是遇到困难挫折也绝不放弃。

（二）建立和完善高校思想政治教育行政运行系统

在高校思想政治教育的组织领导保障中，党委的工作主要是做好总体规划，提供方向性的指导，决策的执行则是校长及其领导下的行政系统。校长作为一校之长，也应该是一个坚定的马克思主义信仰者，有着崇高的职业素养和道德修养，要全身心地投入教育事业，当然也要对学生的思想道德素质负责。因此高校的行政运行系统要能够把高校的思想政治教育同其他工作结合起来，一同开展，一同评估。只有这样，高校的思想政治教育工作才能落到实处，才能实现全员育人的良性循环模式。现在，随着国家对高校教育体制改革的不断深化，高校行政运行系统的作用越来越明显，思想政治教育的诸多决策都有行政运行系统的影子，因此必须建立和完善高校思想政治教育的行政运行系统，把思想政治教育渗透在行政业务工作和行政管理之中，强化行政管理部门的思想政治功能。

二、工作队伍保障

（一）建设结构合理、专兼配合的思想政治教育工作队伍

思想政治教育工作队伍的结构主要包括年龄结构、学历结构、职称结构等。从年龄结构来看，思想政治教育工作队伍老中青三代年龄结构有三种模式：一是老中青三代呈正三角模式，即青年人多于中年人，中年人多于老年人，这种结构有利于队伍的传、帮、带，有利于队伍稳定和持续发展，被称为"前进型"结构；二是呈纺锤形模式，两头小，中间大，虽有利于眼前工作开展，却后继乏人，不利于队伍的发展，被称为"静止型"结构；三是呈倒三角形模式，老年人多于中年人，中年人多于青年人，因老年人太多，难以胜任工作，被称为"衰退型"结构。显然，高校思想政治教育工作队伍应建立"前进型"年龄结构，避免或改造"静止型""衰退型"年龄结构。在学历结构方面，与高校专业教师相比，思想政治教育工作队伍学历普遍偏低，目前仍然是本科占一定比例，研究生学历占大多数，博士生学历所占比例极小。在职称结构方面，思想政治教育工作队伍中低级职称比例大，高级职称比例小，这些状况显然不利于思想政治教育工作者全面、高效地开展教育。大学生思想政治教育工作队伍建设，应尽量将以上三种结构调整到最佳状态。

思想政治教育工作队伍中的党政干部、共青团干部、思想政治理论和哲学社会科学课教师、辅导员和班主任是专职从事思想政治教育的人员。兼职人员的来源主要是高校退休教师、党务管理干部等。聘用兼职人员从事思想政治教育工作，可以有效缓解当前高等教育大众化迅猛发展造成的思想政治教育资源的有限性和需求的迅速扩大性的矛盾，可以调动更多的人参与、从事思想政治教育活动，扩大思想政治教育的覆盖面和影响力，为思想政治教育工作队伍注入新鲜血液。当然，专职人员和兼职人员也应该结构合理，做到专职人员为主、兼职人员为辅，兼职人员与专职人员相配合，群策群力。

（二）全面提升思想政治教育工作者的素质

高校思想政治教育的工作者，无论是专职还是兼职，都必须具有较高的素质，基本的素质应是政治强、业务精、作风正。

政治强是对思想政治教育工作者的政治要求。思想政治教育工作者必须具有坚定的政治方向，坚定不移地走中国特色社会主义道路，坚决贯彻党的路线方针政策，在事关政治立场的问题上，与党中央保持高度一致，坚决维护党和国家的利益以及高校的稳定。业务精是对思想政治教育工作者业务素质的要求。思想政治教育的实践性和应用性都特别强，思想政治教育工作者要按照"专业化""职业化"的要求提高自己的业务素质，要具备思想政治教育专业知识以及相关的哲学、社会学、法学、青年学等专业知识，要有从事思想政治教育工作的相关能力，要熟悉这项工作的规律，对于这项工作有着极大的信心，坚信自己能做好这项工作，要有高度的职业道德和修养。如果思想政治教育工作者缺乏正直的道德，那么无论他多么有学识、有才华、有成就，也会造成重大的损失。当前，伴随着知识经济和信息网络的发展，社会信息化、法治化、多元化、全球化的趋势不断加强，思想政治教育面临着更多的挑战，因此思想政治教育工作者也要不断学习新的理论和知识，让自己成为思想政治教育的专业人才，这样才能科学引导大学生成长成才。作风正是对思想教育工作者人格素质的要求，俄国教育家乌申斯基曾指出："教师的人格，就是教育工作的一切。任何规章、任何教育大纲、任何人为的机构，不论设计得如何奥妙，都不能在教育工作中替代人格的作用。"思想政治教育工作者的人格魅力可以给学生以强烈的感染力和示范性，做出榜样，做出表率，成为大学生的标杆，促进大学生形成良好的思想政治素质。作风正要求思想政治教育工作者要具备良好的人格魅力，工作中脚踏实地、公正严明，生活中谦虚得体、大方有礼，对学生谆谆教导、循循善诱、无私奉献。总之，思想政治教育工作者必须提高自身素质，做学生的知心朋友、人生导师，用崇高的人格力量感染学生、教育学生。

（三）建立健全思想政治教育工作者"乐教"机制

思想政治教育工作者还必须对思想政治教育工作真心喜欢、真心热爱，真正"乐教"，才能以高度的激情投入工作，不断创新教学方式，取得更好的思想政治教育效果。

高校应该提供给思想政治教育工作者一套合适的"乐教"机制：

1.配备足够的思想政治教育工作者,适当减轻现有工作者的工作量。目前,思想政治教育工作者的总量严重不足,例如,教育部门的文件规定,思想政治理论课专任教师总体上按不低于师生1∶350—1∶400的比例配备,专职辅导员总体上按1∶200的比例匹配,事实上各高校远未达到上述规定。高校应根据工作需要,通过设立思想政治教育工作者准入资格、提高待遇等措施将优秀的专家学者扩充到思想政治教育工作队伍,提高思想政治教育工作队伍的战斗力。

2.建立人才培养计划。要有计划地培养思想政治工作方面的专家、学者、学科带头人、学术骨干,使他们成为思想政治教育工作的核心力量;要对青年思想政治教育工作者实行导师制,帮助他们尽快熟悉业务,提高能力;要创造条件,支持广大思想政治教育工作者读硕读博,提高学历层次;要制订继续教育计划,鼓励思想政治教育工作者在职培训、脱产进修、交流考察,实现思想教育工作者的可持续发展,切实提高思想政治教育工作队伍的总体水平。

3.建立健全激励体制。针对思想政治教育工作的特殊性,设立专项课题,鼓励广大思想政治教育工作者申报,提高思想政治教育工作者的科研能力;加强舆论宣传,在全校营造尊重思想政治教育工作者的氛围,提高思想政治教育工作者的地位、待遇和职业自豪感;在评估考核、职称晋升等方面结合思想政治教育的特殊性制定科学合理的依据,使思想政治教育工作者能够解决后顾之忧,全身心投入工作中,以从事思想政治教育为荣,以从事思想政治教育为乐。

三、经济物质保障

传统文化融入大学生思想政治教育工作必须保证必要的投入。总体来讲,高校思想政治教育投入相对较少,思想政治教育活动常因缺少经费和物质保障而难以展开。对此,学校有自己的难处,客观原因是高等教育大众化进程中的高等教育规模处于不断地膨胀之中,不少高校处于还贷高峰,财政告急,日常运作尚且捉襟见肘,哪里还谈得上增强思想政治教育经费投入?此外,学校各方面的认识也不统一,部分同志认为,增加大学生思想政治教育支出不一定能提升学校的知名度和办学水平，对学生个人才能的增长也并非切实可见；还有的同志认为，思想政治教育在学生四年的大学学习中已经占了很多学时，投入了较大的人力物力，对此他们已经颇有微词，更不用说增加投入了。然而，没有基本的经费和物质保障，增强大学生思想政治教育实效就只能是一句空话。目前综合性大学、人文类大学因其人文学科的优势，思想政治教育基础相对较好，可以在原有基础上适当投入，而理、工、农、医、林等单科院校，思想政治教育投入本来就少，人文资源储量相对又少，迫切需要加大经费投入来保障思想政治教育资源的开发。不管哪种类型的大学，都应该按照中央加强大学生思想政治教育有关文件精神，建立大学生思想政治教育专项经费，在每年的年度预算中单列，并随着学校经费的增长逐年增加。

（一）确保大学生传统文化教育基本设施、设备建设

大学生传统文化教育基本设施、设备建设是确保大学生接受优秀中国传统文化教育基本的物质保障，高校应该积极进行合理的设立。例如可以提供一些进行思想政治教育的活动场地，设立大学生的心理咨询场地和就业服务场地等。还有，在高校思想政治教育工作中，高校也要配备相应的物质设施，例如有足够的图书资料和教学资料，有相应的网络设备，有为思想政治教育开发的软件或网页。这是一个互联网大发展的时代，将思想政治教育应用到新型的互联网中，对于教学是一个很好的途径。当然，物质条件的建设离不开足够的经费支撑，高校也应该予以经费上的支持。

（二）确保大学生传统文化教育各项实践活动有序开展

我们已经提到过，传统文化教育的各项实践活动是大学生接受和认知传统文化强有力的途径。高校应该对这一点引起足够的重视，不仅要实时地、周期性地举办各类活动，也要在经费上予以大力支持，确保和传统文化有关的各项活动能够平稳有序地展开，让大学生们能够更好地认识国情，增强自己的思想道德修养。同时，也要大力支持大学生开展各项实践活动，例如挂职锻炼、助研助管、科技发明创业等，增强他们的社会能力和工作能力，提高他们的创新意识。

（三）确保大学生传统文化教育工作的专项经费

高校思想政治教育各项行动的展开都需要经费的支撑，高校应该确保这些经费落实到位。对于思想政治教育工作者，也要提高他们的待遇，确保他们能够参加各种学术探讨、进修等活动，切实提高思想政治教育工作者的专业能力。高校也应聘请一些有名望的专家学者来校举办讲座和报告等。

四、环境支持保障

大学生思想品德是在一定的环境中形成和发展的，大学生传统文化教育也是在一定的环境下进行的。环境在传统文化教育中不仅是"教育的条件"，也是"条件的教育"，当社会环境、学校环境与大学生思想政治教育相协调时，环境就会对大学生思想政治教育起到支持、促进作用；反之，则会阻碍和削弱大学生思想政治教育。

（一）创建良好的校园物质环境

创建良好的校园物质环境主要是根据校园建设规划，改善设施，美化环境，建设能够体现大学精神的优美校园。我国的每所高校都有一些有特点的建筑，这些建筑体现着大学的风格，当然也传达着一定的文化色彩，这些建筑可以说就是高校无声音的教师，给学生施加着某种程度的影响。因此高校要突出这些特色建筑的作用，大力宣传它们的文化色彩，也要以它们为烘托，做好校园的环境建设。优美的校园环境是能起到"化人"的作用的。创建良好的校园物质环境，需要整体设计和规划，如根据学校的特色设计既体现民族特色又具有现代风格的教室、图书馆、体育场等设施，根据学校的传统、培养目标设计不同的雕塑、景观等。良好的校园物质环境建设还需要加强管理和维护。要对师生尤其是学生进行环境意识教育，提高学校师生员工的环保意识，要设计各类活动，让学生通过义务植树、义务劳动等形式参与到环境建设当中来。

（二）建设良好的校园文化环境

广义的文化包括物质文化和精神文化。这里所指的是狭义的文化，即精神文化。它是学校所具有的特定精神环境和文化气氛，主要包括校园历史传统和被全体师生员工认同的共同文化观念、生活观念等意识形态，是一个学校本质、个性、精神面貌的集中反映。加强校园文化环境建设，应着重加强校风、教风、学风、班风在内的校园风气建设。要提高学校的办学风格，打造迥异的大学生活理念；设计独具特色的校训、校徽与校歌，增强全校的凝聚力、荣誉感、自豪感；要抓好教风和学风建设，在全校形成干部职工实事求是、艰苦奋斗、勤政廉政、团结合作、高效严格、服务周到，广大教师认真负责、耐心细致、治学严谨、开拓进取、为人师表、教书育人，全体学生勤奋学习、积极向上、严谨求实、自强不息、尊师重教、遵纪守法、举止文明、行为高雅的良好局面；要充分发挥学生的个性特长，开展学生喜闻乐见的丰富多彩的学术、科技、体育、娱乐等活动，弘扬主旋律，培养学生对社会主义文化和民族文化的认同感，自觉抵制消极、落后的思想侵蚀和渗透；要从实际出发，引导学生成立各类兴趣小组、社会团体，开展形式活泼、多姿多彩的社会活动和实践活动，开阔视野，提高能力，陶冶情操；还要在全体师生员工中营造尊重、平等、诚信、宽容、互助的和谐人际关系，促进广大师生员工的密切合作，形成团结统一的集体，更好地发挥整体效应。

（三）营造良好的校园网络环境

近年来，互联网快速兴起和蓬勃发展，对大学生学习、生活、人际交往以及思维方式等都产生了广泛而深刻的影响。互联网是一把"双刃剑"，在给青少年带来方便的同时也带来了诸多负面影响。网络信息良莠不齐，特别是一些网站为了追求轰动效应，赚取经济利益，大量制作黄色、凶杀、警匪枪战等视频，给一些青年学生带来了不好的影响，有的学生还会有意地模仿视频中的内容。在这种传媒营造的环境中，大学生的意识有和现实世界脱节的现象存在，使他们的思想道德修养走向了思想政治教育的反面。因此，恶劣的网络环境绝不允许出现在大学校园中。为大学生营造健康、良好的网络环境刻不容缓，高校应该做好以下工作：第一，帮助大学生认识网络的本质，学会科学地利用网络获取知识与信息，培养基本的网络素质；第二，开展网络道德教育，引导大学生自觉避免沉迷网络，倡导网络文明，养成网络自律精神；第三，制作网络道德标准和法律规范，如《大学生网络道德规范》《互联网安全规定》等准则，规范大学生的网络行为，避免大学生网络犯罪、网络侵权；第四，加强监控和管理，高校应成立专门的网络管理机构，依靠技术手段，对不良信息进行拦截、过滤和清洗；第五，积极创办思想政治理论网站，如红色网站、学理论网站等，以科学的理论武装人，以正确的舆论引导人，以高尚的精神塑造人，以优秀的作品鼓舞人，坚持正面宣传，弘扬主旋律，抵制打击歪风邪气，从而营造良好的网络舆论环境。

（四）优化校园周边环境

校园周边环境与大学校园紧密比邻，其环境建设对大学生思想政治素质也会产生特定的影响。近年来因为高校自己的发展，高校周边的环境也发生了显著的变化。有很多社会人员进入校园经商或进行工地建设，高校周边的各类商店也是百花齐放，有很多酒吧、发廊等。这虽然一定程度上活跃了高校的气氛，但也带来了一些不好的影响。校园周边环境的混乱既对学生的生活、学习、健康成长带来不利，也影响学生以此为窗口来评价社会，形成正确的价值观。优化校园周边环境，高校应与工商、公安、社区等部门联合，综合整治校园及周边治安秩序，打击违法犯罪，维护学校师生人身和财产安全，努力营造文明、健康、和谐的校园周边环境。

五、法规制度保障

法规制度为人们的行为提供了依据和标准，具有全局性、根本性、规范性。它可以避免大学生思想政治教育中的局限性、片面性和随意性。因此，构建大学生思想政治教育保障机制，法规制度保障是重点，只有建立健全各项法规制度，才能确保大学生思想政治教育持久地开展、健康地运行。

（一）加强大学生思想政治教育法律法规建设

党中央一直以来都很重视高校思想政治教育，颁布了一系列法规文件。首先是在有关教育立法中，如《教育法》《高等教育法》《教师法》等法律中，从教育的全局、教师的义务等角度对思想政治教育做出规定和说明。这些规定虽不是专门针对大学生思想政治教育做出的，但作为教育领域的基本法律，其涉及的思想政治教育内容规定具有较高的法律效力，为法规、制度的制定提供了依据。其次是党和国家专门颁发的规范性文件，如《中国普通高等学校德育大纲》《关于整体规划大中小学德育体系的意见》《中共中央国务院关于进一步加强和改进大学生思想政治教育的意见》《完善中国优秀传统文化教育指导纲要》等。这些文件对大学生思想政治教育、传统文化教育的地位、作用、任务、方针、原则等都做了具体规定，具有权威性、严肃性和稳定性，为大学生思想政治教育的开展提供了全面的指导。当前，在法律法规建设方面，应重点抓两个方面：一是制定实施细则，确保思想政治教育法律文件得到具体实施。因为许多文件相对来说都具有一定的概括性、抽象性，是针对全国高校做出的一般规定，各省教育主管部门结合本省实际制定相关的实施细则并督促实施，唯有如此，思想政治教育、传统文化教育的规定才能落到实处。二是随着社会的发展、形势的不断变化，有关部门还要根据客观环境和现实要求，及时制定和颁布大学生思想政治教育、传统文化教育方面的法律法规，并努力做到教育立法的完整、系统、全面和整体协调。

（二）加强学校思想政治教育各项制度建设

制度化管理具有规范明确、原则性强、操作性强、体系健全、机制协调、运行有序等基本特性，可以将思想政治教育的各项要求落到实处，使思想政治教育有章可循。高校在制定思想政治教育各项制度时，应遵循下列原则：第一，合法原则。制度的制定要以法律为准绳，既要与法律法规一致，又要遵循党和国家专门下发的有关思想政治教育的文件精神。第二，合理原则。制度的制定要为师生服务，实现管理育人。因此，在制定各项制度时，要体现以人为本，这里的"人"，既包括高校的学生，也包括广大的思想政治教育工作者，要有利于广大师生的协调发展。第三，及时、全面、可执行原则。思想政治教育、传统文化教育中存在的问题如果久拖不决或者头痛医头、脚痛医脚，必然影响广大师生的积极性和思想政治教育的有效性，因此，学校制度的制定要及时、全面，并且具有可执行性。第四，符合程序要求。制度制定的过程要符合程序，从草案的出台、讨论、公布都要民主决策，要反复听取相关人员的意见，必要时甚至召开民主听证；制度执行的过程也要符合程序，对于相关人要尊重并给予其声辩、申诉的权利。

当前，高校应着重健全以下教育制度：第一，岗位职责制度。主要是大学生思想政治教育机构和专职人员所负担的思想政治教育、传统文化教育责任,包括工作任务、工作要求、工作职责、工作方式等。第二,大学生思想政治教育、传统文化教育制度。主要是指大学生思想政治教育和传统文化教育的内容规定、形式规定。第三,管理制度。大学生思想政治教育和传统文化教育离不开管理,既包括领导和组织的管理,也包括队伍的管理,还包括对学生的管理,如学生生活园区的管理、日常行为管理、学籍管理、奖学金管理、纪律管理、奖惩管理等。第四,考核评估制度。科学的考核评估,是推动大学生思想政治教育和传统文化教育不断反省和改进,实现针对性和实效性的重要手段。

第六节　实现与思想政治理论课教学体系的有效对接

在高校教育中,传统文化要发挥育人的作用,并且满足大学生思想政治教育的需要,就有必要与思想政治教育有效地对接起来,做到让中国优秀传统文化遍地开花。

一、将中国传统文化纳入思想政治教育范畴

以前很长一段时间,思想政治教育实践一直偏重于意识形态教育,只强调马克思主义哲学世界观的教育,而排除中国传统文化的教育,思想政治教育的文化功能被排除出去。由于缺乏厚重的文化资源的支撑,我国的思想政治教育变得教条化、空洞枯燥、难以服众,陷入一种尴尬局面。目前,这种局面虽然有所改观,但仍未彻底改变。因此,我们有必要改变这种尴尬状态,促进思想政治教育的创新发展,将中国传统文化融入高校的思想政治教育中去。在高校中开设中国传统文化课程,如讲授《周易》《诗经》《楚辞》《论语》《孟子》《大学》《中庸》《荀子》《韩非子》等中国传统文化经典典籍,或是讲授《汉字文化》《茶文化》《酒文化》《孝文化》《忠义文化》《武术文化》等文化现象,或是讲授《中西比较文化》,并揭示其现代价值与当代意义等,使学生在中国传统文化的熏陶下不断提高自身的思想道德素质和传统文化修养,实现思想政治教育的育人目标。

二、关注社会现实，引入问题意识

理论研究唯有对社会现实做出积极回应，才能获得持续发展的源头活水。在思想政治教育中，对中国传统文化中的思想政治资源的挖掘与阐释不应当仅仅陶醉于概念的界定与理论体系的呈现，更为重要的是，应该能够对人们所关注的现实问题做出有效的回应，使理论研究获得开阔的视野与济世的情怀。因此，关注社会现实，从实证调查入手，在寻找问题、引入问题研究的切入点，不断开阔学术视野，是中国传统文化与思想政治教学研究的重要途径，是我们应该广泛运用的研究方法。

三、从传播学视角加强思想政治教育的创新教学

首先，从研究对象上来看，思想政治教育和传播学就有相通之处。思想政治教育是给受教育者施加一定的思想、政治和道德观点，对受教育者造成一定程度的影响，让受教育者形成符合社会所需的思想道德品质，并进行社会实践活动。而传播是一种信息流动的过程，传播学也就是研究如何有效传播的一门科学。今天，随着网络化的扩大、互联网的全面开花，信息的传播已经达到了非常广泛的地步，深入到了人们日常生活的方方面面。在此基础上，研究信息传播的传播学也和多门学科有了交叉，形成了一门交叉学科，具体来说，有文化传播学、经济传播学、公共关系传播学和政治传播学等。从这个角度来看，思想政治教育就是一种传播思想政治观念的实践活动，是可以归属到传播学领域的。同时，传播学理论的丰富也让传播学分出了很多学科，例如大众传播学、人际传播学和组织传播学等。从思想政治教育的形式和过程来看，思想政治教育又可以归属到人际传播和组织传播中去。因此，可以说思想政治教育就是一种特定类型的传播活动。

其次，从目的上来看，思想政治教育和传播学也有相通之处，它们都有同向性。传播是在信息的共享中，在相互沟通中让接受者受到传播影响的一个过程，传播中的信息是有目的的。所以，传播常被看成是个人或组织对别人施加影响的一种手段。而思想政治教育也是这样，它是教育者施加给受教

第七章　中国优秀传统文化融入高校思想政治教育的途径

育者相关思想政治理论的一个过程，目的是要塑造受教育者良好的思想政治道德素质，影响他们的言谈举止和实践活动。

从传播学和思想政治教育的共同点出发，我们就能以传播学的角度来看将中国传统文化融入高校思想政治教育的一些有益的科学方法和实践。

（一）研究受教育者的需求心理，尊重其主体性地位，增强受教育者的参与度

作为一种新的受众理论，满足需求论是指从受众的需求和接受信息的原因出发进行研究的一种理论。满足需求论认为，受众都是有特定需求的，他们接受信息是为了满足自己的某种需求。因为个体的需求不同，信息传播一般不会同时被所有受众接受，而在所传播的信息中，受众会自发挑选对自己有用的信息来满足自己的需求。从这个理论出发，我们可以看出，受众在接受信息的传播时并不都是被动的，他们会进行主动的挑选，侧重于适合自己需求动机的东西。所以，传播的主动权最终并非掌握在传播者的手中。

传播学中，还有一种社会参与论，它也强调受众应该是居于主体地位的，他们不仅是"受"，同时也在"传"。虽然他们是传播学的传播对象，是传播效果的体现者。但他们不会被动地全盘接受信息，他们有自己的主动动因，他们会选择。高校思想政治教育也是一样，大学生不会全盘地接受思想政治教师讲授的所有东西，他们会对这些理论进行选择，查看能够满足自己需求的东西。从这个基础出发，中国传统文化融入高校思想政治教育就应该更加强调大学生的作用，而不只是教师自己一味地灌输或讲授。

将中国传统文化融入高校思想政治教育，要找到大学生正确的需要。如果他们正确的需要得不到满足，传统文化是不能转化为大学生生活和工作的内在驱动力的。因此，思想政治教师要重视受教育者接受机制的研究，积极启发受教育者的需要，帮助受教育者了解自身传统文化同社会需要之间的必然联系，从而产生接受教育和自我教育的内在需求和动力，同时还要准确把握受教育者的需要，及时满足其合理的需要，扭转其消极的、不合理的需要。

（二）研究受教育者的选择心理，注重个体差异，开展不同内容不同方式的教育活动

个人差异论是以"刺激—反映"模式为理论基础的，它是从行为主义的

角度来对受众进行研究的。这一理论认为，人的心理和性格因其成长环境和社会经历的不同而各有差异，因此在传播学领域中不存在整齐划一的受众。每个人由于自身的需求、习惯、价值观、态度、信念等方面的差异，会对外界提供的信息做出不同的选择和理解，而且随之而来的态度和行为的变化也会因人而异。思想政治教育也不例外。

在思想政治教育的过程中也不存在整齐划一和一成不变的受教育者。教育者一定要善于了解并利用来自受教育者的经验、态度和立场等，并从尊重受教育者的角度来进行教育活动。尤其是在进行劝说性教育之前，必须先弄清楚受教育者的兴趣、爱好、需要、价值观、态度等，再挑选与之相应的教育信息。因为人的思想品格的形成和发展是一个内化和外化相衔接的循环过程，受教育者注意力集中的过程其实就是对信息进行取舍的过程，受教育者不可能对所有的教育信息都全盘接受，在选择教育信息时，往往是选择并接受那些与本人观点、立场相符合的内容。如果思想政治教育者一味进行知识的灌输或理论的说教，那么受教育者很可能只记住了大量的教条，却没有激起内心的情感体验，也没能调动起自己的生活经验进行比较和辨析，也就不可能充实或重新构造原有的价值观体系。

（三）利用群体动力提高教育效果，避免群体压力带来的弊端

社会关系论强调的是群体关系在传播活动中的作用。这一理论将注意力放在了群体压力、合力对个人接受传播信息所产生的影响上，认为受众所属团体的压力和合力对于受众接受信息时的态度及行为会产生很大的影响，而媒介通常难以改变人们固有的信念和态度。这一理论认为，受众的社会关系对受众有着巨大的影响，事实上，传播的效果经常会被受众的社会关系所削减。这里所说的社会关系，主要包括人际网络、群体规范和意见领袖等。

与社会关系论相关的一种理论就是群体压力理论，它认为，群体压力能够影响受众对传播内容的接受。人们一般都会选择加入与自己意见一致的团体，团体对这些意见的认同会加强个人关于此意见的信心。传播的信息一旦不符合团体的利益和规范时，便会受到团体的抵制，这时，传播的作用就会被削弱。因此，要想得到良好的传播效果就必须要了解某人所属或认可的团体，这可以帮助传播者预测受众的行为，政治传播尤其是思想政治教育更是

如此。因此，研究作为社会群体成员的受教育者的接受机制，利用群体动力提高教育效果，同时避免群体压力带来的教育弱化效应，是增强传统文化融入思想政治教育实效性的新路径。

参考文献

[1] 杨波. 思想政治教育话语有效性研究 [M]. 沈阳：东北财经大学出版社，2022.09.

[2] 冯刚，吴成国，李海峰. 新时代高校思想政治教育前沿研究 [M]. 北京：人民出版社，2022.09.

[3] 谷正. 新时代背景下高校思想政治教育的理论与实践探析 [M]. 北京：经济科学出版社，2022.09.

[4] 王维. 新时代思想政治教育路径构建研究 [M]. 北京：线装书局，2022.08.

[5] 董扣艳. 全媒体时代思想政治教育过程论 [M]. 杭州：浙江大学出版社，2022.08.

[6] 何恩情. 思想政治教育方法论 [M]. 合肥：合肥工业大学出版社，2022.07.

[7] 康晋霞. 高校思想政治教育实践与创新 [M]. 北京：中国纺织出版社，2022.07.

[8] 卢岚. 思想政治教育的空间转向研究 [M]. 北京：学习出版社，2022.06.

[9] 裴孝金，宋晓宁. 思想政治教育创新研究 [M]. 长春：吉林大学出版社，2022.05.

[10] 于超. 大学生思想政治教育理论与实践创新研究 [M]. 长春：吉林大学出版社，2022.05.

[11] 李冰. 新时代大学生思想政治教育概述 [M]. 长春：吉林大学出版社，2022.05.

[12] 万娟. 基于创新发展的高校思想政治教育研究 [M]. 长春：吉林大学出版社，2022.05.

[13] 高华，张艳亮. 高校大学生思想政治教育的多维探索 [M]. 长春：吉林大学出版社，2022.05.

[14] 崔伟，陈娟. 新时期高校大学生思想政治教育创新案例探究 [M]. 长春：吉林大学出版社，2022.05.

[15] 张小秋. 新时代学生思想政治教育队伍建设研究 [M]. 沈阳：沈阳出版社，2022.05.

[16] 冯刚. 思想政治教育学学科发展新论域 [M]. 广州：中山大学出版社，2022.05.

[17] 乔靖文. 新媒体时代思想政治教育话语的创新 [M]. 北京：中国社会科学出版社，2022.05.

[18] 温雷雷. 思想政治教育与创业教育协同育人研究 [M]. 北京：冶金工业出版社，2022.05.

[19] 刘淋淋，刘名学，段华琼编. 大学生思想政治教育实践与创新 [M]. 延吉：延边大学出版社，2022.04.

[20] 马文颖. 思想政治教育的文化功能 [M]. 北京：中国社会科学出版社，2022.04.

[21] 景星维. 网络认同与思想政治教育创新研究 [M]. 北京：中国社会科学出版社，2022.04.

[22] 刘慧，康宁，许晓辉. 中国优秀传统文化融入高校人才培养全过程研究 [M]. 长春：吉林出版集团股份有限公司，2022.07.

[23] 杨莎. 新时代中国优秀传统文化的传承与应用 [M]. 北京：北京工业大学出版社，2021.

[24] 安华. 中国优秀传统文化与大学生思想政治教育的融合 [M]. 青岛：中国海洋大学出版社，2019.01.

[25] 黄青青. 中国优秀传统文化融入思想政治教育研究 [M]. 延吉：延边大学出版社，2018.09.

[26] 佟丽敏，杜娟. 我国传统文化在高校思政教育中的融合研究 [J]. 区域治理，2023(6):0287-0290.

[27] 郭燕. 优秀传统文化融入高校思政课程的现实困境与路径 [J]. 教育理论与实践, 2023, 43(3):53-56.

[28] 陈晓青. 中国优秀传统文化融入高职院校思政教育的路径研究 [J]. 教师, 2023(1):15-17.

[29] 郭宁宁."互联网+"时代中国优秀传统文化的思政教育功能研究 [J]. 成长, 2023(3):12-14.

[30] 陈文妍. 高校思政教育中融入中国优秀传统文化的路径研究 [J]. 中国科技期刊数据库·科研, 2023(3):4.

[31] 徐军. 论优秀传统文化对当代大学生思政工作的影响 [J]. 中国科技经济新闻数据库·教育, 2023(3):4.

[32] 于影,张卓月. 中国优秀传统文化融入高校思政课堂的路径研究 [J]. 辽宁经济职业技术学院学报, 2023(2):76-78.

[33] 李岩. 中国优秀传统文化融入大学生思想政治教育的逻辑脉络 [J]. 文化创新比较研究, 2023, 7(8):153-157.

[34] 路涛. 新时期高校思政教育中传统文化的缺失与重构 [J]. 中文科技期刊数据库(全文版)·社会科学, 2023(3):4.

[35] 银翠姣,唐梅. 论中国传统文化思政教育育人价值的发挥 [J]. 中学政治教学参考, 2023(3):2.

[36] 张凯超. 刍议中国优秀传统文化与高校思政教育的有机结合 [J]. 秦智, 2023(2):0112-0114.

[37] 陈晨. 大学生思政教育渗透中国传统文化的路径 [J]. 中学政治教学参考, 2023(5):2.

[38] 董霞,俞晓冬,郝玲艳,等. 中国传统文化融入课程思政教学的探索 [J]. 电气电子教学学报, 2023, 45(1):84-87.

[39] 王伟,胡世怡,程智龙. 中国优秀传统文化融入高校思政教育的三维探析 [J]. 无锡职业技术学院学报, 2023, 22(2):63-67.

[40] 姜健,张悦. 中国优秀传统文化融入高校思政教育研究 [J]. 锦州医科大学学报(社会科学版), 2023, 21(1):8-10.

[41] 张梦. 浅论将中国传统文化融入高职思政教育的意义及路径 [J]. 中文科技期刊数据库(全文版)·教育科学, 2023(1):4.

[42] 闵友付. 中国优秀传统文化融入高校思政课研究 [J]. 淮南职业技术学院学报, 2023, 23(1):13-16.

[43] 薛祎. 中国优秀传统文化在高校思政教育过程中的渗透研究 [J]. 中文科技期刊数据库(全文版)·教育科学, 2023(4):3.

[44] 李晓晴. 思政教育中优秀传统文化与社会主义核心价值观的结合研究 [J]. 佳木斯职业学院学报, 2023, 39(1):46-48.

[45] 王俊槐. 关于将中国优秀传统文化融入高校课程思政的教育教学实践研究 [J]. 中国科技经济新闻数据库·教育, 2023(4):4.

[46] 马莉莉. 中国优秀传统文化融入高校思想政治教育研究 [J]. 中共郑州市委党校学报, 2023(1):100-103.